建党百年献礼——西南大学经济管理学院"双一流"建设学术专著

西南大学中央高校基本科研业务费项目"消费者反消费行为研究：内在机理、边界条件与干预策略"（SWU2109208）
西南大学经济管理学院"百年梦·学科建设"专项出版项目

物以稀为贵？

——产品稀缺诉求影响消费者购买意愿的研究

刘建新　著

西南大学出版社
SWUP　国家一级出版社　全国百佳图书出版单位

图书在版编目(CIP)数据

物以稀为贵？：产品稀缺诉求影响消费者购买意愿
的研究 / 刘建新著. -- 重庆：西南大学出版社，
2022.5

ISBN 978-7-5697-0953-7

Ⅰ.①物… Ⅱ.①刘… Ⅲ.①消费者行为论—影响因
素—研究 Ⅳ.①F713.55

中国版本图书馆 CIP 数据核字(2021)第 101669 号

物以稀为贵？——产品稀缺诉求影响消费者购买意愿的研究

WU YI XI WEI GUI?——CHANPIN XIQUE SUQIU YINGXIANG XIAOFEIZHE GOUMAI YIYUAN DE YANJIU

刘建新 著

责任编辑：刘　彦
责任校对：周明琼
装帧设计：观止堂_未　氓
排　　版：杜霖森
出版发行：西南大学出版社
　　　　　重庆·北碚　　邮编：400715
印　　刷：重庆新生代彩印技术有限公司
幅面尺寸：185mm×260mm
印　　张：13.5
字　　数：320千字
版　　次：2022年5月 第1版
印　　次：2022年5月 第1次印刷
书　　号：ISBN 978-7-5697-0953-7
定　　价：59.00元

建党百年献礼

——西南大学经济管理学院"双一流"建设学术专著

前言

　　随着生产技术的发展和生产效率的提高,社会物产越来越丰富,我国绝大多数产品已经由供不应求的卖方市场发展成为供过于求的买方市场,厂商赢得消费者的青睐变得越来越困难。面对市场性质的转变和销售困难的增加,越来越多的厂商开始采用稀缺营销策略刺激消费者的购买意愿,例如饥渴营销、会员专供、排队购买、团购、秒杀等,并且赢得了不同程度的成功,某些厂商甚至把稀缺营销策略上升为主导的营销战略和竞争优势的重要来源。在众多的稀缺营销策略中,通过广告、货架、口碑、脱销、限量版、奢侈性或炫耀性等途径向潜在消费者传播产品稀缺诉求是最常用的方法,例如传播限量性稀缺诉求或限时性稀缺诉求、供应性产品稀缺诉求或需求性产品稀缺诉求、销量稀缺诉求或存量稀缺诉求等,并且会对消费者的信息加工、价值判断和消费决策产生重要影响,例如已有研究表明,产品稀缺诉求会影响消费者的感知稀缺性、支付意愿、消费数量、感知质量、感知流行性、想法加工、想法效价、竞争性唤醒、冲动购买、交易态度、产品态度、交易意愿、感知价值、购买行为、购买意愿、感知专有性、预期后悔、口碑传播、购买延迟等反应,甚至有时消费者会将稀缺性视为高质量或高价值的启发式线索。

　　在众多的产品稀缺诉求中,供应性稀缺诉求与需求性产品稀缺诉求是被厂商经常采用的产品稀缺诉求策略。由于这两种稀缺诉求传播的稀缺原因不一样,前者是由于供应不足,而后者是由于需求过量,因此会给潜在消费者传递不同的信号,前者更容易被消费者视为"独特性"线索,而后者更容易被消费者视为"流行性"线索,因此会影响消费者的不同的消费偏好和购买选择。当然,消费者也并非信息的被动接受者,而是会对接收到的信息进行主动的信息加工,例如会唤醒消费者对厂商稀缺诉求操作意图的欺骗性感知和说服知识,并进而会影响消费者的心理所有权和心理抗拒感,最终会影响消费者的购买意愿。因此,面对厂商传播的产品稀缺诉求,消费者会存在复杂的认知判断和情绪反应,并进而会影响他们的购买意愿。虽然已经有大量的研究对产品稀缺诉求影响消费者购买意愿进行了有益的探索,但目前的研究要么局限于稀缺性视角而对欺骗性视角重视不够,要么局限于单一中介机制而对多层多重中介研究不足,因此对产品稀缺诉求影响消费者购买意愿的系统性或差异性影响并未得到有效的洞察。为此,本书构建并列多重中介模型深入地探查供应性产品稀缺诉求与需求性产品稀缺诉求影响消费者购买意愿的内在机理和影响差异,以及它的边界条件,这不仅对于深化和完善产品稀缺效应、产品虚位理论等具有重要的理论意义,而且对于指导厂商正确操作稀缺营销、提升营销效果和帮助消费者理性看待稀缺诉求、提高消费水平具有重要的实践意义,甚至对于行业监管机构加强稀缺营销监管、促进市场秩序健康发展具有重要的政策借鉴意义。

　　本书的研究主要分为七个部分,第一部分引言主要介绍产品稀缺诉求的研究背景和主要问题,以及全书的研究创新点、研究意义、研究方法、研究路线和研究框架等;第二部分主要评述产品稀缺诉求影响消费者购买意愿的研究基础,具体包括产品稀缺诉求的内涵、主要类型、影响因素、影响机制和国内的相关研究现状;第三部分主要介绍产品稀缺诉求影响消费者购买意愿的理论基础,具体包括商品理论、说服知识理论、心理所有权理论和心理抗拒感理论及其相关研究;第四部分主要研究了产品稀缺诉求影响消费者购买意愿的研究假设,包括直接效应、中介效应和调节作用等研究假设;第五部分主要对产品稀缺诉求影响消费者购买意愿进行了定性实证检验,具体包括对15位大学生样本和社会公众样本进行深度访谈;第六部分主要是对产品稀缺诉求影响消费者购买意愿进行了实验实证检验,通过5个实验有效检验了产品稀缺诉求影响消费者购买意愿的直接效应、中介效应和调节效应;第七部分主要对全书的研究结论进行了全面总结,并提出了本书研究的理论意义和实践意义,以及存在的研究不足和提出了未来研究展望。

　　通过对产品稀缺诉求影响消费者购买意愿的文献综述、理论介绍、假设推演、定性检验和定量检验,研究结果表明,产品稀缺诉求确实会对消费者的购买意愿产生影响,但具体影响取决于消费者信息加工的占优路径;产品稀缺诉求对消费者购买意愿的影响存在并列多重中介机制,例如感知稀缺性、感知欺骗性、心理所有权、心理抗拒感和购买意愿等;产品稀缺诉求影响消费者购买意愿的并列多重中介机制会受自我建构的调节作用,即独立型自我建构更敏感于供应性产品稀缺诉求并进而产生购买意愿,而依存型自我建构更敏感于需求性产品稀缺诉求并进而产生购买意愿。定性检验和定量研究结果均表明,产品稀缺诉求促发的消费者感知稀缺性并不会引发消费者的心理抗拒感,但消费者对产品稀缺诉求操作意图感知引发的感知欺骗性会增强消费者的心理抗拒感。

本书研究的创新之处和主要贡献在三个方面,一是不同的产品稀缺诉求会引发消费者对稀缺产品不同的心理所有权,即消费者"感觉到目标物或目标物的一部分是我的",感知稀缺性会促进消费者的心理所有权,而感知欺骗性会降低消费者的心理所有权;二是产品稀缺诉求促发的感知稀缺性并不会引起消费者的心理抗拒感,但它引起的感知欺骗性会增强消费者的心理抗拒感;三是对以往有关产品稀缺诉求影响消费者购买意愿的研究进行了系统性的整合,发现存在并列多重中介机制,以及自我建构的调节作用。这些研究结论和创新贡献是对产品稀缺效应理论的重要深化和边界拓展。当然,受制于研究条件和研究方法的局限,本书也存在研究对象单一、研究手段局限和研究效度有限等不足,这都是未来需要不断改善和深化研究的重要方向。

目录

第一章 引言

通过产品稀缺诉求影响消费者购买行为已经成为众多国内外厂商经常采用的促销方法,并且取得了不同程度的成功,某些厂商甚至将其发展成为主导性的营销战略。同时,产品稀缺诉求也确实对消费者的购买意愿和购买行为产生了重要的影响,例如提高了产品价值评估和加速了购买行为等。但随着消费者说服知识的增多,产品稀缺诉求对消费者购买意愿的影响越来越充满了不确定性,有时甚至产生了消极影响。虽然产品稀缺诉求策略广为应用,并且学术研究也一直在跟进,但到目前为止相关的研究呈现离散状态,缺乏整合性研究,无疑在一定程度上影响了产品稀缺效应的理论解释与实践应用。本章将系统性阐述产品稀缺诉求影响消费者购买意愿的研究背景和研究问题,同时陈述本书的研究创新点和研究意义,以及研究方法、研究路线和研究框架。

第一节 研究背景与研究问题

一、研究背景

随着社会经济的发展和改革开放的深化,目前我国绝大多数产品已经由供不应求的卖方市场发展成为供过于求的买方市场,无论是产品数量还是产品种类都得到了极大的丰富,国民的消费选择也日益"自由随心"。据国家统计局2016年统计年鉴显示,我国不仅煤炭、钢铁和水泥等生产物资的生产连续多年居于世界第一位,而且汽车、家电和手机等生活资料的生产也已经连续多年稳居世界第一,是真正名副其实的"世界工厂"。随着生产技术的信息化或智能化,我国某些产品的生产已经出现"秒级",即平均每一秒能够生产数十甚至数百个产品,例如我国某些汽车生产企业平均几十秒就有一台新车下线,而我国著名的电子产品代工厂富士康公司平均每秒能够生产数百个iPhone手机等电子产品。生产规模的扩大和生产技术的革新,尤其是大量数控化或智能化生产设备的广泛采用,某些产品的生产已经严重超出了市场的需求,不仅造成了大量的社会资源浪费,也引起了日益增多的国际贸易摩擦。为了实现我国产业升级和平衡国际贸易收支,2013年我国就开始积极推进调结构、转方式、促升级的供给侧结构性改革,加大落后产能的淘汰,实现产业结构的调整和生产方式的升级,和真正由"制造大国"向"制造强国"的转变。

但与此同时,某些厂商为了促进品牌提升或攫取产品溢价,通过各种方式传播产品稀缺信息(Gupta,2013),例如广告、货架、口碑、脱销、限量版、奢侈性或炫耀性等,增强消费者的购买急迫性或溢价支付意愿,产品涉及艺术品、汽车、收藏品、咖啡品、玩具、流行服饰、鞋、手表以及烈性酒和葡萄酒等(Lynn et al.,1996),甚至包括信息、技能和经验等(Brock et al,1992)。例如Howard等(2007)研究发现,美国发行的报纸广告中有五分之一的广告包含产品稀缺诉求,而电视广告中则高达三分之一;Parker(2011)、Castal et al.(2015)等研究发现,通过货架呈现数量也可以给消费者传播稀缺性,从而增强消费者的购买意愿或溢价意愿;Cheema和Kaikati(2010)研究发现了不同独特性需求的消费者会对产品稀缺信息有不同的口碑传播意愿;Gierl和Huettl(2010)研究发现炫耀性产品不同的稀缺信息会让消费者产生不一样的价值判断。

就目前的研究结论来看,产品稀缺信息确实会对消费者的感知和购买行为产生重要影响,内在的影响机制包括认定昂贵性、感知稀缺性、感知竞争性、感知价值、感知质量、预期后悔等,例如Lynn(1989)研究认为,消费者之所以积极购买稀缺诉求产品是因为他们会认为"稀缺的产品具有昂贵性";李东进等(2016)研究认为产品稀缺信息对消费者的购买意愿的影响主要是因为消费者感知到了稀缺性;Nichols(2010)研究发现产品稀缺信息会让消费者产生感知竞争性,从而增强消费者的购买意愿;Wu et al.(2011)研究认为消费者会认为稀缺的产品具有更高的感知价值和感知质量;Swain et al.(2006)、Gupta(2013)等通过实证研究发现,面对产品稀缺信息时,消费者预期后悔会产生重要影响,即预期不行动后悔会大于预期行动后悔,因此会增强消费者的购买急迫性。产品稀缺信息不仅会产生影响,甚至会产生极化反应,即越稀缺的产品会让消费者评价越高,而越高的评价会让消费者认为越稀缺。例如,Van Herpen(2009)就研究发现"需求会加速需求"的稀缺极化反应,Zhu和Ratner(2015)也研究发现,稀缺感知会让消费者产生品类内的极化反应。但消费者对产品稀缺信息的反应也并非一致,随着消费者消费经验的增多和说服知识的增加,消费者对厂商稀缺诉求策略的影响正日益趋于理性,有时甚至会延迟购买甚至放弃购买。其内在的影响机制包括心理抗拒感、感知操作意图、感知风险、感知责任等。例如Brehm J.W 和 Brehm S.S(1981)、李东进等(2015)就研究发现,产品稀缺信息会唤醒消费者的"自由意识",由于稀缺限制了消费者的选择自由从而会增强消费者的心理抗拒,并最终降低消费者的购买意愿;Lee 和 Mukherjee(2012)研究发现稀缺信息会诱发消费者对厂商传播稀缺信息动机——操作意图的怀疑,当消费者认为是厂商故意传播稀缺信息诱导消费者时消费者的购买意愿会下降;李东进和刘建新(2016)研究发现带有稀缺信息的产品会让消费者感知到更高的风险,而感知风险会降低消费者的购买意愿;Eisend(2008)研究发现感知责任会影响消费者对稀缺信息的反应,当为他人较之于为自己决策或购买时会承担更大的责任,会降低对稀缺产品的购买意愿。

当然,厂商经常会发布不同类型的产品稀缺信息,其对消费者的稀缺感知与行为反应也存在较大的差异。例如厂商有时会发布由环境因素导致的产品稀缺信息,而有时会发布人为因素导致的产品稀缺信息;而有的厂商有时会发布时间限制产品稀缺信息,有时却发布数量限制产品稀缺信息(Cialdini,2008),并认为数量限制的产品稀缺信息较之于时间限制的产品稀缺信息更有效力(Aggarwal et al.,2011);有的厂商会发布因为供应有限导致的产品稀缺信息,而有的厂商发布的却是因为需求过量导致的产品稀缺信息(Verhallen and Robben,1994),并认为供应有限导致的产品稀缺信息较之于需求过量导致的产品稀缺信息更容易增强消费者的购买意愿(Aguirre and Rodriguez,2013)。就目前而言,较多的文献研究了供应有限与需求过量产品稀缺信息的影响,但也仍然存在一定的不足。例如 Synder 和 Fromkin(1980)研究发现,当人们的物质逐渐丰富时消费独特性将会在选择中拥有更大的权重,会对消费选择产生更大的影响,那么消费者是否会对供应有限的稀缺产品较之于需求过量的稀缺产品产生更大的心理所有权呢? 又如,Brehm et al.(1966)、Clee 和 Wicklund(1980)等研究发现,当人们的物质生活和社会地位提高后,人们对于选择自由是否更加重视,那么哪种产品稀缺信息更会唤醒消费者的心理抗拒感,并由此影响消费者的消费选择呢? 更进一步而言,同时产生心理所有权与心理抗拒感的消费者优惠如何评价不同类型的稀缺产品呢? 这些问题都有待进一步地探索和研究。

不仅如此,虽然已有研究陆续探索了不同影响因素对消费者应对稀缺信息的调节机制,例如产品类型(Ku et al.,2011)、企业声望(Lee et al.,2014)、认知需求(Inman et al.,1997)、认知资源(Lee et al.,2014)、消费者独特性需求(Wu et al.,2012;Roy and Sharma,2015)、产品熟悉性(Jung and Kellaris,2004)、稀缺信息详尽性(Aguirre-Rodriguez,2013)、呈现框架(Roy and Sharma,2015)、不确定规避(Jung and Kellaris,2004)、认知闭合需要(Jung and Kellaris,2004)、调节聚焦(Ku et al.,2012)、价格折扣(Inman et al.,1997;Parker,

2011)、自我监控(Ku et al.,2011)、顾客期望(Mukherjee and Lee,2016)等。例如 Ku 等 (2012)就研究发现消费者对于实用品更加敏感于需求导致的稀缺信息,而对于享乐品更加敏感于供给导致的稀缺信息;Lee 等(2014)研究发现消费者的认知资源与企业声望会影响消费者对产品稀缺诉求的判断,低认知资源或较高的企业声望会让产品稀缺诉求更为有效,而高认知资源或较低的企业声望会让产品稀缺诉求失效;Roy 和 Sharma(2015)深入地研究了消费者的独特性需求、广告信息框架对产品稀缺诉求的调节作用,发现低独特性需求的消费者对需求性稀缺产品有更积极的态度和更高的购买意愿,而高独特性需求的消费者对供应性稀缺产品有更积极的态度和更高的购买意愿,同时发现广告损益框架也会产生影响,当低独特性需求消费者在"损失框架"下更加敏感于需求性稀缺产品,而高独特性需求消费者在"收益框架"下更加敏感于供应性稀缺产品;但这些研究都局限于某一特定情境,缺乏普适性或一般性,例如同时具有文化差异、个性特质与情境影响的自我建构会对消费者的产品稀缺诉求反应有何种反应缺乏深入的研究,等等。探索更多的具有普适性的"稀缺效应"影响因素不仅对于完善"稀缺效应"理论具有重要的意义,而且对于应用"稀缺效应"指导厂商应用和帮助消费者理性应对稀缺诉求具有重要的实践意义 (Jung and Kellaris,2004)。

二、研究问题

虽然国内外学者对"稀缺效应"进行了广泛的研究,包括影响消费者稀缺感知与行为反应的前因后果,例如产品因素、诉求因素、消费者因素和情境因素等(Zur,2015),甚至是理论探寻或建构,例如商品理论(Brock,1968)、心理抗拒理论(Brehm et al.,1966)、独特性需求理论(Synder and Fromkin,1977,1980)、虚位诱导效应(Pratkanis and Farquhar,1992)等,但仍然存在一系列深层次的问题有待探索,例如消费者对产品稀缺诉求的信息加工机制、产品稀缺诉求引发的消费者态度矛盾性和决策犹豫性等。综合而言,主要有以下问题。

(一)消费者对产品稀缺诉求的信息加工机制

已有研究表明,消费者并不仅仅是信息的被动接受者,也是信息的主动加工者,并且消费者自己加工的信息内容较之于接收到的信息内容对消费者的判断与决策影响更大 (Petty and Chaiken,1988)。因此,当消费者接收到产品稀缺诉求时,消费者会对产品稀缺诉求进行信息加工,并且更加依赖于自己加工的信息内容。但目前有的学者认为,消费者对产品稀缺诉求的信息加工会采用启发式或走边缘路线(Cialdini,1984),例如会将"稀缺意味着价值"作为启发式决策标准;而有的学者则认为会采用系统式或走中心路线(Brannon and Brock,2001),例如产品稀缺信息会增强唤醒并进而引起认知加工,因此,目前对于消费者对产品稀缺诉求信息加工的研究结论是矛盾的,有待进一步深入研究。

Bozzolo 和 Brock(1992)研究发现,"稀缺效应"不仅仅发生在商品领域,而且在信息领域也存在,即不可得的信息会让消费者认为更有价值,会增加对该信息的加工,其态度改变更依赖于该信息;Brannon 和 Brock(2001)的进一步研究不仅复制了 Ditto 和 Jemmott(1989)的稀缺"极化反应",而且也实证研究发现消费者会对产品稀缺诉求进行更深度的认知加工。这些研究发现从根本上否定了"稀缺意味着价值"的启发式发现(Cialdini,1987),得出了有违常理——稀缺加速购买的研究结论。这也从根本上说明,产品稀缺诉求对消费者认知加工并非是一元化的,而是存在多重可能,正如 Brannon 和 Brock(2001)在其研究局限中所陈述的那样,实验商品、研究被试和研究方法等都在一定程度上限制了研究模型的外部限度,会影响研究结论的一般性。因此,有必要探究消费者对产品稀缺诉求信息加工的内在机制,阐释消费者应对产品稀缺诉求的一般机理。

(二)消费者对稀缺诉求产品心理所有权的形成机制

由于稀缺的产品更容易满足消费者的独特性需求(Tian et al.,2001),绝大多数的研究发现,消费者对稀缺产品更容易形成心理偏好,产生心理所有权。心理所有权(Psychological Ownership)的概念本属于组织行为学领域,是指个体"感觉到目标物或目标物的一部分是'我的'(Pierce et al.,2001),但由于消费者经常也会对"心仪商品"产生心理所有感,因此在消费者行为学领域也逐渐得到广泛的应用(Jussila et al.,2015)。已有研究发现,消费者经常会对所住酒店(Asatryan and Oh,2008)、支付方式(Kamleitner and Erki,2013)、使用技术(Kirk et al.,2015)、延保商品(Lessard-Bonaventure and Chebat,2015)等产生心理所有权,但目前虽然发现消费者会对目标商品产生心理所有权,却鲜有文献深入研究,尤其是消费者更容易对稀缺产品较之于普通产品产生心理所有权的研究更是相当匮乏。由于稀缺产品更容易契合消费者的稀缺预期,甚至会被消费者视为自我延伸(Belk,1988),成为自我身份和形象的重要表征,因此消费者更容易对其产生心理所有权。但目前不仅缺少对该现象的描述性研究,也缺少对其内在机制的探索性研究。本书将不仅深入探索消费者对稀缺产品形成心理所有权的内在机制,而且进一步研究消费者心理所有权形成后的后续反应。

(三)消费者对稀缺诉求产品心理抗拒感的形成机制

虽然已有研究发现稀缺会限制消费者的选择自由(Brehm J.W and Brehm S.S,1981),尤其是选择多样化的今天选择自由更容易产生放大效应,因此消费者在面对产品稀缺时更容易产生心理抗拒感(李东进、张成虎,2015)。心理抗拒感(Psychological Reactance)是指"当一个人的自由被剥夺或被威胁剥夺时所表现出的动机状态"。已有研究发现,操控性的广告、不可得的产品、销售人员的推荐、政府规定等都常被消费者视为潜在的自由限制(Clee and Wicklund,1980)。但就目前而言,对于产品稀缺会让消费者产生心理抗拒感也是备受争议的(Parker,2011),因为产品稀缺诱发的心理抗拒感存在双重理解,即在存在选择的情况下做出选择或放弃选择都可以被视为心理抗拒感,例如消费者做出选择可以被视为消费者对抗不让选择的心理抗拒,而放弃选择也可以被视为消费者对抗让自己选择的心理抗拒,因此心理抗拒感主要取决于消费者对限制者主观意图的感知和判断,对抗施控者的意图才被消费者视为真正的心理抗拒感。但目前国内外有关产品稀缺诱发心理抗拒感的研究更多的是直接验证二者之间的线性关系,而对于其内在机制缺乏深入的研究。本书将从产品稀缺诉求背后的传播动机或操作意图探索消费者的心理抗拒感。

(四)探索自我建构对产品稀缺诉求影响消费者购买意愿的调节机制

自我建构(Self-construal)是指"人们在多大程度上看待自己与他人相分离或者相联系"(Markus and Kitayama,1991),是普遍存在的文化差异、个性特质与情境差异变量,会对个体的认知、情感、动机和行为等产生重要影响。Markus 和 Kitayama(1991)根据文化特征和行为表现将自我建构划分为独立型自我建构(Independent Self-construal,INDSC)和依存型自我建构(Interdependent Self-construal,INTSC),前者表现为有界的、单一的、稳定的特征,更加注重内在的、自我的(能力、想法和情绪)表达,其自尊的基础是有能力表达自我和自信等内在特质;而后者表现为柔性的、可变的特征,更加注重外在的、公开的(身份、角色和关系)的表达,其自尊的基础是有能力调整、约束自己和维持与社会环境的和谐(Markus and Kitayama,1991;Aaker and Lee,2001;Polyorat and Alden,2005;Ng and Houston,2006;Fernández et al.,2005)。自我建构已经在感知风险、冲动性消费、储蓄与消费行为等方面进行了广泛的验证,但对消费者应对产品稀缺诉求的反应却研究较少。本书将不仅探索自我建构对产品稀缺诉求对消费者购买意愿的单连续中介机制的调节作用,而且探索它对产品稀缺诉求对消费者购买意愿并列中介机制的调节作用,从而有效地明确和拓展所建构模型的边界条件。

第二节 研究创新点与研究意义

一、研究创新点

产品稀缺诉求是国内外厂商广泛应用的营销策略,同时也得到了学者的广泛关注和研究,但目前的研究仍然处于碎片化的探索阶段,缺乏系统性和整合性(Oruc,2015),不仅影响了产品稀缺营销理论的完整性,也在一定程度上影响了实践应用性和消费指导性。综合目前的研究背景和研究现状,本研究无论在研究内容还是研究方法方面均有所创新。

(一)研究内容创新

研究内容方面的创新是本书的创新核心,主要体现在以下五个方面。

第一，消费者对产品稀缺诉求的信息加工机制并非是单一的，而是双元交织的。以往的研究要么认为消费者对产品稀缺信息的加工会是启发式的即"稀缺意味着价值"（Cialdini，1987），要么认为消费者是系统式的即稀缺信息更容易引起消费者唤醒而导致其仔细筛查或深度加工（Brannon and Brock，2001），导致这种结果的原因一方面是源于现实观察和消费者的朴素理论（Deval et al.，2013），另一方面源于绝大多数信息加工理论的诱导效应，即信息加工理论将信息加工方式划分为非此即彼的二分法。但事实上并非如此，消费者属于情境依赖型的"权变动物"，他或她会根据加工动机、加工能力和加工机会对接收到的任何广告信息进行有选择性的加工（Andrews，1988；Meyers-Levy and Malaviya，1999），从而产生态度改变或决策判断。同时，也并非所有的信息加工理论均是二分法，Maheswaran 和 Chaiken（1991）就研究发现即使消费者在较低动机下也可能产生系统式加工，Chaiken 和 Maheswaran（1994）更是实证研究发现启发式会因来源可信性、论据模糊性和任务重要性等因素的影响而偏差系统式加工，而 Meyers-Levy 和 Maheswaran（2004）已经在信息框架研究里面例证了启发式与系统式信息加工的交互影响。由此可见，仅仅将产品稀缺信息简单地归为启发式或系统式既不符合客观事实，也有违信息加工的基本规律。正因为如此，本研究采用双元交织的视角去审视和论证产品稀缺诉求对消费者的态度与判断的影响，不仅是研究视角的转换，也是研究层次的拓深，具有重要的创新意义。

第二，创新性地提出产品稀缺诉求会促发消费者对稀缺产品的心理所有权。产品稀缺诉求会对消费者的认知判断和态度改变产生重要影响（Eisend，2008），但以往的研究要么是从成本——收益理性视角探讨它的影响，例如感知价值——感知付出或感知风险之间的决策权衡（Wu et al.，2012），要么是从感知吸引力、预期后悔、虚位诱导等情境效应角度研究它的影响；而较少从心理所有权的角度探索产品稀缺诉求的影响。Pierce et al.（2001）研究发现，心理所有权并不局限于组织行为学领域，个体可能会对任何期望或所属的目标物产生心理所有权；Jussila et al.（2015）等进一步研究发现，消费者可能会对浏览、促销等商品产生心理所有权，进而产生更强的购买意愿或支付意愿。但目前没有任何研究尤其是实证研究探索或比较目标产品心理所有权的形成机制或不同产品心理所有权的质量差异。本书研究发现，由于消费者本身存在独特性偏好，追求求同与求异的最优差异，因此稀缺产品较之于非稀缺产品更容易让消费者产生心理所有权。该研究观点不仅是对消费者追求稀缺产品客观现实的有效解释，也是对"稀缺效应"理论的有效创新和完善。

第三，创新性地提出产品稀缺诉求诱发的消费者心理抗拒感源于感知欺骗性。严格意义上讲，产品稀缺诉求诱发消费者对目标产品产生心理抗拒感已经不是新的观点（Oruc，2015），甚至被许多的实证研究所证实，但以往的推演逻辑是产品稀缺限制了消费者的选择自由，从而唤醒了消费者的心理抗拒感，是对现象级的简单反应，而本研究认为消费者之所以产生心理抗拒感并非由于产品稀缺信息的直观反应,而是由于消费者对产品稀缺诉求操作意图的深度揣测,只有当消费者怀疑厂商操作了产品稀缺诉求,其目的是诱使自己加速购买或溢价支付,才会产生心理抗拒感。该研究结论有别于以往的研究观点,属于本书较为重要的内容创新。

第四,创新地构建了并列多重中介机制解释产品稀缺对消费者购买意愿的影响。产品稀缺促销已经成为较为普遍的营销方法(Gutpa,2013),产品稀缺诉求的研究也取得了丰硕的研究成果,但目前大多数的研究都采用的是单一中介机制,仅有少数研究采用了多重中介机制(Wu et al.,2012),而任何单一中介的研究都只是对现象感知的简单探索,只有多重中介才是对现象本质的更深理解(Preacher and Hayers,2008)。本文基于简单认知与元认知视角从行为目的——心理所有权与行为自由——心理抗拒感双元驱动构建了并列多重中介机制,最大限度地增强产品稀缺诉求影响消费者购买意愿的解释力和有效性,就模型结构而言,属于本书最大的内容创新。

第五,探索性地研究了自我建构对产品稀缺诉求影响消费者购买意愿的调节机制。自我建构反映了自我意识和自我概念,会对消费动机和消费行为产生重要影响(Markus and Kitayama,1991)。已有研究表明,它会对产品选择、风险感知、调节聚焦、品牌偏好、冲动性消费等产生直接影响,但目前并没有研究探索它对产品稀缺诉求影响消费者购买意愿的调节影响。本书不仅探索它对单一、多重中介机制的影响,而且进一步探索它对并列多重中介机制的影响,有效地明确了产品稀缺诉求影响消费者购买意愿的自我建构适用边界,也是属于非常重要的内容创新。

(二)研究方法创新

研究方法是揭示研究对象、反映内在规律的重要手段,恰当的研究方法有助于提高研究质量和研究效率。以往有关产品稀缺诉求的研究更多的是采用定量研究方法,包括实验法和调查法,尤其是实验法由于其良好的操控性而占据绝对主导地位,但定量研究法也存在难以反映事物本质和客观性不足的缺陷。因此,本书将采用定性与定量相结合的研究方法,更加深入地探索产品稀缺诉求影响消费者购买意愿的真实原貌和内在逻辑。

二、研究意义

通过产品稀缺诉求影响消费者的产品评价与购买行为已经成为众多厂商广为应用、行之有效的营销策略,但还有一系列的理论和实践问题有待解决。本书将通过构建并列多重中介模型探索产品稀缺诉求对消费者购买意愿的影响,将具有重要的理论意义和实践意义。

(一)理论意义

第一,探索性地研究产品稀缺诉求如何让消费者对稀缺产品形成心理所有权,将会深化产品偏好理论和产品"稀缺效应"。虽然目前对于产品稀缺诉求的研究已经非常广泛,包括产品因素、情境因素、消费者因素和广告信息因素等，但目前的研究并没有解决"稀缺产品是如何走进消费者心理"这一根本问题。消费者行为学理论认为，营销最大的成功不是生产产品，也不是解决消费者的问题，而是"如何走进消费者的心理"。本书基于心理所有权理论深入探索了产品稀缺诉求是如何通过感知稀缺性的中介作用形成消费者的心理所有权进而促进消费者的购买意愿的这一内在逻辑，无疑会对产品偏好理论和产品"稀缺效应"具有重要的深化和完善作用。

第二，探索性地研究了产品稀缺诉求是如何通过多重中介路径影响消费者的购买意愿，最大限度地解构和完善了产品"稀缺效应"。前文已述，目前绝大多数有关产品稀缺诉求的研究都是单一驱动机制的，即使是并列驱动机制也是单重的，在一定程度上约束了所建构模型的解释功效和限制了解释力，而本书构建的是并列多重中介机制，将大大深化对产品稀缺诉求影响消费者购买意愿的解释力和有效性，是对产品"稀缺效应"的重要完善。

（二）实践意义

第一，指导厂商正确采取产品稀缺诉求影响消费者的购买意愿。虽然厂商采用"稀缺营销"由来已久，尤其是网络经济的崛起更是广为应用，但目前某些厂商采用产品稀缺诉求诱导消费者的购买意愿并没有达到预期的效果，其中缺乏对"稀缺效应"内在作用机制的正确理解和错误地使用"产品稀缺诉求"是主要内因。本书通过构建并列多重中介机制深入地探索产品稀缺诉求影响消费者购买意愿的内在机理，尤其是研究了产品稀缺诉求如何唤起消费者的心理所有权和通过感知欺骗性唤醒消费者的心理抗拒感，将会深刻诠释产品稀缺诉求的内在机制，从而为厂商正确设计稀缺营销方案、有效传播稀缺营销诉求和增强稀缺营销效果提供重要的理论指导。此外，本书还提出了自我建构的调节机制，进一步地明确了产品稀缺诉求起作用的边界条件，这将为厂商操作稀缺营销的精准性提供更好的指导作用。

第二，帮助消费者增强消费带有"稀缺诉求"产品的理性水平。正因为"稀缺意味着价值"消费理念的诱导，容易让消费者产生冲动性消费(Lee et al., 2015)，甚至有的消费者迷恋"稀缺"成瘾，导致过度消费或攀比消费。同时，厂商也充分利用消费者的"稀缺心理"，通过各种途径制造稀缺现象，传播稀缺诉求，甚至将一些并不存在稀缺性的产品伪装成稀缺产品，以此来诱导消费者非理性消费，产生了一系列的社会问题。本书对产品稀缺诉求影响消费者购买意愿内在机制与边界条件的有效探索和研究，将帮助消费者有效辨识"产品稀缺诉求"，并理性看待和消费稀缺产品。例如，当出现"产品稀缺诉求"时，首先应该明确自身的真实需求和消费能力，然后全面分析产品供求状况和深入探寻厂商传播产品稀缺诉求的真正动机，最后采取合适的消费策略，例如购买延迟等。这样不仅有效地避免厂商"产品稀缺诉求"的错误诱导，同时也避免错误地给消费带来的后悔等消极情绪体验。

第三，帮助行业监管机构有效地规范和监管厂商的稀缺营销。虽然绝大多数厂商都能合法守规地实施稀缺营销，但仍有不少不法厂商实施投机性的"稀缺营销"，例如将过剩产品伪装成"稀缺产品"、传播稀缺信息或串谋哄抬物价，不仅严重侵犯了消费者合法权益，而且严重扰乱了市场秩序。本书对产品稀缺诉求影响消费者购买意愿的内在机制与边界条件的有效探索和研究，一方面将有助于帮助行业监管机构正确认识厂商稀缺营销的诱导机制，只有真正了解内在诱导机制才能"对症下药"；另一方面也有助于行业监管机构采取正确的规制策略，市场经济需要采取更少的行政手段和更多的市场手段，行业监管机构对于少数不良厂商的不法行为，也应该采取更有针对性的市场手段根治错误"稀缺营销"的投机行为，从而保证消费者的合法权益和市场经济的有序运行。

第三节　研究方法、研究路线与研究框架

一、研究方法

研究方法是有效探知研究内容内在结构与运行规律的重要手段，只有选择恰当的研究方法才能达到预期的研究目的。针对研究内容、研究目标和研究特点，本书将采取定性与定量相结合的综合研究方法，既反映产品稀缺诉求影响消费者购买意愿的真实本质，又能有效地揭示其内在的关系结构与作用机制，最大限度地克服单一研究方法的不足。其中，定性研究方法主要包括文献分析法和深度访谈法，其中文献分析法主要是对以往研究文献进行梳理和归纳，奠定研究基础和提出研究命题与模型，而深度访谈法主要是通过招募学生和社会被试进行深度访谈，反映消费者在面对产品稀缺诉求的真实反应，对所提出的研究模型进行定性检验；定量研究方法主要是通过实验方法对所提出的研究假设和研究模型进行实证检验，验证所提出假设和模型的真实性和有效性。

文献分析法主要是通过收集、鉴别和整理相关文献，并通过对文献的研究，形成对事实科学认识的方法。它是一项有效且经济的研究方法，能够通过对相关文献进行系统性地分析获取有价值的信息。本书将在理论基础、文献综述与研究假设等内容采用文献分析法，一方面通过对产品稀缺诉求相关文献的研究历程、研究现状和研究脉络进行系统地梳理和归纳，形成本书研究的理论基础；另一方面通过对相关文献的研究理论、研究论据和研究结果进行有益借鉴，发展本书的研究假设和研究框架，并在实证研究和研究结论部分进行比较研究，从而使得本书具有坚实的理论基础和可靠的研究结论。

深度访谈法是一种重要的社会科学研究方法，主要通过调查者与被调查者交谈的方式收集信息或数据，具体包括面谈法、电话访谈法和网络访谈法等。它的优点在于不仅赋

予采访者而且也给与受访者一定的自由度来共同探讨研究的中心问题(Rubin and Rubin, 1995),能够有效地揭示和反映被调查者的真实反应。本书将在定性研究部分招募学生和社会被试进行深度访谈,一方面有效地检验所提出的研究假设和研究框架,另一方面针对存在的问题进行完善便于实验研究。

实验法是指研究者运用科学实验的原理和方法,以理论及假设为指导,有目的地操纵某些因素或条件,以探求行为和现象变化的原因与发展规律的一种研究方法。实验法具有因果关系明确、可控性好、重复性强、经济性好等优点和人为造作性、样本同质性、易受干扰性等缺点,而其最大的优势在于能够通过对自变量的操纵和对干扰变量的控制得出变量间的因果关系。本书将在实证检验部分采用实验法,主要包括5个实验,用以检验自变量、因变量、中介变量和调节变量之间的因果关系。

二、研究路线

研究路线是研究者对要达到研究目标所采取的技术手段、具体步骤及解决关键性问题的方法等在内的研究路径与具体安排。合理的研究路线既可保证研究活动的顺利开展,又可以保证实现研究目标,是整个研究活动的研究计划与行动纲要。结合研究问题、研究目标和研究方法,本书将采用如图1.1所示的研究路线。

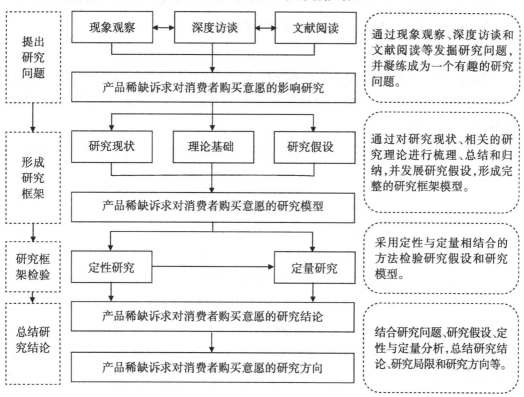

图1.1 本书的研究路线图

首先,本书将提出研究问题。通过现象观察、深度访谈和文献阅读等发掘和总结产品稀缺诉求对消费者购买意愿的影响,探究内在的联系和影响因素,尤其是亟待解决的关键问题,形成具体的研究问题。

其次,本书将形成研究框架。通过对相关问题的研究现状和可能存在的解释理论进行梳理、总结和归纳,发展了11个研究假设,形成完整的研究框架模型。其中,研究现状的梳理与总结形成整个研究框架的前提,可能的解释理论形成整个研究框架的理论基础,而研究假设形成整个研究框架的核心内容。

再次,本书将检验研究框架。本书将采用定性与定量相结合的方法检验所有研究假设和整个研究框架,其中定性研究主要是通过招募30名学生和社会被试进行深度访谈,深入了解和反映消费者对产品稀缺诉求的真实反应,并进而对所提出的假设和模型进行修正;定量研究主要是通过5个实验检验经过修正的研究假设和研究框架,验证变量之间的内在关系,揭示产品稀缺诉求影响消费者购买意愿的内在机制和边界条件。在定量研究中将主要使用SPSS22.0软件,通过方差方法、回归方法和Bootstrap分析方法进行检验。

最后,本书将总结研究结论。根据研究问题、研究目的和数据分析,全面总结研究结论,比较不同研究的结论差异和解释产生的检验偏差。同时,根据研究问题和研究结论总结整个研究可能存在的局限,以及未来研究的可能方向。

三、研究框架

研究框架是本书的研究结构和内容安排,研究框架的科学性与合理性将在一定程度上决定本书研究的质量。根据本书的研究问题、研究目标和研究方法,本书将采取如图1.2所示的研究框架。

本书的第一部分主要是引言,基于产品稀缺营销现实和相关研究背景,提出研究背景、具体的研究问题、研究创新点与研究意义,以及具体研究方法、研究路线与研究框架。

本书的第二部分主要是产品稀缺诉求影响消费者购买意愿的相关研究现状和主要理论基础,具体包括第二章和第三章。其中,第二章主要是梳理和综述目前有关产品稀缺诉求影响消费者购买意愿的研究基础,具体内容包括产品稀缺诉求的界定、产品稀缺诉求的类型、产品稀缺诉求的影响因素和产品稀缺诉求的结果影响等;第三章主要是整理归纳产品稀缺诉求影响消费者购买意愿的相关理论基础,具体包括商品理论、心理所有权理论、说服知识理论和心理抗拒理论及其相关研究。

本书的第三部分主要是产品稀缺诉求影响消费者购买意愿的相关研究假设,具体内容为第四章。在这部分将发展11个研究假设,具体包括产品稀缺诉求对购买意愿的影响、产品稀缺诉求对消费者感知稀缺性的影响、产品稀缺诉求对消费者感知欺骗性的影响、感知稀缺性对消费者心理所有权的影响、感知稀缺性对消费者心理抗拒感的影响、感知欺骗性对消费者心理抗拒感的影响、感知欺骗性对消费者心理所有权的影响、心理所有权对消费者购买意愿的影响和心理抗拒感对消费者购买意愿的影响，以及自我建构的调节作用等。

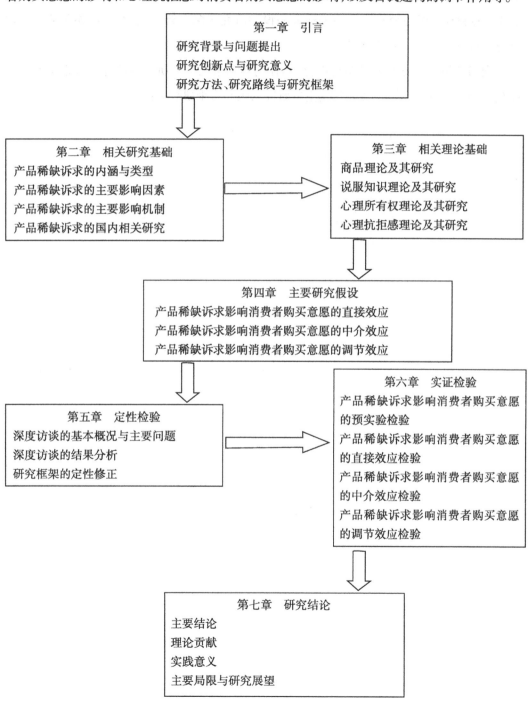

图1.2 本书的研究框架图

　　本书的第四部分主要是产品稀缺诉求影响消费者购买意愿的研究假设检验部分,具体内容包括第五章和第六章。其中,第五章主要是定性研究,即通过招募30名学生或社会被试深度访谈,验证和修正所提出的所有研究假设和整个研究框架模型;第六章主要通过5个实验检验经过修正完善后的研究假设和研究概念框架模型,并使用相关的统计软件进行数据分析,总结研究结果。

　　全书的第五部分主要是结论部分,具体内容为第七章。研究结论部分包括主要研究结论、研究的理论贡献与实践意义、主要研究局限和未来研究方向等。

第二章 产品稀缺诉求影响消费者购买意愿的研究基础

采用产品稀缺诉求影响消费者购买意愿由来已久,并且也引起了学者们的广泛关注和深入研究。本章首先将对产品稀缺诉求的相关概念进行界定,并总结产品稀缺诉求的主要类型;然后根据以往文献分析产品稀缺诉求影响消费者购买意愿的影响因素;最后分析产品稀缺诉求影响消费者购买意愿的内在机制。

第一节 产品稀缺诉求的内涵与类型

资源稀缺一直伴随着人类的发展,成为阻碍社会进步和人们幸福的最大障碍。随着人口规模的增大和人类活动的增多,资源会越来越来越稀缺已经成为不争的事实。不仅仅是许多自然资源面临日益枯竭的现实,而且生产资料和生活资料也变得越来越紧张。其中,用于人类生产和生活的产品稀缺便是最好的例证。一方面由于自然资源的日益枯竭,以及资源结构性矛盾的存在,导致产品供应减少,使得某些产品越来越不可得;另一方面,某些厂商也充分利用消费者的"稀缺心理",人为制造稀缺假象,刺激和诱导消费者加速购买或增强溢价支付。无论是资源限制导致的产品稀缺还是人为制造导致的产品稀缺,都会给消费者的感知和判断产生重要影响。

一、产品稀缺诉求的内涵

(一) 稀缺

"稀缺"在我国通常被理解为"稀少、短缺"之意,而在西方国家将其界定为"数量不足"。稀缺是非常普遍的经济现象,经济学上所称的"稀缺性"更多的是指资源的稀缺性,即指"相对于人类多种多样且无限的需求而言,满足人类需求的资源是有限的"。经济学认为,稀缺性并不仅仅是由于供应有限造成的,它更多地是由于供求关系失衡造成的。不仅仅自然资源存在稀缺性,用于人类生产和消费的商品也存在稀缺性,Brock(1968)的商品理论就认为"任何商品从某种程度上说都是稀缺的"。随后,Brock和Brannon(1992)还将该结论进一步扩展到信息、经验和技能等领域,并获得了一些实证研究的支持。已有研究表明,稀缺性是影响人们经济行为的重要决定因素(Verhallen and Robben,2004),甚至有时还会导致人们的竞争性和侵略性(Nichols,2010;Kristofferson et al.,2017)。

Brock(1968)的商品理论认为,难以得到的稀缺产品对消费者更具有吸引力,但真正要让"稀缺效应"发生还必须具备3个条件,即商品必须是有用的和合意的、它们必须能够交换和消费者必须要有得到的潜在条件(包括意愿和能力)。具体而言,"商品必须是要有用的和合意的"要求稀缺的产品对于消费者而言必须要有价值,并能满足消费者的期望和条件,而没有价值或者令人失望的产品即使稀缺也难以对消费者产生吸引力;"它们必须能够交换"要求商品能够从一个人转换到另一人手中,能够发生稀缺产品所有权或占有权的实际转移,无法交换的稀缺产品难以对消费者产生吸引力;"消费者必须要有得到潜在条件"要求消费者既要有期望得到稀缺产品的潜在动机或欲望,又要有相应的支付能力,以及其他有利于得到的潜在条件,否则,其不会对消费者产生吸引力。只有这三个条件同时具备时,难以得到的期望产品才会具有吸引力。而对于难以得到的原因,Brock(1968)的商品理论认为主要有4种可能,即商品的供应商或供应有限,商品的提供、得到或保存成本很高,商品占有的禁令限制和提供商品的迟滞等。具体而言,"商品的供应商或供应有限"是指由于制造或经销商品的厂家或商家数量有限,导致供应不足,例如美国Google研发生产的Google眼镜或苹果公司的Apple watch手表;"商品的提供、得到或保存成本很高"是指厂家或商家用于生产或销售需要付出很高的成本,例如在中国销售的德国进口车和荷兰鲜花等;"商品占有的禁令限制"是指某些产品出于国家战略或消费安全而被限制甚至禁止销售,通常采取的策略包括征收较高的税收、预购需要繁琐的申请程序或严格的资格审查,有的甚至禁止销售,例如在中国销售3.0 L排量以上的豪华进口轿车或为避免消费者滥用麻黄碱而限制消费者单次购买感冒药最多5盒,美国禁止向18周岁以下的消费者销售香烟或烈性酒等;"提供商品的迟滞"是指消费者从预订到得到产品需要很长的时间,导致消费者的时间成本较高,由此造成产品难以得到,例如许多需要预订的进口商品或工艺复杂且不易保存的产品等。很显然,Brock(1968)所提出的难以得到的原因更多地是从供应方考虑的,后来 Worchel et al.(1975)、Verhallen 和 Robben(2004)等研究发现,难以得到或不可得并非仅仅限于供应有限,需求过量或二者同时存在也可能会造成消费者难以得到甚至不可得,例如英美国家的"圣诞季"或中国的"双11"等,短期内由于大量的需求造成该产品难以得到。当然,这是就供需关系的客观原因而言,在某些情况下厂商的人为原因也可能会导致某些产品难以得到或不可得,例如故意制造限量版的产品或传播产品稀缺诉求(Lynn,1991),误导消费者加速消费或过度消费。

Brock(1968)、Lynn(1989)和Lynn与Bogert(1996)等研究发现,稀缺除了可能导致消费者难以得到或不可得外,还可能会导致消费者提高产品评价。Lynn(1989)就研究发现,难以得到的稀缺产品会让消费者产生"认定昂贵性(Assumed Expensiveness)";Lynn和Bogert(1996)不仅认为稀缺产品会具有昂贵性,而且还会存在价格上涨预期。对于稀缺导致消费者增强产品评价的内在原因,目前的解释包括独特性偏好需求、内在欲望、感知更高质量、炫耀性消费心理、精明购物者心理等。Brock(1968)、Synder和Fromkin(1977、1980)、Tian et al.(2001)等均认为,消费者对稀缺产品的偏好源于独特性需求,因为Synder和Fromkin(1977、1980)研究发现消费者出于区别于他人、建构自我和表达自我的需要都会存在一定的独特性需求,而稀缺产品是满足消费者独特性需求最有效的方式或途径(Synder,1992),因此独特性动机或需求是消费者追求稀缺产品的根本动因;Lynn(1991,1997)研究认为消费者对稀缺产品的追求是出于一种内在欲望(Desirability),内在欲望是源自于自我兴趣或目标实现的内在动机,而通过稀缺产品的占有能够满足这种欲望和动机;Wu和Hsing(2006)、Wu et al.(2012)等研究认为,稀缺产品意味着更高的质量,并因此会有更高的感知价值,而感知价值的提高会增强消费者的产品评价;Veblen(1899)、Gierl和Huettl(2010)研究认为消费者对稀缺产品的追求是为了满足炫耀性心理,由于社会比较和自我肯定的需要导致消费者经常会通过占有、处置或使用稀缺产品进行自我补偿,甚至通过它们表征身份和地位;而Schindler(1998)、Bicen和Madhavaram(2013)等研究认为稀缺产品也在一定程度上能够象征消费者是"精明购物者",能够得到稀缺的产品是高自我效能的表现等。可见,消费者对稀缺产品的追求动机是多元化的,甚至是多重因素共同交织驱动的结果。

（二）产品稀缺诉求

Lynn(1991)、Suri et al.(2007)、Eisend(2008)等研究发现,与产品本身的稀缺程度相比,产品稀缺的相关信息对消费者的影响更大。产品稀缺诉求即是重要的产品稀缺信息,它是厂商向潜在消费者传播的有关产品目前或未来有可能不可得的信息(Oruc,2015),例如供应库存信息、市场需求信息、政府限制信息等。该信息既可能是厂商发布的真实信息,也有可能是虚假诱导信息。但无论是真实信息还是虚假信息,它们都会对潜在消费者的心理感知和消费决策产生重要影响。

虽然广告是厂商主要采用的产品稀缺诉求方式(Eisend,2008),但厂商也经常采用其他方式传播产品稀缺诉求,例如发布限量版产品(Jang et al.,2015)、产品脱销信息(Fitzsimmons,2000;Aastrup and Kotzab,2010)、货架信息(Parker and Lehmann,2011;Robinson et al.,2016)、口碑传播(Cheema and Kaikati,2010)等,有时这些信息因为更为含蓄而更为有效。但就目前而言,广告仍然是厂商传播产品诉求最有效的方式,也是使用时间最长和应用最为广泛的方式。由于广告具有受众面广、信息内容直接、传播速度快和传播效果可评估性等优点,因此备受厂商推崇。产品稀缺诉求广告既可以通过报纸、杂志、广播、电视等传统媒介,也可以随信息网络技术的发展而采取网络平台或自媒体平台,例如公共网络社区、品牌社区或专业技术社区等。尽管产品稀缺诉求广告影响仍然很大,但已有研究表明,它也越来越容易引起消费者的怀疑,从而导致消费者的心理抗拒感,进而使广告的传播效果日渐式微。相反,其他方式现在越来受到欢迎。例如,Balachander 和 Stock(2009)、Jang et al.(2015)、Wu 和 Lee(2016)等就研究发现限量版产品也可以成为影响消费者判断产品稀缺程度的重要信息来源,而且是供应有限的"直接信号";Fitzsimmons(2000)、Ge et al.(2009)、Aastrup 和 Kotzab(2010)等研究发现产品脱销信息也是消费者判断产品稀缺程度的重要信息,甚至相似品的脱销都有可能成为消费者判断的重要依据(Ku et al.,2014);Parker 和 Lehmann(2011)、Castro et al.(2013)等研究发现货架产品呈现方式和状态也可以成为消费者判断产品稀缺或流行程度的重要外部信息等。而且,与容易引起怀疑的广告相比,这些方式更为隐含,没有明显的商业功利性特征,同时也容易引起消费者的信息加工,而已有研究表明自我产生的信息内容较之于外部产生的信息内容在消费者判断中有更大权重的影响(Feldman and Jr.,1988)。

产品稀缺诉求的有效性不仅取决于发布的平台,更取决于发布的内容和形式(Eisend,2008)。就产品稀缺诉求的内容而言,一方面取决于存在稀缺性的产品或品牌类型,例如 Ku 等(2012)研究就发现享乐品较之于实用品更容易引起消费者的稀缺感知,Chen(2012)研究发现情感性产品较之于理性消费产品更容易受产品稀缺诉求影响,Soni(2013)研究发现象征性产品较之于功能性产品更容易引起消费者的感知稀缺,Parker(2011)研究发现不太熟悉的品牌较之于熟悉的品牌更容易让消费者感知货架稀缺性,Aggarwal et al.(2011)研究象征性品牌概念的品牌较之于功能性品牌概念的品牌更容易引起消费者的稀缺性和竞争性等;另一方面取决于产品稀缺诉求的呈现形式,例如 Aggarwal et al.(2011)的研究就发现限量稀缺诉求信息较之于限时稀缺诉求信息有更强的效力,Aguirre-Rodriguez(2013)研究发现更为简明的产品稀缺诉求信息较之于更为详尽具体的产品稀缺诉求信息更为有效,Ariga和Inoue(2015)研究发现产品稀缺诉求的呈现形式或呈现颜色会对消费者信息加工产生重要影响。即使是使用脱销来传递产品稀缺诉求,Tan和Chua(2004)也研究发现,脱销信息呈现的框架也会引起消费者对稀缺产品不同的评价。可见,产品稀缺诉求的有效性受多种因素的影响,应用时需要根据产品或品牌特征、诉求受众和传播环境等设计恰当的诉求内容和选择恰当的传播方式。

产品稀缺诉求的有效性之所以会受多种因素的影响,主要原因在于诉求受众的权变性。其中,诉求受众的信息加工方式会对产品稀缺诉求的有效性产生直接和重要影响。Chaiken(1980)将个体的信息加工方式划分为直觉反应的启发式加工和深度筛查的系统式加工。Cialdini(1987)认为消费者面对产品稀缺诉求信息时会启动启发式信息加工,稀缺性本身就属于启发式线索;而Brannon和Brock(2001)却研究发现,产品稀缺诉求会引发消费者的认知反应,启动系统式信息加工。可见,消费者对产品稀缺诉求信息加工方式是存在分歧的。不仅如此,Lee et al.(2016)研究进一步发现,情感也会影响消费者对产品稀缺诉求的反应,消极情感会让产品稀缺诉求更为有效,而积极情感会让产品稀缺诉求的有效性减弱。除此之外,对信息加工的元认知也有可能影响消费者对产品稀缺诉求的影响,Sang et al.(2014)研究发现信息加工流畅性会影响消费者对限量产品稀缺诉求与限时产品稀缺诉求的影响,李东进等(2016)在研究产品脱销对相似品购买意愿的时候也发现加工流畅性会起中介作用。因此,产品稀缺诉求的有效性需要充分考虑诉求受众的信息加工方式,但目前相关的研究尚未有定论。

二、产品稀缺诉求的类型

虽然产品稀缺诉求会对消费者的产品评价和购买行为产生重要影响,但不同类型的产品其稀缺诉求的影响却会截然不同,有时甚至会截然相反。原因在于不同类型的产品稀缺诉求具有不同的信息表征,消费者为此会做不同的推理。消费者并非认知资源的"吝啬鬼",他们也会利用自己掌握的知识理论对信息进行推理(Lynn,1992;Deval et al.2013),并以此作为自己决策和判断的重要依据。由于观察角度、分析层次和研究目的等的差异,目前学者们对于产品稀缺诉求的划分标准并未统一,因此划分的具体类型也各不相同。例如,有的学者根据产品稀缺的原因将其划分为环境因素导致的产品稀缺诉求和人为因素导致的产品稀缺诉求,而有的学者根据产品稀缺的限制方式划分为限时型产品稀缺诉求或限量型产品稀缺诉求,以及根据产品供求原因将其划分为基于供应有限的产品稀缺诉求或基于需求过量导致的产品稀缺诉求。根据以往的研究文献,本书对产品稀缺诉求的划分标准和具体类型进行了总结,具体如表2.1所示。结合使用的广泛性和本书的研究目的,本书重点介绍和比较前3种类型。

表2.1　产品稀缺诉求的划分标准与具体类型

代表人物	划分标准	具体类型	主要实例
Worchel et al.(1975)、Verhallen和Robben(1994)等	稀缺原因	环境诱发产品稀缺诉求 人为诱发产品稀缺诉求	资源有限,机不可失 厂商限货,欲购从速
Cialdini(2008) Aggrawal et al.(2008) Soni et al.(2013)等	限制条件	限时型产品稀缺诉求 限量型产品稀缺诉求	限时抢购,机会难得 数量有限,人均1件
Giel et al.(2008)、Aguirre-Rodriguez（2013）、Ku et al.(2012)等	供求关系	供应性产品稀缺诉求 需求性产品稀缺诉求	限量供应,机不可失 需求众多,先到先得
Veblen(1899) Gierl和Huettl(2010)	产品类型	奢侈品稀缺诉求 必需品稀缺诉求	少数人的奢侈、多数人的奢望 人人都要买,早买得实惠
Griskevicius et al. (2009)	差异表达	差异性产品稀缺诉求 限定机会产品稀缺诉求	与众不同,就在此刻 机不可失,失不再来
Aggrawal et al.(2008)	内容详尽性	详尽性产品稀缺诉求 简明性产品稀缺诉求	1.1-1.3,产品可得 最后三天,产品可得

（一）根据产品稀缺原因,将产品稀缺诉求划分为环境诱发和人为诱发产品稀缺诉求

Worchel et al.(1975)、Verhallen和Robben(1994)等根据产品稀缺的原因将产品稀缺诉求划分为环境诱发的产品稀缺诉求(Environments-induced)和人为诱发(Human-induced)的产品稀缺诉求,或者是偶发因素导致的产品稀缺诉求或营销因素导致的产品稀缺诉求。前者主要是由于外部环境所导致的有限供应,例如资源有限、政府限制、供应中断、工厂破产等;而后者主要是指厂商主观故意或需方需求过量等因素导致的产品稀缺诉求,例如限量供应、限时供应、从众效应等。Verhallen和Robben(1994)、Gupta(2013)等研究认为,人为诱发或营销因素导致的产品稀缺又可以进一步划分为基于供应不足导致的产品稀缺和基于需求过量导致的产品稀缺。

而就两种产品稀缺诉求的影响效果而言,虽然目前对这种划分法的后续研究较少,但已有的研究几乎都认为环境诱发的产品稀缺诉求较之于人为诱发的产品稀缺诉求更为可信,因此也更为有效。一方面是因为环境诱发的产品稀缺诉求更容易合理化,同时消费者也可以通过信息搜寻寻找辅助信息加以佐证,从而进一步增强其可信性和支持性;另一方面是因为消费者对于厂商的诱导性操作往往心怀抵触,容易诱发心理抗拒感。当然,这是就相同条件而言,如果考虑情境因素和个性特质,研究结论很可能就会与之相反。例如,对于谨慎型或经济型消费者而言,由于担心产品质量和售后保障很可能并不会敏感于环境诱发的产品稀缺诉求,从而不会对此类稀缺产品产生偏好;而对于自恋型或冒险型消费

者而言（Lee and Seidle,2012），由于预期不行动后悔的驱动心理很可能会对人为诱发的产品稀缺诉求更为敏感，从而更加偏好这类产品，Abendroth 和 Diehl(2006)等人研究发现，当面对此类产品稀缺诉求时，预期不行动较之于预期行动有更大的后悔。即使是同一消费者，为不同人决策时也有可能有不同的反应，例如为别人诸如同伴或朋友决策时很可能更敏感于环境诱发的产品稀缺诉求，而为自己决策时很可能更敏感于人为诱发的产品稀缺诉求，因为Simonson(1992)研究发现，为别人决策时需要承担更大的风险或责任，而为自己决策时则相反。因此，探寻和深化这两种产品稀缺诉求的具体影响和边界条件也是产品稀缺研究未来的重要方向。

（二）根据稀缺限制条件，将产品稀缺诉求划分为限时型和限量型产品稀缺诉求

Cialdini(2008)、Aggrawal et al.(2008)和Soni et al.(2013)等根据稀缺产品诉求限制条件将其划分为限时型产品产品稀缺诉求(Limited-time)和限量型产品稀缺诉求(Limited-quantity)，并进行了广泛的研究。限时型产品稀缺诉求是厂商通过某些方式向潜在消费者明确告知目标产品只能在限定的时间内可得，而在非限定时间内不可得(Aggrawal et al.2008)。例如，"双11可得,仅限当日""最后三天、过期不候""XX可得,截止某日"等等。Cialdini(1984)又根据限定时间的方式将其划分为时间段限制与截止日期限制，前者是非常明确地规定产品可得的时间距离，例如"1月1日—1月3日,产品有售"；而后者是指厂商明确告知产品可得的最后截止日期，例如"产品售至1月3日"或"最后一天"。限量型产品稀缺诉求是厂商通过某些途径向潜在的消费者明确告知可得产品的数量有限，售完即止。例如"仅有100件,先到先得""数量有限,人均1件"等。同限时型产品稀缺诉求一样，限量型产品稀缺诉求也可以进一步划分为两种子类型，一种是稀缺产品总量限制，个体不加限制，例如"只有100件,欲购从速"；另一种是稀缺产品总量不限制，而个体限制，例如"人均1件,禁止多买"。当然，也有可能存在总量限制、个体也限制的双限情形。而就限时型与限量型两种产品稀缺诉求的具体应用而言，Howard et al.(2007)对报纸广告的调查发现，限时型产品稀缺诉求远远高于限量型产品稀缺诉求。

虽然都是限制消费者得到目标产品，但两种产品稀缺诉求的传播效果却大为不同。Aggarwal et al.(2009)、Nichols(2010)等研究发现，限时型产品稀缺诉求与限量型产品稀缺诉求一个最重要的区别在于，限定数量会引发消费者之间的竞争，而限定时间一般不会引发消费者竞争。后来Soni(2013)的研究还发现，限定数量传播是一种"独特性"信号，而限定时间传播的是一种"流行性"信号，李研(2015)的实证研究也发现限定数量与限定时间会存在信号表达与促销功效差异。事实上，限量型产品稀缺诉求强调了可得数量的总量或个人可得数量，在一定程度上表明某些消费者可得，而另外一些消费者不可得，可得

的消费者相对于不可得的消费者更有机会通过可得的产品进行自我建构和自我表征,甚至是自我肯定和自我延伸;而限时型产品诉求仅仅只强调购买时间的有限性,虽然也有可能某些消费者因为错过时间而无法得到,但它无法通过直接的数量限定表明其稀缺性,相反在一定程度上还传递了流行性或廉价性,因此难以成为消费者身份建构的有效工具。Nichols(2010)通过实证研究也证明限时型产品稀缺诉求较之于限量型产品稀缺诉求会让消费者感知到更高的产品可得性,从而降低了消费者的期待性;李东进和刘建新(2016)也通过实证研究发现限量型产品稀缺诉求较之于产品限时型产品诉求更容易增强消费者的购买意愿。Nichols(2010)和李东进与刘建新(2010)也均证实消费者独特性需求更高,更容易敏感于限量型产品稀缺诉求,而消费者独特性更低的消费者更敏感于限时型产品稀缺诉求,因此消费者的独特性需求会对产品稀缺诉求影响消费者产品评价和购买意愿产生调节作用。Soni(2013)不仅研究发现消费者独特性需求会产生调节作用,而且发现交易倾向(Deal Proneness)和消费者可控性的调节作用,即消费者的交易倾向(急于交易的内在特质)强烈时更倾向于限时型产品稀缺诉求,而消费者的交易倾向较弱时更倾向于限量型产品稀缺诉求;同时,当消费者可控性较低时也更敏感于限时型产品稀缺诉求,而消费者可控性较高时更敏感于限量型产品稀缺诉求。此外,Chen(2012)还研究发现调节聚焦和消费者自我卷入的调节作用,研究结论显示,促进性聚焦的消费者更偏好限量型产品稀缺诉求,而预防性聚焦的消费者更偏好限时型产品稀缺诉求;同时,高自我卷入者也更偏好限量型产品稀缺诉求,而低自我卷入者更偏好限时型产品稀缺诉求。

限量型产品稀缺诉求与限时型产品稀缺诉求是两种厂商经常采用的促销策略,也得到了广泛的研究,包括其作用机制和影响因素,例如作用机制包括感知稀缺性、感知独特性、感知竞争性、感知价值、预期后悔等,影响因素包括产品类型、信息特征、消费者特质和消费情境等。但就目前的研究而言,也还存在一些研究空白和不足,一方面出现了一些新的消费方式和消费情境,例如网络消费、众筹消费和共创消费等,很可能存在有别于传统的"稀缺效应"或影响机理;另一方面目前的研究绝大多数采用的单一中介机制,限制了所建构模型和研究结论的解释力,因此有必要做更深入的研究,构建复合结构模型,增强解释功效。此外,就研究方法而言,目前绝大多数的研究都采用的是实验方法,固然实验方法有其优点,但也存在共同方法偏差等缺陷,因此有必要扩大商品类型、增加社会样本和改进研究方法,增强研究结论的外部效度。

(三)根据产品供求关系,将产品稀缺诉求划分为供应性和需求性产品稀缺诉求

Giel et al.(2008)、Aguirre-Rodriguez(2013)、Ku et al.(2012)等根据产品供求关系将产品稀缺诉求划分为基于供应有限的产品稀缺诉求(简称"供应性产品稀缺诉求")与基于需

求过量的产品稀缺诉求(简称"需求性产品稀缺诉求"),也获得了广泛的关注和研究。供应性产品稀缺诉求(Based-Supply Product Scarcity Appeals, BSPSA)是指厂商向潜在消费者发布的由于产品供应有限而导致可能产品不可得的稀缺信息(Gierl et al.,2008),例如限量版、限量供应、产能不足等。根据厂商对产品供应的可控性,可以进一步将供应性产品稀缺诉求划分为主动性供应性产品稀缺诉求和被动性供应性产品稀缺诉求,前者是指厂商主动通过限制产品供应、稳定产品价格和保证已购消费者利益的产品稀缺信息,例如限量版就是典型;而后者是指厂商受制于资源供给、零部件供应、产能限制或政府管制等原因而被迫限制供应的产品稀缺信息,例如产品不足就是实例。需求性产品稀缺诉求(Based-Demand Product Scarcity Appeals, BDPSA)是指厂商向潜在消费者发布的由于需求过大而导致可能产品不可得的稀缺信息(Gierl et al.,2008),例如从众效应、抢购风潮、购物季等。供应性产品稀缺诉求与需求性产品稀缺诉求存在显著差异,如表2.2所示。

表2.2 供应性产品稀缺诉求与需求性产品稀缺诉求的差异比较

比较项目	供应性产品稀缺诉求	需求性产品稀缺诉求
稀缺原因	有限供应导致供应不足	过量需求导致供应不足
厂商可控性	厂商可控性较强	厂商可控性较弱
产品差异性	更高的独特性	更低的独特性
感知风险	较高的感知风险	较低的感知风险
感知可信性	较高	较低
感知诊断性	较高	较低
信息占优性	厂商	消费者
消费者推理	独特性线索	流行性线索
典型实例	限量版、限量供应、产能不足	从众效应、抢购风潮、购物季

由表2.2可见,供应性产品稀缺诉求与需求性产品稀缺诉求在稀缺原因、厂商可控性、产品差异性、感知风险、信息占优性及消费者推理等方面都存在显著的差异,并且有些属性差异还得到了实证研究支持。例如,Aguirre-Rodriguez(2013)就研究发现,对于厂商而言,供应性产品稀缺诉求相比较于需求性产品稀缺诉求具有更强的可控性,因为厂商对自己产品供应的规模、结构、效率、周期、成本等各方面具有信息非对称优势,而对于消费者的消费偏好、偏好结构、产品评价、支付能力、购买时间等方面具有信息非对称劣势,而在这些方面消费者往往有非对称优势;而就产品差异性而言,Howard et al.(2007)、Gierl et al.(2008)、Roy和Sharma(2015)等均认为供应性稀缺产品诉求由于表明产品供应有限,相比较需求性产品稀缺诉求,更容易诱发消费者更高的独特性感知;又如就感知风险而言,Ku et al.(2012)实证研究发现促进聚焦的消费者更敏感于供应性稀缺产品诉求,更偏好供

应性稀缺产品,而预防聚焦的消费者更敏感于需求性稀缺产品诉求,更偏好需求性稀缺产品,原因是供应性稀缺产品较之于需求性稀缺产品有更高的感知风险,正好契合了促进聚焦偏好风险而非像预防聚焦厌恶风险,需求性稀缺产品表明"其他人也买了"在一定程度上降低了消费者的风险压力,同时也为其提供了购买合理化的理由。Ku et al.(2014)通过研究相似品脱销对目标产品购买的影响时发现,供应性产品稀缺诉求更容易给消费者推断提供"独特性线索",而需求性产品稀缺诉求更容易给消费者推理提供"流行性线索",因此追求同化的消费者更喜欢与脱销品相似的产品或品牌,而追求异化的消费者更喜欢与脱销品不相似的产品或品牌。当然,供应性产品稀缺诉求与需求性产品稀缺诉求也没有绝对的界限,消费者个人特质、消费卷入和消费情境的改变,两种产品稀缺诉求的影响很可能就不那么显著,甚至会截然相反,例如认知资源、认知需求、消费卷入等都可以改变两种稀缺诉求的影响方向和强度。

由于本书主要以供应性产品稀缺诉求与需求性产品诉求分别与无产品稀缺诉求对比及相互比较,相关研究的基础无论是对于发展本书的研究基础还是发展研究假设,以及结果的比较都至关重要,为此,本书将有关这两种产品稀缺诉求的研究文献进行梳理和总结,具体如表2.3所示。

第二节　产品稀缺诉求的主要影响因素

产品稀缺诉求被国内外厂商广为应用,甚至成为某些厂商屡试不爽的"制胜法宝",而且学术研究也发现产品稀缺诉求无论是对消费者偏好、产品评价还是购买意愿都会产生重要影响,但无论是营销实践还是学术研究都发现产品稀缺诉求的有效性会受多种因素的影响,甚至会起决定性作用,忽略这些影响因素,产品稀缺诉求效果就会收效甚微,甚至适得其反。通过对以往有关产品稀缺诉求文献研究的梳理,总结发现产品稀缺诉求的影响因素主要涉及产品和品牌因素、诉求信息因素、消费者因素和情境因素,各影响因素的具体影响如表2.3所示。

表2.3 供应性和需求性产品稀缺诉求相关研究的代表性文献

研究者	主要内容	中介变量	调节变量	实验数量
Worchel et al.(1975)	作者通过采用菜谱书实验检验了稀缺与过剩及其变化对消费者感知价值与产品评价的影响,扩展了商品理论,排除了需求特征的替代解释。	—	—	2
Verhallen(1982)	作者通过实验检验了不同可得或不可得原因对消费者选择的影响,发现仅仅对消费者具有吸引力的产品不可得才有效,扩展了商品理论。	挫折感	—	2
Verhallen and Robben(1994)	作者研究区分了产品不可得的原因,并研究发现供应有限的产品较之于需求流行的产品具有更高的产品和更高的独特性,而且其他人的存在(社会影响)会降低不可得的影响。	—	社会影响	1
Verhallen and Robben(1995)	作者从经济学和心理学角度总结和评价了各种不可得及其原因对消费者产品评价的影响,例如商品理论、挫折理论、抗拒理论等。	—	—	—
Van Herpen et al.(2005)	作者对产品稀缺划分为供应有限与过量需求,并分析了它们怎样影响消费者选择,提出了"虚荣效应"与"从众效应"。	感知质量	消费者独特性需求	2
Gierl et al.(2008)	作者对产品稀缺诉求的类型进行了有效区分,并提出了"第三人效应"。	敏感性感知	—	1
Van Herpen et al.(2009)	作者研究发现稀缺效应并非因为消费者独特性,而是因为消费者在货架旁对其他消费者的观察,当消费者的独特性被威胁时这种"从众效应"就会消失。	—	独特性是否被威胁	3
Gierl and Huettl (2010)	作者研究发现稀缺产品不一定总有价值,炫耀性消费动机对稀缺产品影响消费者产品评价有重要的调节作用。	感知身份性感知独特性感知稀缺性感知流行性	炫耀性	2
Nichols(2010)	作者研究发现产品稀缺诉求会唤起消费者的竞争性,进而影响消费者的购买意愿,并且供应性稀缺诉求较之于需求性稀缺诉求更能唤醒消费者的感知竞争性,消费者的独特性需求与竞争性特质会起调节作用。	竞争性感知	消费者独特性需求、消费者竞争性特质	2
Parker(2011)	作者研究发现货架呈现的稀缺性会影响消费者的购买决策,让消费者产生流行性推理,而货品位置、说服知识、决策对象、产品评级和决策真实性等会产生调节作用。	流行性推理	货品位置说服知识决策对象产品评级决策真实性	5
Ku et al.(2012)	作者研究发现消费者的动机导向会影响消费者对供应性产品稀缺诉求与需求性产品稀缺诉求的影响,促进聚焦导向更偏好供应性稀缺产品,而预防聚焦更偏好流行性稀缺产品。	消费者动机导向	消费者调节聚焦、产品调节聚焦、信息调节聚焦	4

续表

研究者	主要内容	中介变量	调节变量	实验数量
Van Herpen et al.(2013)	作者研究发现消费者对酒类卷入的程度将在一定程度上影响消费者的偏好和选择，即低卷入时两种类型的产品稀缺诉求影响差异不大，甚至具有独特性需求的消费者也会敏感于需求性产品稀缺诉求。销售员的言辞，货品展示数量将是消费者判断的重要线索依据。	—	消费者卷入、销售员的言辞、货品展示数量	2
Ku et al.(2013)	作者研究了决策情景和个体差异对产品稀缺效应的影响，研究发现产品类型与消费者自我监控会影响消费者对产品稀缺诉求的敏感性。	—	产品类型自我监控	2
Ku et al.(2014)	作者研究了相似品脱销的原因对消费者消费偏好的影响，研究发现期望同化的消费者会选择因需求性脱销品的相似品，而期望异化的消费者会选择因供应性脱销品的相似品。	—	同异期望	3
Roy and Shama (2015)	作者研究了广告信息框架与两种稀缺诉求类型对不同程度独特性需求消费者的影响。研究发现在收益和损失框架下低独特性需求的消费者更偏好需求性稀缺产品，而只有在损失框架下高独特性需求的消费者才会更偏好供应性稀缺产品。	—	消费者独特性需求、信息框架	2

一、产品/品牌因素

无论是产品稀缺诉求营销实践还是学术研究均发现产品、品牌是影响消费者应对产品稀缺诉求影响的重要因素，甚至产品、品牌的偏好或承诺"免疫"于产品稀缺诉求的影响。但尽管如此，还是有学者研究发现产品类型、产品域、品牌概念、是否炫耀品、是否限量版、脱销品或相似品等会影响产品稀缺诉求对消费者产品评价与购买意愿影响的有效性。这些研究的发现将对"稀缺效应"的理论完善和应用指导具有重要的意义，如表2.4所示。

表2.4 产品稀缺诉求的影响因素

产品/品牌因素	诉求信息因素	消费者因素	情境因素
产品类型 产品域 品牌概念 是/否炫耀品 是/否限量版 脱销品/相似品	媒体选择 产品脱销 货架货量 信息框架 口碑信息 信息一致性 价格折扣 诉求信息频率 货品陈列数量	消费者独特性需求 自我卷入 认知资源 认知需求 认知闭合需要 品牌承诺 冲动性 竞争性 调节聚焦 顾客期望 产品熟悉性 自我监控	消费文化 解释理由 承担责任 脱销归因 时间压力 购买数量 转换成本 相似品促销 价格促销 购物方式 社会影响

Hirschman 和 Holbrook（1982）、Strahilevitz 和 Myers（1998）、Dhar 和 Wertenbroch（2002）等根据产品功能和消费体验将产品划分为享乐品与实用品,其中享乐品是指"能让人在情感和感官体验上获得美或感性的愉悦、幻想和乐趣的产品或服务"（Hirschman and Holbrook 1982）,而实用品则是"更多地基于理性认知、工具性的、目标导向的、能完成某种功能或实际任务的产品或服务"（Strahilevitz and Myers 1998）。二者的主要区别在于,一方面从功能目标上讲享乐品是一种心理愉悦的内在体验,而实用品是生存必需的基本满足;另一方面从结果评价来讲享乐品的收益难以量化,而实用品的收益更容易评价。正因为二者存在这样显著的差异,研究者们发现基于享乐品与实用品的产品类型划分会影响消费者对产品稀缺诉求的响应。Ku et al.(2013)研究发现供应性产品稀缺诉求更容易增强消费者对享乐品如巧克力的购买意愿,而降低对实用品太阳镜的购买意愿;但需求性产品稀缺诉求更容易增强消费者对实用品的购买意愿,而降低对享乐品的购买意愿。其解释理由是享乐品主要满足情感和愉悦,并且有象征和自我定义作用,而供应性产品稀缺诉求的有限供应恰好契合了此种需求和动机;但实用品更多地是满足功能需求和基于认知决策,而需求性产品稀缺诉求恰好提供了"社会证据"支持。Kim et al.(2014)也研究发现象征性产品更适合供应性稀缺诉求,而功能性产品更适合需求性稀缺诉求。同时,Gierl et al.(2008)、Nichols(2010)等研究发现,供应性产品稀缺类似于限量型产品稀缺诉求,而需求性产品稀缺类似于限时产品稀缺诉求。因此,有理由可以推知,消费者对享乐品更敏感于限量型产品稀缺诉求,而对实用品更敏感于限时型产品稀缺诉求。

同时,学者们还对其他影响产品稀缺诉求的产品、品牌因素进行了研究。例如 Berger 和 Heath(2007)研究发现,消费者存在用于自我定义和自我表征的产品域,这种产品域形成了自我概念的自我延伸和自我肯定,因此不同的产品域可能会敏感于不同的产品稀缺诉求,例如消费者需要自我差异时很可能更敏感于供应性产品稀缺诉求或限量型产品稀缺诉求,而消费者需要群体融入时很可能敏感于需求性产品稀缺诉求或限时型产品稀缺诉求。Aggarwal et al.(2011)在研究消费者竞争性时发现消费者追求象征性品牌概念时更敏感于限量型产品稀缺诉求,而追求功能性品牌概念时更敏感于限时型产品稀缺诉求。Van Herpen et al.(2005)、Van Herpen et al.(2009)、Gierl 和 Huettl(2010)等研究发现,炫耀品更适合供应性产品稀缺诉求或限量型产品稀缺诉求,而非炫耀品更适合需求性产品稀缺诉求或限时型产品稀缺诉求。Jang et al.(2015)在研究限量版时也发现限量版更适合限量型产品稀缺诉求,而非限量版的普通版产品更适合于限时型产品稀缺诉求。不仅如此,Ku et al.(2014)还研究发现,脱销品的脱销原因会影响不同消费者对相似品的选择,例如脱销是因为供应不足导致的,追求差异化的消费者会购买脱销品的相似品,而追求趋同化的消费者则不会;而当脱销品的脱销是因为需求过量导致的,追求趋同化的消费者则会购买脱销品的相似品,而追求差异化的消费者则不会。

就目前的研究而言,相对于诉求信息因素、消费者因素和情境因素,有关产品稀缺诉求产品、品牌影响因素的研究比较少,潜在的原因在于一方面虽然不同产品类型可能会受产品稀缺诉求影响,但影响的差异化程度不显著;另一方面在于产品本身也在向融合产品方向发展,即一个产品集合了多种功能,例如手机,从而导致很难对产品类型或属性进行有效的划分。例如,虽然 Hirschman 和 Holbrook(1982)等将产品划分为享乐品与实用品,但 Voss et al.(2003)也明确说明,享乐品与实用品并非一个维度上的两极,一件产品很可能同时拥有享乐属性和功能属性(Crowley et al.,1992),例如手机的外观设计和游戏功能就属于享乐属性,而通话和发短信就属于功能属性。但就学术研究而言,前人研究比较少的地方往往孕育着重要的机会。因此,产品稀缺诉求的产品/品牌影响因素也可能存在重要的研究机会,一方面技术日新月异地发展,新产品不断地涌现,尤其是迥然不同于传统产品属性或功能的网络产品的出现和流行,为比较研究提供了重要机会;另一方面相对于产品而言,有关产品稀缺诉求品牌影响因素的研究甚少,仅有 Aggwaral et al.(2011)做了品牌概念的调节研究,而品牌个性、品牌感知、品牌形象等对产品稀缺诉求的影响都有待进一步的研究。

二、诉求信息因素

诉求信息因素是影响消费者应对产品稀缺诉求影响的直接影响因素,会对消费者的信息加工、认知判断和消费选择产生直接影响。Howard et al.(2007)、Eisend(2008)等认为广告是产品稀缺诉求应用最广泛也是最有效的大众传播媒体,包括报纸、杂志、电视、广播、网络等,但随着信息技术的发展和研究的深入,一些促销方式和其他媒体形式也被用来向消费者传递产品稀缺诉求信息,例如限量版、脱销信息、货架信息、口碑信息、信息框架、信息一致性等,甚至包括诉求信息频率和货品陈列数量,以及价格折扣等。这些方式传递的产品稀缺诉求信息较之于直白的广告信息更为隐蔽和含蓄,更容易被消费者接纳和利用,因此影响功效也日益增强。

Balachander 和 Stock(2009)、Chen 和 Sun(2014)、Jang et al.(2015)等研究发现,限量版产品是向潜在的消费者传递产品稀缺诉求信息尤其是供应性产品稀缺诉求信息的有效方式。限量版产品,顾名思义是有限供应的产品,其不仅能够表征身份、金钱和地位,而且得到它本身就意味着高自我效能,因此往往会受到消费者的追捧;同时,限量版产品对厂商的品牌形象和经营效益提升均有积极作用,因此也备受厂家推崇,并被广为应用。例如法国达能集团近十年来年年推出限量的纪念版"依云(Evian)"瓶装矿泉水,价格高达普通矿泉水的十几倍甚至数十倍,仍然被众多消费者所青睐。当然,Balachander 和 Stock(2009)也研究发现,限量版产品也可能存在缺陷,例如导致品类相互竞争,Wu 和 Chen(2016)还研究发现限量版可能会导致消费者存在被社会排斥的风险,因此限量版决策需要谨慎。但就传播产品稀缺诉求而言,限量版是传播供应性产品稀缺诉求或限量型产品稀缺诉求的有效方式。

Fitzsimmons(2000)、Campo et al.(2000、2004)等研究发现,产品脱销也是厂商传播产品稀缺诉求的有效方式,而且它不同于限量版产品仅仅传播供应性产品稀缺诉求,产品脱销还可以传播需求性产品稀缺诉求。产品脱销又称"缺货",是指"产品暂时不可得",它既有可能是供应不足导致的,也有可能是需求过量导致的。虽然脱销会让消费者感受到懊恼、郁闷、沮丧等负面情绪,进而降低产品形象感知、决策满意,最终影响他们的行为意愿(Kim and Lennon,2011),尤其是当具有吸引力的产品或偏好产品脱销时,消费者的负面情绪和行为将更加强烈(Fitzsimons,2000;Kim and Lennon,2011),但脱销也可能产生积极效应,任何脱销都会给消费者传递"稀缺性"信号,这些信号将成为消费者判断价值与供需的重要依据(Ge et al.,2009)。Min(2003)、Diels 与 Wiebachs(2011)等研究了脱销选项作为虚位选项对属性非对称占有的二元选择集的诱导效应,即既有可能产生折中效应也有可能产生吸引力效应。前已述,Ku et al.(2014)研究发现不同脱销成因(供应性和需求性)会对不同消费者对脱销相似品的选择意愿。

Parker(2011)、Van Herpen(2013)、Castal et al.(2015)等研究发现货架上货品的数量也可以成为消费者推断产品稀缺程度的重要线索,当货架上货品较少甚至"只有一个"时消费者会做流行性推理,追求趋同的消费者会增强选择意愿。当然,稀缺选项的货品位置、消费者的说服知识、决策对象、销售评级和决策真实性等可能在一定程度上影响"货架稀缺效应"的有效性。Robinson et al.(2016)还扩展了 Parker(2011)的"货架稀缺效应",发现货架稀缺还会导致消费者增强支付意愿和对不熟悉品牌的选择,并在调查中进行了有效证实。可见,对于零售来讲,通过货架呈现的货品数量和有序程度确实会影响消费者的稀缺判断和购买意愿,未来的研究应该进一步探索该效应的中介机制和调节机制。

Inman et al.(1997)、Tan 和 Chua(2004)、Roy 和 Sharma(2015)等研究发现,相同意义的不同语义表述的"框架"会系统性地影响消费者对产品稀缺程度的判断。Inman et al.(1997)通过4个实验研究发现,通过限定性框架(限时、人均限量、限制购买条件)将会起到促销效果,当然研究也发现消费者的认知需求会降低该效应的影响。Tan 和 Chua(2004)在研究"售完即止"的脱销促销时发现,时间限制的模糊性和价格带的范围将会影响消费者对产品稀缺程度的判断。而 Roy 和 Sharma(2015)更是直接以损益框架为调节变量研究供需产品稀缺诉求对消费者稀缺程度判断的影响。Lee et al.(2015)也研究发现稀缺信息呈现的信息框架会影响消费者的价值判断。因此,产品稀缺诉求应该会受"框架效应"的影响,这对营销实践提供了重要指导,但也应该看到,当消费者增加卷入时或存在决策辅助信息时该效应的影响会大幅度地下降,甚至消失。

此外,口碑信息、稀缺信息一致性、价格折扣、诉求信息频率和货品陈列数量等都被研究发现会成为消费者判断产品稀缺程度的重要参考信息。Herr et al.(1991)、Cheema 与 Kaikati(2010)等就研究发现,产品稀缺信息会影响消费者的口碑传播意愿,尤其是具有不同独特性需求的消费者,结果表明具有更高独特性需求的消费者对供应性产品稀缺诉求信息有更低的传播意愿,避免自己独特性的损失和自我保护;而低独特性需求的消费者对需求性产品稀缺诉求信息有更高的传播意愿,目的是自我提升和分担风险压力。Shen(2011、2016)对信息的一致性结合消费者对稀缺信息加工研究后发现,稀缺本身对消费者信息加工没有影响,而信息内容与稀缺信息的一致性将会影响消费者对稀缺信息的加工,当稀缺信息与信息内容一致时启发式信息加工模式将启动,而当不一致时增加信息筛查的系统式加工模式将启动。这是对以往有关直接研究稀缺信息对消费者信息加工影响的扩展和拓深。Iman et al.(1990)Inman et al.(1997)等研究发现,价格折扣或价格促销也会成为消费者判断产品稀缺程度的重要指标,存在价格折扣相比较于没有价格折扣或溢价销售而言表明产品不存在稀缺,甚至存在库存过剩,并且价格折扣程度越高表明产品稀缺程度越低;相反,如果存在价格溢价,则表明产品供应有限,并且溢价程度越高则稀缺程度越高(Palazon and Delgado-Ballestor,2009)。除此之外,诉求信息频率和产品陈列数量也会影响消费者对产品稀缺程度的信息加工和价值判断。Quick(2008)研究发现,当产品稀缺诉求信息频率较高时,会唤醒消费者的怀疑动机和说服知识,由此导致消费者会认为产品稀缺程度较低;而当产品稀缺诉求信息频率较低时,消费者会更加信任信息的真实性,增加购买的紧迫感。而且后来的研究进一步发现,消费者不仅会根据产品稀缺诉求信息频率判断产品稀缺程度,还能判断产品稀缺的原因,即产品稀缺诉求频率越高越有可能是供应过剩或需求不足,而频率越低越有可能是供应有限或需求过量。而 Jang et al.(2012)等的研究还发现产品陈列的方式会影响消费者对产品稀缺程度的判断,单独陈列要比多件陈列更容易唤起消费者的稀缺性感知,基于互补性的组合陈列要比基于竞争性的同类陈列更容易引起消费者的稀缺性感知。

从以上影响产品稀缺诉求有效性的诉求信息因素来看,随着消费者消费经验的积累和说服知识的增多,产品稀缺诉求无论是从信息内容还是从信息传播方式都正在发生根本性的改变,以往直陈式的稀缺诉求说服方式正在向含蓄式的稀缺诉求说服方式转变,稀缺营销传播的效果也更为有效(Eisend et al.,2008)。而就学术研究而言,一方面产品稀缺诉求信息内容和信息特点对产品稀缺诉求有效性的研究还值得进一步的研究,尤其是新技术的发展和新的消费方式出现,例如产品评论一致性、信息两面性、稀缺诉求文字或图表呈现对产品稀缺诉求有效性的影响;另一方面,产品稀缺诉求发布的平台、方式、时间和连续性等对产品稀缺诉求有效性的影响也值得深入研究,相对而言这方面的研究较为鲜见,研究内容和研究意义都较为突出。

三、消费者因素

产品稀缺诉求的直接诉求对象和目标受众是潜在的消费者,因此消费者会对产品稀缺诉求的有效性产生决定性的影响。目前的研究发现除了人口统计特征外,消费者的独特性需求、自我卷入、认知资源、认知需求、认知闭合需要、品牌承诺、冲动性、竞争性、调节聚焦、稀缺预期、产品熟悉性和自我监控等因素也会对产品稀缺诉求产生重要影响。

在影响产品稀缺诉求有效性的消费者因素中,影响最直接和被研究最多的是消费者独特性需求, Lynn(1991)、Synder(1992)、Simonson 与 Nowlis(2000)、VanHerpen et al.(2005)、Nichols(2010)、Parker(2011)、Wu et al.(2012)、Roy 和 Sharma(2015)、Jang et al.(2015)等均发现消费者独特性需求是消费者敏感于产品稀缺诉求和偏好稀缺产品的重要内部动因,同时也发现它是不同产品稀缺诉求影响的重要调节变量。消费者独特性需求(Consumer Need for Uniqueness,CNFU)源于独特性需求理论,是指消费者为了发展与增强自我形象和社会形象的目的而通过得到、使用和处理消费品等方式追求与他人不一样的特质(Tian et al.,2001)。Synder 和 Fromkin(1977,1980)研究认为,存在于社会中的个体总是追求与他人不一样,通过这种方式来进行自我概念的建构和自我形象的表征,从而建立独立的人格和自尊。而 Belk(1988)、Tian et al.(2001)、Ruvio(2008)等研究发现占有、使用和处置物质产品是个人把自己与他人区别开来的最有效、最安全的方式,并且是在没有因为偏离社会规范引起极端社会反应的情况下表达自身的独特性,因此是成本最低和有效性最高的表达途径。Tian et al.(2001)根据消费者独特性需求的本质内涵与表现特征将其操作化为三个构面,即创见性地选择反从众(Creative Choice Counter-conformity)、非流行的选择反从众(Unpopular Choice Counter-conformity)和相似性避免(Avoidance of Similarity),创见性的选择反从众反映了消费者通过物质产品创建自己风格与表达自我形象的能力(Lynn and Harris,1997),表现为通过创见性的选择得到作为独立个体的社会评价(Synder and Fromkin,1977,1980);非流行的选择反从众反映了个人产品或品牌的选择与使用并不总是与群体规范一致,表现为个体依靠冒着被社会指责的风险选择不流行的消费选择寻求实现个人与他人的差异化;相似性避免反映了个体为了与他人相区别努力避免购买和使用普遍被使用的产品和品牌,表现为一旦某个产品或品牌变得很普通时独特性消费者就会失去兴趣、避免购买或终止使用。当然,Brewer(1991)的最优差异化理论也认为,消费者也并不认为独特性越高越好,而是会同时在求同与求异之间寻求最佳的平衡,以避免心理失调和满足心理安全感,求同是为了避免被社会排斥,而求异是为了建构自我。由于不同的产品稀缺诉求和稀缺产品能够满足消费者某种程度的独特性需求,因此消费者独特性需求会在一定程度上影响产品稀缺诉求的有效性。Simonson 与 Nowlis(2000)研究发现,高独特性需求的消费者在做选择时往往会提供独特性理由,并努力做与众不同的选择;而低独特性需求的消费者在做选择时往往会提出"其他人也买了"或"降低风险"的理由(Ge et al.,2008),并力求做与大家一样的选择。而其他人的研究也几乎得出了相同的结论,例如 Van Herpen et al.(2005)研究发现购买炫耀品时也是基于独特性需求心理,Nichols(2010)研究发现具有高独特性需求的消费者更敏感于供应性稀缺产品诉求和有更低的竞争性倾向,Parker(2011)在研究货架稀缺时也发现高独特性需求的消费者会选择呈现数量更少的红酒或球衣,Jang et al.(2015)在研究限量版时同样发现更高独特性需求的消费者更喜欢限量型稀缺产品,而更低独特性需求的消费者更偏爱限时型稀缺产品。同时,Wu 和 Hsing(2005)、Wu(2009)、Wu et al.(2012)等在研究产品稀缺性对消费者购买意愿的影响中也发现了感知独特性的中介机制。由此可见,如果从消费者内在驱动机制来看,其对产品稀缺诉求的敏感性和对稀缺产品的偏好源于消费者的独特性需求,这是消费者最原始的内在欲望和最根本的驱动力量。

影响产品稀缺诉求有效性第二重要的消费者因素是消费者的自我卷入。卷入(Involvement)是反映个体被特定的刺激或情境所激发的唤醒、兴趣和驱动的内在动机或情境状态(Mitchell,1979,1981),广告诉求中的自我卷入即是指消费者基于其需要、价值与兴趣而对广告刺激进行信息加工的唤醒、兴趣与驱动状态(Krugman,1966;Gardneret al.,1978;Zaichkowsky,1985)。自我卷入的过程也是一个消费者对广告信息进行加工的过程(Leavitt et al.,1981;Park and Young,1986),加工步骤包括初步注意、集中注意、理解和加工等(Greenwal and Leavitt,1984),其加工的内容包括广告信息卷入和广告表现卷入,前者是指消费者在加工信息内容过程中表现出的认知努力程度,而后者是指消费者在加工与品牌无关的广告刺激表现效果信息过程中表现出的认知努力程度(Baker and Lutz,1987)。已有大量研究表明,作为反映消费者信息加工和认知努力程度的重要变量,自我卷入会直接影响消费者对目标刺激的重要性感知、兴趣、认知资源投入和信息搜寻努力等,并最终会影响消费者的态度改变和广告说服效果(Meyerowitz and Chaiken,1987;Maheswaran and Meyers-Levy,1990;Olsen,2007)。在高自我卷入下,消费者会表现出更高的重要性感知、更大的兴趣、更多的认知资源投入和信息搜寻努力；而在低自我卷入下，消费者会表现出更低的重要性感知、更小的兴趣、更少的认知资源投入和信息搜寻努力。Van Herpen et al.（2013）、Gabler et al.（2013）、Roy（2016）等均研究发现，消费者的自我卷入会对产品稀缺诉求影响消费者产品评价或购买意愿产生调节作用，当消费者处于高自我卷入状态时产品稀缺诉求的有效性会降低，甚至完全消失。

与自我卷入三个息息相关的概念是认知资源、认知需求和认知闭合，它们也会对消费者加工产品稀缺诉求信息产生重要的调节影响。其中，认知资源（Cognitive Resources）是指"可供认知加工的心智资源"。人们在完成一项心理任务时，他们的资源或认知资源是有一定限度的，这种限度使人们必须把有限的资源有控制地分配到不同活动或同一活动的不同方面，以实现最优化认知（Shiv and Fedorikhin，1999；Shiv and Huber，2000）；而一旦认知资源分配不合理或者消耗殆尽，新的刺激就会得不到有效加工（Kahneman，1973）。其相关且相反的概念是认知负荷（Cognitive Loading）。Yeo 和 Park（2009）、Lee et al.（2014）等通过实证研究发现，当消费者有足够的认知资源时会唤起消费者对产品稀缺诉求作为促销手段的认知加工，从而降低产品评价；李东进等（2015）也研究发现，消费者认知资源充足时会唤醒消费者的"自由意识"，由于脱销限制了消费者的选择自由从而导致消费者产生心理抗拒感。因此，认知资源会调节消费者的认知加工，低认知资源更加有益于增强产品稀缺诉求的有效性。认知需求（Need for Cognition）是指个体积极参与并且很享受认知活动的倾向（Cacioppo and Petty，1982）。它属于认知动机而非认知能力，亦属于认知加工而非认知结果（Petty et al.，2009）。高认知需求表现为更为积极的认知努力，信息加工主要依赖于论据质量、论据强度、论据结构等核心线索；而低认知需求表现为更为消极的认知努力，信息加工主要依赖于决策规则、经验、专家名人等边缘线索（Petty and Cacioppo，1986）。Iman et al.（1997）就研究发现具有较高认知需求的消费者更不容易被产品稀缺诉求所影响，相反，有更低认知需求的消费者更容易被产品稀缺需求所影响，原因可能在于稀缺性本身就属于启发式线索，容易成为消费者评价和决策的依据。认知闭合（Need for Closure）是指个体接近并减少认知不确定性，对待事情时快速规划并坚定地保持一个清晰的观点而不是接受困惑和产生不确定（Kruglanski，1989；Kruglanski and Webster，1996）。研究发现，具有较高认知闭合的个体在应对模糊性问题时具有较高的决断性和坚持性，而具有较低认知闭合的个体则表现为较高的犹豫性和易变性。Jung 和 Kellaris（2004）、Anh（2014）、Lee et al.（2015）等研究发现认知闭合具有会影响消费者对产品稀缺诉求的反应，更高认知闭合的消费者更容易遵从产品稀缺诉求的主张，而更低认知闭合的消费者更容易反对产品稀缺诉求的主张。Lee et al.（2015）也研究发现认知闭合会对信息框架影响产品稀缺诉求产生调节作用。

品牌承诺也是影响产品稀缺诉求有效性的消费者因素。品牌承诺(Brand Commitment)是消费者对品牌的情感联系与心理依附(Beatty et al.,1988),它反映消费者与目标品牌维持现有关系的意愿,关系的长期导向和对品牌的心理依附感(Finkel et al.,2002)。已有研究表明,品牌承诺不仅反映了消费者与品牌之间的关系质量,而且是消费者忠诚和重复购买的内驱动力(Amine,1998)。Ahluwulia et al.(2000)、Pullig et al(2006)等进一步研究发现,高品牌承诺(High Brand Commitment,HBC)的消费者更加钟爱于目标品牌,对目标品牌消极信息的影响更具有免疫力,也更不愿意传播目标品牌的消极信息;而与之相反,低品牌承诺(Low Brand Commitment,LBC)消费者对目标品牌不一定存在特殊偏好,对目标品牌更加敏感的消极信息,同时也更可能传播目标品牌的消极影响。Fitzsimons(2000)等在研究反映产品稀缺信息的脱销时就发现,更高品牌承诺的消费者更容易敏感于目标品牌的脱销信息,容易产生有偏差的信息加工,在脱销时也更不容易转换品牌;而更低品牌承诺的消费者则相反,对目标品牌的脱销信息敏感性较低,更容易产生更为客观的信息加工,脱销时品牌转换程度较高。但也有其他学者得出了相反的研究结论,认为品牌承诺更高的消费者更不容易受产品稀缺诉求的影响,因为品牌承诺较高的消费者对目标品牌的相关信息更为熟悉,消费经验也更为丰富和专业;相对而言,品牌承诺更低的消费者更容易受外部信息的影响,更容易被产品稀缺诉求所蛊惑,因此更容易产生有偏差的决策判断。可见,目前有关品牌承诺对产品稀缺诉求有效性的影响研究还存在很多争议,还有待进一步的深入研究,很可能产品类型、产品熟悉性、产品专业性、个性特质和消费情境在一定程度上会影响品牌承诺的方向和强度。

消费者的调节聚焦也被发现会对产品稀缺诉求的有效性产生重要影响。调节聚焦(Regulatory Focus)是Higgins(1997)基于自我差异理论提出来的,指出个体会因为追求不同的终极状态而采用不同的动机策略。具体而言,他将个体的调节聚焦分为两种,一种是促进性聚焦(Promotion Regulatory),即以追求理想、希望和抱负为目标,采取积极进取的态度和行为;另一种是预防性聚焦(Prevention Regulatory),即以责任、义务和完全为目标,采取谨慎防御的态度和行为。已有研究表明,两种调节聚焦动机是普遍存在的个性特质和情境唤醒,会对个体的人生追求、情绪反应、风险态度、消费偏好等产生重要影响(Aaker and Lee,2001;Higgins,2002)。相应地,Ku et al.(2012)等也研究发现,消费者的调节聚焦也会对产品稀缺诉求的有效性和影响差异性产生重要影响,即促进性聚焦的消费者由于有更进取的目标和更高的风险偏好,因此更敏感于供应性产品稀缺诉求和更偏好供应性稀缺产品;而预防性聚焦的消费者由于有更谨慎的目标和更高的风险厌恶,因此更敏感于需求性产品稀缺诉求和更偏好需求性稀缺产品。Chen(2012)在研究限量型与限时型产品稀缺诉求的影响时,发现促进性聚焦的消费者更敏感于限量型产品稀缺诉求,而预防性聚焦的消费者更敏感于限时型产品稀缺诉求,进一步研究也发现消费者的个人卷入会影响调节聚焦对不同产品稀缺诉求的影响。Sang et al.(2014)等研究也得出了相同的结论。此外,Han(2012)还发现调节聚焦不仅影响限量型与限时型产品稀缺诉求,而且还会影响稀缺产品对价格折扣的影响。由此可见,调节聚焦也对产品稀缺诉求的有效性有重要影响,因此厂商需要针对不同调节聚焦的消费者或者通过采取措施唤醒消费者的调节聚焦增强产品稀缺诉求的有效性。

除此之外,虽然消费者的冲动性、竞争性、稀缺预期、产品熟悉性和自我监控等并没有消费者独特性需求、自我卷入、品牌承诺和调节聚焦等对产品稀缺诉求有效性的影响显著,但营销实践和学术研究发现它们也会产生重要影响。冲动性(Impulsiveness)也是消费者的重要特质,它是消费者内心的、草率的以及欲得以立即执行的购买倾向(Rook and Fisher,1995)。Cheung et al.(2015)就研究发现冲动性会影响消费者对产品稀缺诉求信息的反应,Lee et al.(2015)在跨文化分析中发现了不同国家消费者的冲动性对消费者稀缺诉求信息的影响,比较发现中国消费者要比韩国消费者在面对限时型产品稀缺诉求信息时更具有冲动性。可见,冲动性是影响消费者反应产品稀缺诉求的重要特质。Nichols(2010)等研究发现,竞争性也是消费者重要的人格特质,会对消费者反应产品稀缺诉求产生重要影响。竞争性是指"享受人际间的竞争并期待战胜和优于其他人"(Spence and Helmreich,1983)。Mowen(2004)等研究发现,当存在资源的争夺、自由或生存被威胁或人际间进行比较时,个体的竞争性就会被唤起,就可能产生紧张、焦虑和敌意,甚至会产生侵略性和攻击性(Griskevicious et al.,2009)。而稀缺性是唤起消费者竞争性常见的诱因,Cialdini(2008)曾指出,人们不仅在某些事物稀缺时更想要拥有它,而且在为它竞争时更想要拥有它。Nichols(2010)、Aggarwal et al.(2011)、Lee et al.(2015)等研究均发现,消费者的竞争性会影响产品稀缺诉求的有效性,并且限量型产品稀缺诉求较之于限时型稀缺诉求更容易唤醒消费者的竞争性。此外,Mukherjee和Lee(2016)还研究发现消费者的稀缺预期会影响消费者对产品稀缺诉求的反应,稀缺期望是消费者相信产品会存在因供应不足导致稀缺的可能,结果表明当消费者对因需求导致较低的稀缺期望时稀缺诉求对产品评价的积极影响会被减弱,对稀缺的错误推理起着中介作用,而认知负荷会起调节作用;Jung和Kellaris(2004)、Parker(2011)等研究还发现产品熟悉性会影响消费者对产品稀缺诉求的有效性,越不熟悉的产品越容易受产品稀缺诉求的影响,尤其是需求性稀缺诉求的影响更为明显;而Ku et al.(2013)等研究还发现自我监控也会影响产品稀缺诉求的有效性,具体而言,对于高自我监控者而言,需求性产品稀缺诉求更为有效,而对于低自我监控者而言,供应性产品稀缺诉求更为有效。

消费者的个性特质是个多构面的综合体,并且越来越多的构面和表征陆续被发现。虽然以上已经列举了消费者独特性需求、自我卷入、品牌承诺等因素的影响,但已有的发现和研究仍然不够。就目前的研究而言,其不足之处主要在3个方面:(1)还有哪些人格特质会对消费者反应产品稀缺诉求有重要的影响? 随着人格特质研究的深入和扩展,更多的构面和表征将被发现,需要深入地探索和研究这些新发现的系统性影响。(2)目前的研究绝大多数都是单因素例如消费者独特性需求等的研究,多因素的交互影响研究仍然不足,这在一定程度上限制了研究结论的有效性。(3)即使是目前人格特质的单因素研究,绝大多数也忽略了人格特质的情境权变性,许多的人格特质在不同情境下是可变的,例如调节聚焦、自我建构、自我控制等,需要研究不同情境下人格特质对消费者反应产品稀缺诉求的影响,这样的研究才有实践意义。

四、消费情境因素

产品稀缺诉求对消费者购买意愿的影响还会受消费情境的影响。消费情境是消费者在购买或消费时所面临的短暂的环境因素,会对消费者的消费感知和行为产生系统性或显著的影响。它既可能包括影响广泛的文化因素、经济因素和自然因素,也可能包括具有具体影响的消费时间、地点、任务和先行状态等。根据对以往产品稀缺诉求相关文献进行梳理和总结,发现影响产品稀缺诉求有效性的主要情境因素有消费文化、解释理由、脱销归因、时间压力、购买数量、从众行为、承担责任、转换成本、相似品促销、空间距离等。

影响较为广泛且深入的情境因素是消费文化。消费文化是指在一定历史阶段中,人们在物质生产和精神生产、社会生活以及消费活动中所表现出来的消费理念、消费方式、消费行为和消费环境的总和。它对消费者行为的影响是潜移默化的,但也是根深蒂固的。产品稀缺诉求作为一种重要的促销方式,无论是所促销的产品还是诉求的方式自然都会受消费者所处的消费文化的影响。例如,Markus 和 Kitayama(1991)研究发现,美国、英国等西方国家更加强调独立、自主与自尊,流行个人主义文化,因此消费者消费选择时更加强调与众不同,且有更高的风险偏好;而中国、日本等东方国家更加强调规范、团结和一致,流行集体主义文化,因此消费者消费选择时更加强调与众相同,且有更高的风险厌恶。正因为如此,有学者研究发现,稀缺产品诉求尤其是供应性稀缺产品诉求和限量型产品稀缺诉求在西方国家更为有效,而需求性产品稀缺诉求和限时型产品稀缺诉求在东方国家更为有效。例如 Triandis(1989)和 Cialdini et al.(1999)研究发现社会证据技术在集体主义国家更为有效一些,而承诺一致技术在个人主义国家更为有效一些。同时,西方多数发达国家盛行生活质量价值观,崇尚消费而不愿储蓄;而大多数远东国家盛行节俭主义消费观,偏好储蓄而不愿消费。即使是同属于西方国家或远东国家,由于国家位置、发展历史、政治制度、经济水平等方面存在差异,消费文化也会存在显著的不同。例如 Jung 和 Kellaris(2004)就比较了美国与法国的消费文化,发现美国属于低情境文化国家而法国属于高情境文化国家,低情境文化更依赖于消费者的信念和态度而更少受外部环境影响,而高情境文化更依赖于外部的信息和规范而较少遵从自己的信念和态度,研究结果表明产品稀缺诉求在美国更为有效,而在法国有效性要差一些;同时,Lee et al.(2015)在比较中国与韩国消费者面对产品稀缺诉求时冲动性消费的程度后发现,中国消费者面对限时型产品稀缺诉求时冲动性更高,而韩国消费者面对限量型产品稀缺诉求时冲动性更高。可见,消费文化不仅对产品稀缺诉求有效性有影响,而且影响是广泛的、深层次的。

Simonson 与 Nowlis(2000)、Wu 和 Lee(2016)等研究发现,解释理由和承担责任也会影响消费者产品稀缺诉求的有效性。解释理由是指消费者需要向其他人解释之所以选择某种选项的原因。当消费者需要向其他人解释选择的原因时,理由的合理性和解释的责任将会让消费者尽可能规避有"风险"的选项,而选择更为"安全"的选项;而当消费者不需要向其他人解释选择的原因时,消费者的选择责任或压力将更小,会倾向选择更为"冒险"的选项,因为有时消费者选择某个产品会存在"因果模糊性"。与此相同,Wu 和 Lee(2016)在研究限量版时研究发现,当消费者为自己选择时更有可能选择限量版,而当他或她为别人选择时更有可能不选择限量版,原因一方面是由于承担的风险和责任有别,另一方面是因为心理投射机制的差异。相对于其他情境因素而言,目前这方面的研究还比较稀少,还有待进一步的探索和深化。

时间压力是影响产品稀缺诉求有效性的重要情境因素,它会影响消费者信息加工的方式和深度。Dar 与 Nowlis(1999)、Spears(2001)、Brannon 和 Brock(2001)、Huang et al.(2011)、Pettibone(2012)等均研究发现时间压力会影响消费者对产品稀缺诉求的反应。例如 Dar 与 Nowlis(1999)直接操作了时间压力对消费者产品选择的影响,研究发现时间压力会降低高冲突选择的延迟,而对低冲突选择则不会;时间压力会减少相同属性对选择延迟的影响;时间压力会降低具有相同不好的属性和单一好的属性构成的选项集的延迟,但不会降低具有相同好的属性而单一不好的属性构成的选择集的延迟等。Brannon 和 Brock(2001)更是直接研究了时间压力对消费者加工产品稀缺诉求的影响,结果发现时间压力会阻碍消费者的信息加工,使得消费者更多地产生遵从行为。当然,更进一步地研究发现,时间压力可以划分为时间段和截止时间,Cialdidi(1984)研究发现,时间段越长,消费者信息加工的机会越多,消费者越可能对信息进行深度加工,产品稀缺诉求的有效性越低;同时离截止时间越短,消费者越有可能采用启发式信息加工,产品稀缺诉求的有效性越高。当然,后来的研究也发现,时间压力也有因限制了消费者的选择自由而产生心理抗拒感,从而降低产品稀缺诉求的有效性。除此之外,时间压力还有可能唤起消费者对稀缺诉求动机的怀疑,从而唤醒消费者的说服知识,也会降低产品稀缺诉求的有效性。总之,时间压力最直接的影响是增强产品稀缺诉求的有效性,而一旦时间压力唤起消费者的心理抗拒或说服知识会降低产品稀缺诉求的有效性。

购买数量也是影响产品稀缺诉求有效性的重要因素,它会影响消费者的感知风险。有研究发现,当消费者购买的数量越少时越容易相信产品稀缺诉求,而当购买的数量越大时消费者越不相信产品稀缺诉求。购买数量越大,消费者承担的风险和责任越大,消费决策越谨慎,由此导致信息加工越深;相反,购买数量越少,消费者承担的风险和责任越小,消费决策越冲动,相应地信息加工也越浅。正因为如此,购买数量对产品稀缺诉求有效性的影响主要通过感知风险或感知责任的中介作用。

Campo et al.(2000、2004)、Ku et al.(2014)、Aastrup 与 kotzab(2010)等在研究产品脱销时发现,消费者对脱销原因的归因会影响消费者对脱销品、相似品或互补品的选择。前已所述,脱销也是传播和表达产品稀缺诉求的重要方式。Grant et al.(2008)等研究发现,当消费者面临脱销情境时,会依靠内部记忆和外部线索对产品脱销进行归因,按照供求关系通常会作两方面的归因,即供应不足脱销归因和需求过量脱销归因。Ku et al.(2014)等进一步研究发现,不同消费偏好的消费者会对两种不同类型的脱销做出不同的反应,例如求同偏好的消费者会购买因需求过量脱销品的相似品,而求异偏好的消费者会购买供应不足脱销品的相似品。李东进和张成虎(2015)通过对脱销是否影响相似品购买时也发现,当脱销导致消费者感知稀缺时会增强对脱销相似品的购买,而当脱销导致消费者产生心理抗拒感时会减弱对脱销相似品的购买,认知资源会调节感知稀缺性与心理抗拒感的双中介机制。当然,脱销归因对消费者相似品购买的影响也并非是一成不变的,例如品牌忠诚、感知风险、转换成本、产品熟悉性、空间距离、有无同伴、购买数量、时间压力等都会在一定程度上影响脱销效应。

近几年来,有无价格促销也成为影响产品稀缺诉求有效性的重要情境因素,并引起了学者们的关注和研究。Hajszan 和 Timmerman(2016)研究发现存在价格促销的产品脱销的概率是正常价格销售的两倍,而脱销往往被消费者视为产品稀缺的重要线索。Diels 与Wiebach(2011)、Han(2012)、Shuey(2014)、Smith 与 Williams(2015)等研究均发现,有促销的产品脱销与没有促销的产品脱销会对消费者的偏好和选择产生不一样的影响。例如,Diels 与 Wiebach(2011)研究就发现存在促销的产品脱销消费者会增加购买延迟和减少对替代品的购买,而对于没有促销的产品脱销消费者更容易进行品牌转换;Smith与Williams(2015)的研究也得出了相同的结论,存在促销的产品脱销会导致消费者更高的不满意,而且也有更低的网络店铺转换意愿。因此,产品有无价格促销会对产品稀缺诉求的有效性产生重要影响,这不仅会影响所促销的脱销产品,而且会影响脱销产品的相似品和互补品。

随着网络经济的发展,消费者的消费方式和消费渠道也在发生根本性的转变,网络消费蒸蒸日上。网络消费与传统消费存在截然不同的差异,消费者不仅可选择性较强,而且转换成本较低(Shuey,2014;Anh,2014)。由于网络传播的广泛性和高效性,无论是供应性产品稀缺诉求还是需求性产品稀缺诉求,也无论是限量型产品稀缺诉求还是限时型产品稀缺诉求,甚至电子邮件和口碑传播等各种产品稀缺诉求方式都被广泛采用。并且,已有研究发现,由于电子商务传播和销售的广泛性和迅捷性,不同类型产品稀缺诉求有效性之间的差异日益缩小,有的甚至完全消失。但还是有学者研究发现网络稀缺与传统稀缺的差异性,例如Shuey(2014)就通过以耐克鞋为实验商品研究发现,电子邮件促销的折扣水平与稀缺程度会影响消费者的感知价值、消费情绪、价格和质量推断,进而影响消费者的购买意愿和正面口碑传播;Anh(2014)直接研究了电子商务情境下稀缺诉求的有效性,发现搜寻越容易,无论限量型还是限时型产品稀缺诉求影响无差异,而搜寻越困难,限时型产品稀缺诉求才有效,并且不确定性规避、认知闭合和产品熟悉性并不会对产品稀缺诉求的影响产生调节作用。

除此之外,转换成本、社会影响、相似品促销、空间距离等也都被陆续发现会影响产品稀缺诉求的有效性。转换成本是指消费者在面临产品稀缺诉求例如脱销时从一种方式或目标向另一种方式或目标转移所发生的经济、体力或心理成本。当转换成本较高时,消费者对产品稀缺诉求的敏感和对稀缺成本的偏好则会增强;反之亦然。社会影响包括从众行为、社会规范和同伴效应等,他们对于消费者对产品稀缺诉求反应的影响存在很大的不确定性,例如已有研究发现,当群体或同伴都追求稀缺产品时消费者就会产生从众行为或同伴效应,而当群体或同伴都不追求稀缺产品时消费者也可能产生跟随行为。正因为如此,探寻社会影响对消费者反应产品稀缺诉求的中介机制和调节机制非常有必要。此外,还有学者研究了相似品促销和空间距离对产品稀缺诉求有效性的影响,例如李研(2015)就基于交易费用理论发现了感知易达性对不同产品稀缺诉求有效性的影响等。应该说,影响产品稀缺诉求有效性的情境因素众多,仅仅目前的发现还远远没有反映影响产品稀缺诉求有效性的全部,尤其是目前多数对情境因素的研究是研究单一因素的独立影响,而没有研究多个因素的交互影响,在一定程度上了限制了研究的解释力和有效性。因此,未来对情境因素的研究需要一方面探索更多的影响因素,尤其是网络消费及其他新兴消费方式的情境影响;另一方面需要更深入地研究各种影响因素的交互效应,增强研究结论的解释力和有效性。

综合而言,影响产品稀缺诉求有效性的因素主要包括产品/品牌因素、诉求信息因素、消费者因素和消费情境因素等四大因素,已有研究发现,这些影响因素一方面会独立影响产品稀缺诉求的有效性,另一方面会交互影响产品稀缺诉求的有效性。但就目前的研究现状而言,对于交互影响的研究还远远不够,因此以后的研究应该更多地探索不同影响因素或同一影响因素不同子因素对产品稀缺诉求有效性的交互影响。

第三节　产品稀缺诉求的主要影响机制

产品稀缺诉求对消费者的影响是多方面的,Oruc(2015)总结研究发现,产品稀缺诉求会直接或间接影响消费者的感知稀缺性、支付意愿、消费数量、感知质量、感知流行性、想法加工、想法效价、竞争性唤醒、冲动购买、交易态度、产品态度、交易意愿、感知价值、购买行为、购买意愿、感知专有性等16种反应,文献梳理还发现预期后悔、口碑传播、产品评价、购买延迟等也会受产品稀缺诉求的影响。这些影响既有中介影响,也有结果影响;既有独立影响,也有交互或连续影响;既有积极的影响,也有消极的影响;等等。根据影响的机理及其结果,本文将从信息加工、价值判断和行为反应等3个方面进行文献梳理,探索其影响机制。

一、产品稀缺诉求的信息加工机制

产品稀缺诉求的信息加工机制一直是产品稀缺诉求有效性研究的重点,尤其是20世纪80年代研究更是持续升温,但研究结论也一直备受争议。Brock(1968)提出商品理论时也认为产品稀缺信息会引发消费者直觉式反应,随着信息加工程度的加深其影响性会降低;而Cialdini(1984、1988)也认为产品稀缺诉求会让消费者产生启发式加工,甚至认为产品稀缺信息本身就属于启发式线索。但随着研究的深入,研究者们逐渐发现,消费者对于产品稀缺诉求信息并非都是启发式加工,有时它也会引发消费者系统式加工的认知反应(Brannon and Brock,2001)。不仅如此,Swain et al.(2006)、Lee et al.(2016)等研究发现情感也会影响消费者对产品稀缺诉求的加工;而Sang et al.(2014)等进一步研究发现,不仅初始认知会影响消费者对产品稀缺诉求信息的加工,元认知即感知流畅性也会影响消费者对产品稀缺诉求的信息加工。正是因为研究视角和研究层次的差异,研究者们对于

消费者对产品稀缺诉求的信息加工也才莫衷一是,未有定论。

根据MacInnis和Jaworski(1989)提出的广告信息加工的整合性框架来看,除了广告信息本身的内容和特征外,消费者的加工动机、加工能力与加工机会将会对广告有效性产生重要影响。加工动机是消费者加工广告信息的内在动力与主观愿望,已有研究表明,加工动机与消费者的个人相关性、任务重要性与加工难度大小等息息相关(Petty and Cacioppo,1979),个人相关性越高、任务越重要其加工难度越小,消费者的加工动机越强,反之亦然。加工能力主要是指消费者加工广告信息的主观条件,它与消费者掌握的知识、经验、技巧、专注等因素有关(Robben and Poiesz,1993),当然也与消费者的认知资源有关,这些因素均与消费者的加工能力成正相关关系。加工机会是指有利于促进消费者信息加工的外部条件,它与广告信息呈现的内容、特点、方式等因素有关,已有研究表明,信息呈现的内容越简单、特点越鲜明和重复性越高,消费者加工机会越多(Poiesz and Robben,1996)。加工动机、加工能力与加工机会都与广告信息加工的有效性成正相关关系,而广告信息加工越有效消费者越容易态度改变(Andrews,1988)。作为广告的重要方式,产品稀缺诉求自然也会受到消费者的信息加工动机、加工能力与加工机会的影响,而且从传统观点来看,它们的增强还会降低产品稀缺诉求的有效性。

Brock(1968)、Cialdini(1984、1987)、Lynn(1991)等研究均认为,产品稀缺诉求属于启发式线索,会走边缘路线,信息加工深度的增强会减弱产品稀缺稀缺的有效性。Cialdini(1987)就非常直接肯定地认为,稀缺性属于产品价值的启发式线索,原因是稀缺信息阻碍了消费者的认知加工,"稀缺会阻碍我们思考,当看到我们想要的产品难以得到时,会心烦意乱、血压升高、聚焦范围缩小,认知与理性会减少,认知加工会受抑制,对情景的深入分析会很困难"。因此,稀缺信息会限制消费者的加工能力。同时,稀缺诉求的产品往往表明可得数量有限,Synder(1992)、Tian et al.(2001)、Ruvio et al.(2008)等研究认为数量有限的稀缺产品更容易满足消费者的独特性需求,因此消费者更容易对其产生期望,而心存期望的产品往往消费者更依赖于直觉,减弱消费者的加工动机和卷入程度,因此稀缺诉求也会减弱消费者的信息加工动机(Schins,2014)。除此之外,产品稀缺诉求由于表明产品"数量有限,机不可失",因此也会减弱消费者的加工机会。正是因为消费者加工能力、加工动机与加工机会的限制和降低,产品稀缺诉求更容易让消费者对信息的进行启发式加工。

Bozzolo与Brock(1992)、Brannon与Brock(2001)、Schins(2014)等研究认为,产品稀缺诉求信息并不会让消费者进行启发式加工,相反会进行系统式的深度认知加工。Bozzolo与Brock(1992)研究了信息本身不可得对消费者信息加工的影响,研究结果显示相对于其他人不可得的信息会引起消费者的心理唤醒和感知重要性，而这会增强消费者的信息加工动机，从而会增强消费者对不可得信息的加工；同时，这仅仅是对于那些低认知需求的消费者而言，而一旦消费者的认知需求较高时，情形则会反转。稀缺信息会增强消费者的心理唤醒，已经被 Zhu 和 Ratner（2015）的实证研究所证实；而适中的心理唤醒会增强消费者的信息加工也已经被 Petty 和 Cacioppo（1988）所证实，因此从逻辑上讲该研究结论存在一定的合理性。Brannon 和 Brock（2001）更是直接研究了稀缺产品信息对消费者信息加工方式选择的影响，研究结果不仅验证了 Ditto 与 Jemmott（1991）稀缺信息会引发极化效应，而且发现稀缺信息会增强消费者的认知加工，当然该研究结论仅仅只在低认知负荷情况下，而高认知负荷会发生反转。Schins（2014）对以往的研究进行了适度地总结，虽然并没有实证研究，但也推荐产品稀缺诉求信息会增强消费者的认知加工，并号召大家进行实证检验。

　　随着观察的扩展和研究的深化，后来的研究也逐渐跳出了启发式与系统式认知加工的争论，开始出现其他加工方式的讨论。例如，Swain et al.（2006）、Lee et al.（2016）等研究发现情感会影响消费者对产品稀缺诉求的认知反应，其中 Swain et al.（2006）、Gupta（2013）等研究了预期后悔对产品稀缺诉求信息的认知反应，因为 Schwarts（1991）等已经研究发现情感或情绪也可以作为信息判断的重要依据，例如积极情感更容易产生支持性的态度和消极情感更容易导致反对性的态度，正因为如此，如果消费者产生了预期不行动会后悔，那么消费者会持积极的态度，而当消费者产生了预期行动后悔，则消费者会持消极的态度。同时，Lee et al.（2016）等实验研究发现，情感会影响消费者对产品稀缺诉求作为销售技巧的传播动机的怀疑，消极情感会引发启发式的浅层加工，而积极情感会引发系统式的深层加工。严格意义上讲，Lee et al.（2016）的研究本身并不是把情感作为信息来源或认知加工方式，而是把它作为传统启发式——系统式信息加工方式的调节变量，因此并不能认为是颠覆性的观点创新。与之相对应，Sang et al.（2014）、李东进等（2016）的研究就具有创新性。他们认为产品稀缺诉求不仅会引发消费者的初始认知，还会引发消费者的元认知，初始认知是对信息本身的认知加工，例如信息论据，而元认知是对信息认知加工的加工，例如感知流畅性等。他们的研究结论认为，消费者不仅会对产品稀缺诉求内容、特点、来源和一致性等进行加工，而且还会对这些加工的流畅性程度进行加工，流畅性越高会让消费者产生支持性的态度，而流畅性越低会让消费者产生反对性的态度。应该来讲，从元认知的角度探索消费者对产品稀缺诉求的认知反应无疑是巨大的进步。

　　虽然 Swain et al.（2006）、Lee et al.（2016）等对产品稀缺诉求的非信息加工方式进行了有益的探索性研究，但就目前的研究现状而言，整个研究还处于探索性研究的初始阶段，还远没有形成系统性的研究体系,因此,目前对产品稀缺诉求的研究仍然以信息加工为主导。但信息加工理论也为产品稀缺诉求的信息加工提供了新的研究方向。Maheswaran和 Chaiken(1991)、Chaiken 和 Maheswaran(1994)、Bohner et al.(1995)、Meyers-Levy 与 Maheswaran(2004)、Reimer(2005)等研究就发现,启发式与系统式并非是截然对立,而是有时候会同时发生,例如 Maheswaran 和 Chaiken(1991)就研究发现低动机下消费者也可能启动系统式的信息加工,即使在任务重要性很低时如果个体接收到的信息不一致时他或她也会进行系统式的加工。Chaiken 和 Maheswaran(1994)进一步地研究发现任务重要性和信息模糊性也会引起消费者启发式与系统式同时进行信息加工,即当高任务重要性和高信息内容模糊性时,双系统会同时启动。Meyers-Levy 与 Maheswaran(2004)还在研究信息框架时通过变化信息问题风险性和个人相关性进行双系统加工的例证研究。由此可见,个体在进行信息加工时并非非此即彼的选择,而是会视加工情境进行最优选择,以达到最大限度的加工效果。同理,消费者在进行产品稀缺诉求信息加工时,也有可能存在既不总是进行简单地启发式信息加工,也不总是复杂地系统式信息加工,而是根据产品类型、产品重要性、信息一致性等因素进行交替式的信息加工。

二、产品稀缺诉求的价值判断机制

价值是消费者进行产品选择或消费时重要的决策基准,对于产品评价和选择具有决定性的作用,因此无论是传统的经济学理论还是现代的商品理论都将价值视为产品选择的核心标准和关键依据。只不过随着从传统经济学的完全理性经济人假设向商品理论的有限理性经济人假设的转变,对于价值本身的认定也发生了深刻的变化,逐渐由效用或收益/成本的核算发展为偏好或感受/预期的评价。也正因为假设前提和评价标准的根本性转变,产品稀缺诉求的影响才引起学者们的广泛关注和深入研究。就目前的研究而言,学者们对产品稀缺诉求的价值研究一方面由经济价值向自由价值、独特性价值和质量价值等方面扩展,形成多元价值体系;另一方面打破了传统的截面价值认定方法,发展了连续价值认定方法,增强了价值认定的结构性和演变性。

Brock(1968)、Worchel et al.(1975)、Verhallen(1982)、Cialdini(1987)、Lynn(1989、1991)、Verhallen 和 Robben(1994)、Eisend(2008)等虽然意识到稀缺的产品会更有价值,但他们绝大多数人还是认为稀缺会增强消费者感知的经济价值。其与传统经济学基于效用与最优化决策的价值理论相比,他们最大的进步是基于消费者的主观感知,即所谓的感知价值。例如 Brock(1968)、Cialdini(1987)和 Mittone 与 Savadori(2009)等就认为,“稀缺所提升的价值更多地源于消费者的主观评价,而非客观的市场价格”;Lynn(1989、1991)等更是直截了断地说“稀缺产品的价值增强是因为暗含了消费者的期望(Desira-bility)”,因此

"认定昂贵性(Assumed Expensiveness)"中介了产品稀缺性与消费者购买意愿之间的关系,并进一步认为稀缺产品未来的预期涨价会增强产品的稀缺效应(Lynn,1996)。价值认定的非经济化是对价值理论的重要拓展,同时也为稀缺效应的深化研究提供了重要的理论基础,例如后来所提出的自由价值、独特性价值、质量价值、身份价值、信号价值等。

Brehm(1966)、Clee和Wicklund(1980)、Brehm J.W和Brehm S.S(1981)、Hong et al.(1996)、Jeong与Kwon(2012)等研究认为,消费者的选择自由很重要,"当消费者的自由被剥夺或被威胁剥夺时消费者就会产生心理抗拒感",直接做相悖于限制者的行为重申自己的自由,例如"回旋效应""相似性回旋效应"或"替代性回旋效应"等。由于稀缺意味着数量有限,更多的人需要为更少的产品而竞争,因此确实会在一定程度上限制或影响消费者的选择自由,有可能会让消费者产生心理抗拒感。也正因为如此,心理抗拒理论一直以来都被学者们用来解释稀缺效应的主要理论(Soni,2013,Gupta,2013;Schins,2014;Oruc,2015)。虽然偶有学者对稀缺引发消费者自由唤醒和心理抗拒感产生怀疑,例如Brock与Mazzocco(2004)、Gierl与Huettl(2010)、Parker(2011)等认为在包含多个条目的品类内稀缺很难唤醒消费者的选择自由感知并唤醒消费者的心理抗拒感,但截止到目前的研究,心理抗拒感理论还是得到了大多数学者的认同和肯定,尤其是稀缺诉求有目的地诱导对单一选项的选择。客观来讲,稀缺诱发消费者心理抗拒感很可能存在跨文化差异,西方文化深受基督教文化的影响更加强调自由与自治,因此对自由非常珍视,稀缺确实可能会让消费者产生心理抗拒感;而东方文化深受佛教或儒家文化影响强调趋同与一致,因此对团结非常珍视,仅仅因为产品稀缺就诱发消费者的心理抗拒感的可能性非常低,相反,消费者更有可能对厂商通过产品稀缺诉求诱导消费者的动机和行为产生心理抗拒感。但研究也发现,随着人们物质生活的丰富和社会地位的提高,人们自由的重视程度会增强,选择自由的价值很可能也会越来越被消费者重视,因此心理抗拒感理论解释产品稀缺诉求的有效性有可能会增强。

Synder与Fromkin(1977,1980)、Lynn(1991)、Synder(1992)、Tian et al.(2001)、Ruvio et al.(2008)、Soni(2013)等研究发现,消费者对稀缺产品的青睐源于消费者的独特性需求,稀缺产品的独特性价值满足了消费者的独特性动机,因此稀缺产品具有独特性价值。Syner与Fromkin(1977,1980)等研究认为,独特性需求是人重要的特性特质,是"一种主动与他人相区别的内在倾向",其目的是自我概念的建构与自我形象的表征。而通过物质占有、使用或处置是表征消费者独特性需求最有效、最安全的方式(Tian et al.,2001)。也正因为如此,稀缺产品往往意味着产品数量稀缺短少,只能被少数人所有,因此能够满足消费者的独特性需求(Ward,2007)。Lynn与Harris(1997)、Van Herpen et al.(2008)、Jang et al.(2015)等研究均发现,有更高独特性需求的消费者会更敏感于产品稀缺诉求和更偏好稀缺产品,而有更低独特性需求的消费者会更不敏感于产品稀缺诉求和更少偏好稀缺产品。并且Gierl et al.(2008)等进一步研究发现,并非所有的产品稀缺诉求和稀缺产品都能满足消费者的独特性需求,只有供应性稀缺产品诉求和限量型产品稀缺诉求才会让更高独特性需求的消费者产生兴趣和注意,而需求性产品稀缺诉求和限时型产品稀缺诉求并不一定会让他们产生兴趣和注意。当然,也有研究发现,消费者的独特性需求并不一定影响产品稀缺诉求的有效性,尤其是不同产品稀缺诉求的有效性。例如Soni(2013)研究就发现,对于功能性产品而言,稀缺诉求与非稀缺诉求的影响对于高独特性需求的消费者影响不显著,而对于低独特性需求的消费者影响显著;而对于象征性产品而言,更高独特性需求的消费者更敏感于非稀缺诉求,而非限时还是限量产品稀缺诉求,但对于更低独特性需求的消费者而言,非稀缺诉求与限时/限量稀缺诉求的影响差异均不显著。不仅如此,Gupta(2013)还发现消费者独特性需求对产品稀缺诉求的性别差异,研究结果表明,有更高独特性需求相比更低独特性需求的男性消费者对供应性稀缺产品有更高地购买急迫性,而当产品稀缺的原因"未被告知时",高低独特性需求的男性消费者对产品稀缺诉求的反应差异消失。可见,消费者独特性需求并不是所有情境都适用,其有效性很可能取决于产品类型、消费者的个性特质和消费情境等。但毫无疑问,消费者独特性需求是消费者追求稀缺产品的重要动机,而这表明稀缺产品具有独特性价值。

Cialdini(1987)、Lynn(1991,1992)、Wu与Hsing(2006)、Sui et al.(2007)、Wu et al.(2012)、Chen和Sun(2014)等研究认为,产品稀缺性也能成为消费者判断产品质量的重要线索,往往更为稀缺的产品会有更高的质量水平。当然,需要强调的是,这里所说的"质量"更多的是指感知质量,而非技术质量。Caildini(1987)就非常直接地提出稀缺是高质量的启发式线索,Lynn(1991,1992)更是通过元分析和实证检验发现消费者会利用产品稀缺性判断产品的质量,Wu与Hsing(2006)、Wu et al.(2012)等的实证研究也予以了支持,即稀缺程度越高,感知质量也越高。但并非所有的研究都认为稀缺是产品高质量的反映指标,Ku et al.(2012)等研究就认为只有需求性稀缺产品才是高质量产品的重要线索,因为需求性稀缺产品意味着众多消费者购买,只有高质量的产品才会受到众多消费者的追捧,因此需求性稀缺产品会成为产品质量的"社会证据(Social Proof)";而供应性稀缺产品并不一定是高质量的重要信号(Schins,2014)。当然,Gierl et al.(2008)、Schins(2014)等研究认为,通过产品稀缺程度判断产品质量是值得怀疑的,即使是需求性稀缺产品也有可能是因为"群体思维"或"从众行为",从而导致质量判断偏差,而现实生活中需求性稀缺产品被曝光存在产品质量问题的产品比比皆是,例如住房、汽车、手机等。因此,产品稀缺诉求以及不同类型的稀缺诉求对消费者产品质量推断的影响研究还有待进一步的探索和研究。

Leibenstein（1950）、Amaldoss 与 Jain（2005）、Van Herpen et al.（2005，2008，2009）、Berger 和 Heath（2007）、Gierl 与 Huettl（2010）、Lin（2012）、Bellezza et al.（2014）等研究认为，稀缺产品在一定程度上还能象征炫耀性消费，表明一定的身份地位。炫耀性消费（Conspicious Consumption）是指"人们通过消费昂贵的商品来显示财富进而获得社会地位的消费方式"（Veblen，1899），或者是"消费者为了拓展自我、以及期望他人以自己希望的方式感知自己而进行的购置与拥有行为"（Belk，1988）。但后来的研究发现，炫耀性消费并不一定非得是"昂贵的商品"，消费主体也并不一定是"富人"，穷人也可能存在炫耀性消费，而且"一般价格的商品"也可能被用来进行炫耀性消费；同时炫耀性消费也并非完全是一种消极的消费行为，例如会造成攀比消费或过度消费，影响人际关系和社会风气等。它也有合理的一面，例如 Rege（2008）研究就发现将炫耀性消费作为个人能力和地位的重要信号时，通过投资于炫耀性消费，个体能获得同更高能力与地位的人互补性交流学习的机会。Chaudhuri et al.（2011）研究认为炫耀性消费的主要目的是为了向他人表征自己与众不同的形象而通过有意识地购买、占有和使用寓含着稀有财富和文化资本的产品或服务的消费行为，因此只要能够建立和表达与众不同自我形象的产品或服务都可以被视为"炫耀性消费"。Van Herpen et al.（2005，2008，2009）、Gierl 与 Huettl（2010）等研究发现稀缺的产品往往也被某些人用来进行炫耀性消费，象征一定的财富、身份和地位，乃至权力。Gierl（2008）进一步研究认为，只有供应性稀缺产品或限量型稀缺产品才能满足炫耀性消费或身份消费，而需求性稀缺产品或限时型稀缺产品无法满足炫耀性消费的条件。Jang et al.（2015）在研究限量版时也发现只有限量型稀缺产品才能满足炫耀性消费。而且 Lin（2012）通过实证研究发现了稀缺产品如何影响消费者炫耀性消费影响的内在机制，即先通过认定昂贵性或感知稀缺性的中介作用再通过功能价值、社会价值和情感价值进一步的中介作用影响并列多重中介机制。可见，稀缺产品不仅仅具有功能价值或实用价值，还具有社会价值和情感价值，即象征着拥有者的身份，甚至有时社会价值和情感价值远远大于功能价值。但目前有关炫耀性消费或身份消费的研究更多的是基于奢侈品，而对于普通品或稀缺品的炫耀性消费或身份消费研究还有限，其内在机理与边界条件尚不明了，有待深入研究。

除此之外，Lynn（1991）、Parker（2011）、Castro（2010）、Castro et al.（2013）、Schins（2014）等研究稀缺产品诉求还具有信号价值，例如产品供求关系、产品质量高低、产品流行程度、产品价格走势、厂商操作意图、消费者喜好程度、竞争对手反应等。例如

Worchels et al.(1975)、Verhallen(1982)、Verhallen and Robben(1994)等就认为产品稀缺诉求或信息在一定程度上反映了产品的供求关系,稀缺程度越高说明供不应求,而越低在说明供过于求;Parker(2010)、Castro(2010)、Castro et al.(2013)等根据货架货品呈现数量多少和有序程度推断产品流行程度,例如呈现数量少摆放有序说明是供应性产品稀缺,而呈现数量少摆放凌乱说明是需求性产品稀缺;Aguirre-Rodriguez(2013)、Lee et al.(2014)、Lee et al.(2016)等研究发现消费者可能会根据产品稀缺诉求的内容、方式和特点判断厂商操作意图,进而做出对自己最有利的消费选择。可见,对于产品稀缺诉求,消费者不仅会去解读诉求本身的内容,还会把它作为自己消费判断的信号线索,从而做出最合理的消费选择。但就目前这方面的研究而言,产品稀缺诉求的信号价值仍然主要局限于供求判断、质量高低、操作意图等三个方面,至于其他方面的信号价值研究还很有限,未来的研究应该一方面重点挖掘产品稀缺诉求新的信号价值,另一方面更应该去深入研究不同信号价值的叠加效应或抵消效应。

虽然学者们对产品稀缺诉求的自由价值、独特性价值、质量价值、身份价值和信号价值等进行了广泛和深入地研究,但目前绝大多数的研究都局限于单一价值判断的研究,而对不同价值判断的结构性或连续性影响的探索性研究严重不足。目前仅有少数研究探索了产品稀缺诉求的结构性影响机制,比较具有代表性的模型例如Lynn(1992)的S-E-D模型、Wu et al.(2012)的产品稀缺与独特性需求对购买意愿的影响模型、Lin(2012)的感知稀缺性对消费者炫耀性消费的影响模型、Gupta(2013)的感知稀缺性对消费者急迫购买的影响模型等。

Lynn(1992)基于Lynn(1991)对产品稀缺研究的元分析提出了如图2.1所示的S-E-D模型。该模型认为,产品稀缺性会让消费者产生"认定昂贵性",并进而通过归因质量和感知身份两个并列中介影响消费者对稀缺产品的期望性。该研究模型虽然很简单,但它是第一个有关产品稀缺影响的连续多重中介模型,以后的多个模型都是基于该模型提出并进行深化研究。

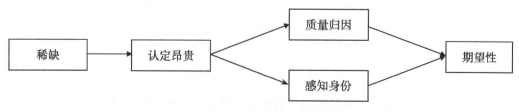

图2.1 Lynn(1992)的S-E-D模型

资料来源:Lynn. M. Scarcity's enhancement of desirability:The role of naive economics theories.Basic&Applied Social Psychology,1992,13(1):67-78.

Wu et al.(2012)基于Lynn(1992)的S-E-D模型提出了消费者感知稀缺性与独特性需求对消费者购买意愿影响模型,如图2.2所示。该模型研究认为,消费者的感知稀缺性会通过认定昂贵性和感知独特性影响消费者的质量推断和感知付出,而质量推断和感知付出连同感知独特性会进一步影响消费者对稀缺产品的感知价值,并最终影响消费者的购买意愿。实证检验是通过在线调查,285名有效被试被采用,结构方程模型结果显示全部假设得到有效检验。该研究最突出的特点一方面是将感知付出纳入到整个研究模型中,有效克服了以往研究仅考虑感知价值的局限;另一方面是基于S-E-D模型为基础建构了包括认定昂贵性、感知独特性、感知质量等综合模型,大大增强了模型的解释力和有效性。

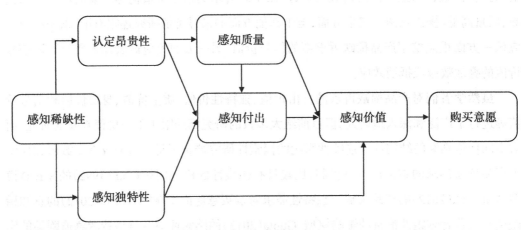

图2.2 Wu et al.(2012)的感知稀缺性与独特性需求对购买意愿的影响模型

资料来源:Wu W Y,Lu H Y,Wu Y Y and Fu C S. The effects of product Scarcity and consumers'need for uniqueness on purchase intentions. Intentional Journal of Consumer Research, 2012,36:263-274.

Lin(2012)也基于Lynn(1992)的S-E-D模型连同Wu et al.(2012)的感知稀缺性与独特性对消费者购买意愿影响模型提出了感知稀缺性对消费者炫耀性消费影响模型,如图2.3所示。该模型认为感知稀缺性也会首先通过认定昂贵性和感知独特性的中介作用,然后通过感知价值(功能价值、社会价值与情感机制)进一步的中介作用影响消费者的身份消费与炫耀性消费,并且身份消费也会影响炫耀性消费。通过336份调查问卷的数据分析结果显示,除了功能价值对身份消费和需要性消费的假设未获支持外,其他所有研究假设都得到有效检验。该研究结果的重要贡献在于探索了稀缺产品对身份消费和炫耀性消费的内在影响机制及虚荣心的调节作用。

Gupta(2013)提出了感知稀缺性对消费者急迫购买的影响模型,如图2.4所示。该模型认为感知稀缺性会影响消费者的急迫购买,例如购买紧迫性、店内囤货和店内藏货等,预期后悔会起中介作用,而消费者的竞争性、享乐购物动机和独特性需要以及性别会起调节作用。调查研究和4个实验研究结果表明,零售商策略性地采取稀缺策略会导致消费者产生急迫购买反应,预期后悔确实会中介急迫购买反应,消费者也确实会产生心理抗拒感,而竞争性等会调节这些反应。该研究的主要贡献在于一方面检测了不同原因诱发的策略对消费者急迫性购买的差异化影响,例如零售商诱发策略与环境诱发策略;另一方面复检了预期后悔的中介机制,验证了心理抗拒感理论,以及发现了一些调节机制,例如享乐购物动机等。

Bentler(1986)、Anderson 与 Gerbing(1988)等研究均表明,结构型模型在绝大多数情况下要比简单线性模型具有更强的解释功效,不是因为模型更为复杂,而是因为样本要求与关系检验更严格。固然产品稀缺诉求的经济价值、自由价值、独特性价值、质量价值、身份价值和信息价值等的探索也有助于稀缺反应的解释和稀缺理论的完善,但探索和研究各种价值的结构性影响无疑更加有助于增强解释的功效和理论的深化,因此,进一步探索消费者对产品稀缺诉求价值判断的结构性影响将是未来重要的研究方向。此外,目前有关产品价值判断的纵贯性研究即消费者价值判断的时序反应研究极为鲜见,这也是未来研究需要努力的方向。

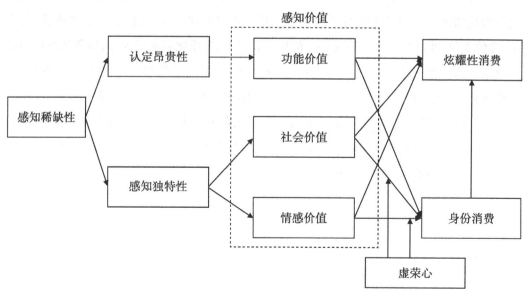

图2.3 Lin(2012)的感知稀缺性对炫耀性消费行为影响模型

资料来源:Lin B N.The effects of perceived scarcity on conspicuous consumption and status consumption.Unpublished conference paper.2012.8.

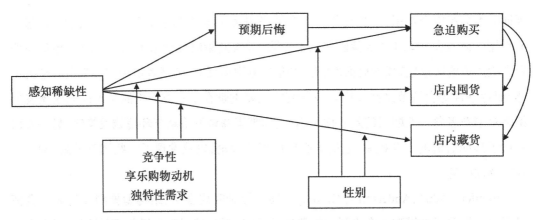

图2.4 Gupta(2013)的感知稀缺性对消费者急迫购买行为影响模型

资料来源：Gupta S.The psychological effects of perceived scarcity on consumer'buying behavior. Unpubis-hed dissertation, Nebraska University.2013, 7:21.

三、产品稀缺诉求的行为反应机制

产品稀缺诉求不仅会影响消费者的认知加工和价值判断,还会影响消费者的行为反应。通过对以往有关产品稀缺诉求消费者行为反应的文献进行梳理和总结后发现,当消费者面对产品稀缺诉求时消费者的行为反应主要有角色内行为和角色外行为,其中角色内行为是指消费者为了维护自己的合法利益而采取的利己行为,例如产品评价、购买行为、溢价支付、冲动性购买、囤货行为、信息搜寻行为、多样化寻求行为等;而角色外行为是指消费者为了维护其他人或组织的利益而采取的利他行为,例如口碑宣传、产品评论、劝解抱怨顾客、宽恕产品行为、增强顾客参与等(Groth,2005)。就目前的研究而言,对产品稀缺诉求消费者角色内行为的研究要远远多于角色外行为的研究。当然,有的时候很难将角色内行为与角色外行为截然分开,角色内行为与角色外行为相互交织。角色内与角色外行为之间的差异如表2.5所示。

表2.5　产品稀缺诉求引发的消费者角色内与角色外行为的比较

比较项目	消费者角色内行为	消费者角色外行为
定义	指消费者为了维护自己的合法利益而采取的利己行为。	指消费者为了维护其他人或组织的利益而采取的利他行为。
行为类型	产品评价 购买行为 溢价支付 冲动性购买 囤货行为 信息搜寻行为 多样化寻求行为 自私行为 侵略性行为等	口碑宣传 产品评论 劝解抱怨顾客 宽恕产品行为 增强顾客参与等

　　产品评价是产品稀缺诉求消费者角色内行为的重要行为反应,它不仅是消费者消费心理重要的外部反应,也是购买行为的重要依据,因此对购买行为具有重要的预测作用。Verhallen 与 Robben(1994)、Lee(2012)、Baek et al.(2014)、Lee 与 Jung(2014)等研究均认为产品稀缺诉求会对消费者产品评价产生重要影响。产品评价是消费者对产品本身的功能、质量、属性、价值等方面的主观评定,属于综合性评价,不仅会受产品本身的影响,也会受产品相关信息和评价情境的影响。以往大多数的研究,例如 Inman et al.(1997)、Jung 与 Kellaris(2004)、Balachander et al.(2009)、Van Herpen et al.(2009)等均认为产品稀缺会增强消费者的评价,但后来的研究发现并非所有的信息都使然。例如 Inman et al.(1997)就研究发现只有低认知需求的消费者会因产品稀缺而增强产品评价,而对于高知需求的消费者而言并非如此;同时,Imajo(2013)等研究发现当消费者因为产品稀缺诉求产生心理抗拒感时也会降低对稀缺产品的评价,因为产品稀缺在一定程度上威胁了消费者的选择自由。不仅如此,Lee(2012)、Lee 与 Jung(2014)等还研究发现如果消费者感知到厂商利用稀缺诉求诱导消费者购买的操作意图时也会降低产品评价。因此,稀缺对消费者产品评价的影响并非总是积极的,产品因素、信息因素、消费者因素和情境因素都会影响到消费者的产品评价。

　　购买行为是产品稀缺诉求消费者角色内行为的主要行为反应,绝大多数产品稀缺诉求研究都以消费者的购买行为作为结果变量,例如 Worhels et al.(1975)、Inman et al.(1997)、Gierl 与 Huettl(2010)、Wu et al.(2012)、Gabler 与 Reynolds(2013)、Chen 与 Sun(2014)等。购买行为很难直接检测,因此经常使用购买意图或购买意愿作为它的指标变量(Morrison,1979)。经济学上所界定的"购买意愿"是指消费者在货币收入既定的情况下,按照产品市场均衡价格购买该产品的主观意愿;而消费者行为学认为"购买意愿"是指消费者购买某种特定产品或服务的主观概率和可能性（Dodds et al.，1991）。同产品评价一样，绝大多数的研究发现，在其他条件一定的情况下，消费者对稀缺产品的购买意愿会更高。但该影响也会受到消费者的独特性需求、认知闭合、不确定性规避、品牌熟悉性等变量的调节影响。同时，如果消费者产生心理抗拒感或者怀疑产品稀缺诉求的操作意图会导致消费者的购买意愿大幅度地降低。此外，Ditto 和 Jemmott（1989）还研究发现，如果某种稀有东西是不受欢迎的，消费者对它的购买意愿也会大幅度降低。综合而言，产品稀缺诉求会增强消费者的购买意愿，但会受到很多调节因素的影响，同时如果稀缺唤起了消费者的心理抗拒感或者是操作意图则会降低消费者的购买意愿。

除了产品评价和购买意愿两大角色内行为外，研究者们还发现产品稀缺诉求会影响消费者溢价支付、冲动性购买、囤货行为、信息搜寻行为、多样化寻求行为等角色内行为。例如，Robinson（2011）、Lee 与 Seidle（2012）、Wann et al.（2013）、Sevilla 与 Redden（2014）等研究就发现产品稀缺会增强消费者的溢价支付意愿，除非消费者的说服知识被唤起、过高的稀缺诉求频率或较低的决策不可逆性等则会降低消费者的支付意愿。Li（1995）、Kim（2014）、Lee et al.（2015）等研究发现，产品稀缺诉求信息会增强消费者的冲动性购买，并且限量型产品稀缺诉求会引起更高独特性需求的消费者购买，而限时型产品稀缺诉求会引起更低独特性需求的消费者冲动性购买；Gupta（2013）等研究发现产品稀缺诉求信息会增强消费者店内囤货意愿，尤其是限量型产品稀缺诉求影响更强烈；同时，Verhallen（1982）、Joenoes（2014）等研究还发现产品稀缺诉求信息会增强消费者的信息搜寻行为，通过信息搜寻辨别产品稀缺诉求的真伪，以此来降低购买风险，当然信息搜寻的成本将会起着重要的调节作用；而 Stiller（2011）、Kovalev（2015）等研究还发现产品稀缺诉求会在主观上会降低消费者多样化寻求，但在客观上会增强消费者多样化寻求，原因是产品稀缺诉求会增强消费者的注意和吸引力从而降低多样化寻求，而由于担心稀缺产品不可得从而增强多样化寻求。此外，Roux et al.（2015）等研究还发现，资源稀缺提示会增强消费者的自私行为，除非是选择过程或结果公开才会增强消费者的购买行为；而 Kristofferson et al.（2017）等研究还发现稀缺信息会增强消费者侵略性行为或攻击性行为。由此可见，产品稀缺诉求会让消费者产生多种角色内行为，这些角色内行为有可能是单一的，也有可能是复合的，未来的研究既需要广泛探索产品稀缺诉求引发的更多的角色内行为，更要深入探索引发这些角色内行为的内在机制和边界条件。

产品稀缺诉求除了会引发消费者的角色内行为外，还会引发消费者的角色外行为，例如口碑宣传、产品评论、劝解抱怨顾客、宽恕产品行为、增强顾客参与等。其中，口碑宣传角色外行为尤为引人关注。Cheema 与 Kaikati（2010）、Chen 与 Sun（2014）、Koah et al.

(2015)等研究就发现,产品稀缺诉求会影响消费者的口碑宣传行为,但影响方向和强度不确定,当消费者预期口碑宣传稀缺信息会引发其他人的购买从而损害自己的独特性占有或形象损失时他或她会降低正面口碑宣传意愿,而当预期口碑宣传有利于降低风险或增强人际关系时他或她会增强正面口碑宣传意愿,因此宣传机会驱动消费者口碑宣传行为,而独特性需求、预期承担责任、人际关系质量等因素会调节产品稀缺诉求对口碑宣传意愿的影响。同时,随着信息网络技术和自媒体的快速发展,产品评论也变得日益便利和流行,通过网络平台发表稀缺产品诉求的评论也变得日益普遍,而产品稀缺诉求作为重要的"焦点信息",常常也会引起消费者进行评论,评价的内容既有积极的也有消极的,并会引起潜在阅读者的反应,成为其消费决策的重要参考。因此,产品评论也是产品稀缺诉求引起的消费者重要角色外行为。此外,产品稀缺诉求还会在一定程度上影响消费者对抱怨顾客的劝解、对稀缺产品有更高的宽恕行为或积极增强消费者参与稀缺产品或企业的活动等。就目前的研究来讲,整体而言,产品稀缺诉求对消费者角色外行为的影响的相关研究不多,仅有的研究也主要集中在口碑传播行为上,因此未来的研究要加强对产品稀缺诉求对消费者角色外行为的研究,尤其是非口碑传播角色外行为的研究。

第四节　产品稀缺诉求的国内相关研究

近四十年来,中国经济始终保持高速增长,成为世界经济发展的"引擎",凭借改革开放的正确政策、巨大的人口红利和庞大的国内市场,我国已经成为名副其实的"世界工厂"。但由于受制于发展基础和国际环境,我国依然还处在价值链的最低端,核心技术缺失和产品同质化严重。正因为如此,我国厂商积极强化促销力量,不断创新各种促销模式增强产品销售,其中产品稀缺诉求策略是应用最为广泛的促销手法。但与之形成鲜明对比的是,国内有关产品稀缺诉求策略的研究却较为少见,无论是研究内容还是研究方法都远没有形成完整的研究体系,在一定程度上已经远远滞后于营销实践。通过对国内数据库大范围、精细化的相关文献进行搜寻和梳理发现,目前国内有关产品稀缺及其诉求或信息的研究主要集中3个方面,即产品稀缺信息、产品脱销信息和产品价格促销。

在产品稀缺信息研究方面,金立印(2005、2008)、李东进与刘建新(2016)等进行了有限的探索和研究。金立印(2005)通过利用"2×2×2"组间因子实验研究了不同类型的产品稀缺信息对消费者购买意图的影响及品牌概念与购买渠道的调节作用,研究结果发现产品的限量销售信息比限时销售信息能更为有效地刺激消费者对稀缺产品的竞争购买心理和对产品价值的感知,并且两种稀缺信息对购买意图的影响效果差异在购买象征意义较强的品牌时更为显著。李东进与刘建新(2016)通过构建基于感知竞争性与感知欺骗性双中介模型研究了产品稀缺诉求对消费者购买意愿的影响,以及消费者独特性需求的调节作用。研究结果发现,限量型产品稀缺诉求较之于限时型产品稀缺诉求更容易引起消费者的感知竞争性和更难以引起消费者的感知欺骗性,而消费者独特性需求不仅在感知竞争性与感知欺骗性的独立中介中起调节作用,而且在共同中介中也起调节作用,即对低独特性需求的消费者言,感知竞争性与感知欺骗性会共同正向中介产品稀缺诉求对购买意愿的影响;对于中等独特性需求的消费者而言,感知竞争性会起中介作用,而感知欺骗性不起中介作用;而对于高独特性需求的消费者而言,感知竞争性与感知欺骗性会共同负向中介产品稀缺诉求对消费者购买意愿的影响。

在产品脱销信息研究方面,李研等(2013、2016)、李东进等(2013、2015、2016)、文智勇(2016)等进行了深入的研究。李研等(2013)研究了脱销诱因与品牌概念对产品感知与购买的影响,研究结果发现,产品脱销诱因会显著影响产品的感知质量和感知独特性,由高需求造成的脱销更积极地影响感知质量,但仅针对功能性品牌;由低供给造成的脱销更积极地影响感知独特性。不仅如此,产品脱销诱因与品牌概念类型还会产生匹配效应,由此导致对于功能性品牌,高需求脱销比低供给脱销更积极地影响消费者对脱销产品的未来购买意愿;而对于象征性品牌,高需求脱销比低供给脱销更消极地影响消费者的未来购买意愿。同时,她与李东进等(2013)基于后悔理论研究了产品脱销信息对相似品购买延迟的影响研究,研究结果发现正价脱销信息可以提高消费者对相似品购买的预期不行动后悔,从而降低对相似品的购买延迟;正价与折扣脱销信息相比显著降低了对相似品的购买延迟,其中预期后悔与相似品估价共同中介了该过程;脱销产品购买的计划性调节了正价/折扣脱销信息对相似品购买延迟的影响,该调节效应受错过购买的后悔所中介。后来她们(2016)进一步地研究了促销购买限制的情境适应性问题,研究发现在购买机会易达性较高的情况下,限量促销优于限时促销的原因在于引发了更强的消费者竞争;购买机会易达性较低的情况下,限时促销优于限量促销的原因在于购买机会的确定性较高,消费者认为在限量的情况下自己得到促销机会是不确定的,从而抑制了消费者参与限量促销的意向。而消费者的认知闭合水平会调节促销购买限制的影响。基于这些研究基础,李东进等(2015)通过构建感知稀缺性与心理抗拒感双中介模型研究了产品脱销信息对消费者购买相似品意愿的影响研究以及认知资源的调节作用,研究结果发现产品脱销信息不会因感知稀缺性增强消费者对相似品的购买意愿,而会因心理抗拒感降低消费者对相似品的购买意愿,并且消费者的认知资源会调节双中介作用的影响。后来,李东进等(2016)还进一步研究了自我建构对产品脱销信息影响相似品购买意愿的影响,并发现加工流畅性会起中介作用。文智勇(2016)借鉴李研(2013)和李东进等(2015)等人的研究成果研究了"预约抢购"促销情境下脱销归因对消费者购买意愿的影响,借助于感知稀缺性与心理抗拒感的双中介模型研究结果发现促销数量限制信息不同呈现方式对消费者对脱销原因的理解存在影响,脱销归因对感知稀缺性和购买意愿有显著影响且感知稀缺性在外部高需求归因对购买意愿的影响过程中起到中介作用和脱销归因对心理抗拒水平和购买意愿有显著影响且心理抗拒水平在内部低供给归因对购买意愿的影响过程中起到中介作用。相对而言,对产品脱销信息的影响研究要多于对产品稀缺诉求的影响研究,而且研究的层次更深,但目前的研究太过集中,并没有形成广泛关注和普遍研究的态势,未来还需要进一步探索产品脱销信息的系统性影响。

在产品价格促销研究方面,金立印(2008)、郝辽钢等(2008)、许志超(2013)、王求真等(2014)、黄静等(2016)等进行了有效的研究,并且研究最为全面和深入。金立印(2008)研究了诱因类型、获得时机与条件限制对促销效果的影响,研究结果表明以价格折扣和优惠为诱因的降低成本型促销具有最大的效力;相对于延缓获得诱因型促销而言,消费者更偏好那些能使他们即时获得某种利益的促销形式;相对于无限制的促销而言,消费者对面向会员的有条件限制促销活动本身以及促销品牌都持有更为肯定的态度。郝辽钢等(2008)研究了价格折扣呈现形式对促销效果的影响研究,两个实验研究结果发现由于消费者头脑中处理基于百分比的价格折扣信息比处理基于金额的价格折扣信息具有更大的难度,从而消费者能够对后者产生更高的感知价值和购买意愿,其中感知价值会起中介作用,而价格折扣计算的难易程度和促销品价格会起调节作用,即对于容易计算的价格折扣或者低价促销品,两种折扣形式对消费者感知价值的影响差异会消失。许志超(2013)基于情景模拟实验法和问卷调查法研究了不同价格折扣幅度情景中购买限制对消费者购买意愿的影响,结果表明购买限制(明确性 vs.模糊性)的存在会使被试对同一价格折扣幅度产生更强的预期不行动后悔和购买意愿,并且在高价格折扣情境下模糊性购买限制较之于明确性购买限制会让被试产生更强的预期不行动后悔和购买意愿,而在合理折扣情境下,于高价商品而言明确性购买限制会让被试产生更强的预期不行动后悔和购买意愿,而于低价商品而言两种购买限制并没有显著差异。王求真等(2014)研究了网络团购情景下价格折扣与购买人数对消费者冲动购买意愿的影响机制,利用"眼动实验"和问卷调查方法研究结果发现价格折扣与购买人数都对消费者唤起感具有显著积极影响,但只有价格折扣对于消费者感知风险具有消极影响,唤起感与感知风险都通过对愉悦感的积极/消极作用对消费者冲动购买意愿产生影响和购买人数正向调节价格折扣对唤起感的正向作用。而黄静等(2016)因应网购盛行基于精细加工可能性理论研究了在线促销限制对消费者购买决策的影响,通过2(产品涉入度:高 vs. 低)×2(限制类型:限时 vs. 限量)的组间因子实验发现在线促销情境下,促销限制对消费者购买决策的影响受到消费者产品涉入度的调节,即当产品涉入度高时,消费者偏好时间限制促销,购买意向更高,感知控制感起了中介作用;而当产品涉入度低时,偏好数量限制促销,购买意向更高,感知稀缺性起了中介作用。当然,对于产品价格促销方面的研究并不局限于此,还有时间压力、相似品折扣、组合促销以及价格折扣促销的运筹优化问题等都得了有效研究,但由于其核心关注点并非传递产品稀缺诉求信息及其影响而未进行梳理和总结。产品价格促销方面的研究之所以能够得到关注和研究,一方面在于厂商的广泛应用,为该研究提供了丰富的实践素材;另一方面在于长期以来国内外尤其国外该方面的研究久盛不衰,形成了清晰的研究脉络和成熟的研究范式,为该研究提供了厚实的理论根基。当然,随着消费环境的变化和促销观察的深入,新的研究成果和研究理论将会得到不断的扩展和深化。

综合而言,相比较于我国经济发展和国外研究现状,国内对产品稀缺诉求及其影响的研究还比较薄弱,研究也主要集中在产品稀缺信息、产品脱销信息和产品价格促销等3个方面,并且这3个方面的研究也相当不均衡,实践应用最广泛的产品价格促销研究最为深入,产品脱销信息研究次之,而产品稀缺信息研究最少。但事实上无论是产品脱销信息还是产品价格促销信息在一定程度上都会向潜在消费者传递产品稀缺信息,而产品稀缺信息对消费者的消费决策与行为反应影响至深,因此产品稀缺信息的研究具有基础性的作用。有鉴于此,加快产品稀缺信息及其影响的研究势在必行,且意义重大。

第三章 产品稀缺诉求影响消费者购买意愿的理论基础

产品稀缺诉求会对消费者购买意愿产生重要影响,是消费者消费决策的重要线索,因此厂商通过各种途径或方式传播产品稀缺诉求,以此来增强产品评价和产品销售。同时,国内外学者也积极地关注并进行了广泛的研究,深入地探索产品稀缺诉求影响消费者购买意愿的内在机制与边界条件,并提出了一系列理论用于解释该现象,例如商品理论(Commodity Theory)、心理抗拒感理论(Psychological Reactance Theory)、说服知识理论(Persuasion Knowledge Theory)、挫折理论(Frustration Theory)、动机激活理论(Energizaiton Theory of Motivation)、独特性需求理论(Need for Uniqueness Theroy)、沉思理论(Rumination Theory)、心理所有权理论(Psychological Ownership Theory)等,以及一系列影响效应,例如稀缺效应(Scarcity Effect)、从众效应(Bandwagon Effect)、虚荣效应(Snob Effect)、极化效应(Polarization Effect)、回火效应(Backfire Effect)、凡勃仑效应(Veblen Effect)等。这些理论和效应的提出既为产品稀缺效应提供了有效的解释,也为产品稀缺理论的发展和应用提供了重要的理论基础。基于本书研究的需要,本章将重点介绍商品理论、说服知识理论、心理所有权理论和心理抗拒感理论及其相关研究,从而为本书的研究提供坚实的理论基础。

第一节 商品理论及其研究

一、商品理论的主要内容

商品理论一直以来都是用来解释产品稀缺效应的核心理论,并且其解释功效要优于其他理论(Nichols,2010)。Brock(1968)一反传统经济学从商品本质和属性评价商品价值的认知,而从商品的可得性诠释产品的感知价值,并提出了影响深远的"商品理论"。Brock(1968)认为"任何商品从某种程度上说都是不可得的,……而不可得的商品会让消费者感知更有价值"。该观点不同于传统经济学的商品价值评价标准,而是从产品的不可得性与消费者的期望性重新界定商品的价值评价,因此具有重要的创新意义和实践意义。当然,商品理论也并非一蹴而就,而是随着环境的发展和思考的深入,逐渐发展完善,并最终形成成熟的"商品理论"。综合商品理论的核心文献和相关阐释,Brock的商品理论主要观点和重要贡献有三个部分:一是重新界定了商品的概念与范围;二是深刻阐释了产品可得性与产品评价之间的关系;三是探索研究产品不可得性影响产品评价的信息加工机制。

（一）重新界定了商品的概念与范围

传统经济学的商品理论认为,商品是指"用于交换的劳动产品",商品必须具有使用价值和价值,前者是商品的自然属性,而后者是商品的社会属性,也是其本质属性。商品的价值取决于"凝结在其中的无差别人类劳动"。广义的商品既包括用于交换的有形商品又包括用于交换的无形服务,而狭义的商品只包括用于交换的有形商品。而 Brock(1968)认为,"能够满足消费者体验的一切刺激物皆属于商品",这些刺激物既包括有形的产品,也包括无形的服务、技术、信息和体验等。当然,这些刺激物成为商品也必须满足三个条件,即有用性、可交换性和所有性。有用性"意味着商品会被占有者视为与其需要和兴趣潜在相关,他是一个感兴趣的占有者",没有功效价值的产品或服务不能称之为商品;可交换性是指商品必须能从一个人转移到另一人手中,不能转换或交换的产品或服务不能成为商品;所有性是指商品必须具备能够被消费者所有的条件,否则不能成为商品。只有满足这三个条件的刺激物才能成为商品。后来,Brock 和 Brannon(1992)还对商品的范围进一步地扩展,包括特质和技能,甚至包括消极的目标物等。因此,Brock(1968)对商品的内涵进行重新了界定,而对商品的范围大大地拓展。

同时,他对商品价值的界定也不同,他认为商品的价值是指"影响态度与行为的效力（Potency）",简言之,商品的价值在于其影响力。当这种影响力越大时,商品的价值就越高,反之亦然。这与传统商品价值的理解相去甚远,原因在于 Brock(1968)提出商品理论时是以信息为研究对象,而非商品本身,例如在其原文中就陈述"不可得的信息会增强其有效性"。因为在 Brock 看来,商品信息的影响要远远大于商品本身对消费者的影响。应该来说,Brock(1968)改变了以往以商品本身为主导的价值评价导向,而是以商品的可得性和消费者的期望性为主导的价值评价导向,这是当时美国正在从供不应求的卖方市场向供过于求的买方市场转变的时代反映,也是消费者话语权与消费权逐渐备受重视并逐

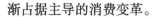

渐占据主导的消费变革。

（二）深刻阐释了产品可得性与产品评价之间的关系

Brock（1968）商品理论的核心是阐述了产品可得性与人们对产品评价之间的关系。他认为"任何一种商品从某种程度上说都是不可得的"，商品的不可得性增强了消费者对产品的评价，并且不可得程度越高，商品越有价值。所谓的"不可得性（Unavailability）"是指可得性的限制，例如稀缺或其他限制条件。Brock（1968）认为，"不可得性"的操作性定义包括某商品的供应商或供应数量有限、提供或保存商品的成本较高、存在限制商品占有的禁令或提供商品存在迟滞。满足这些条件的商品无处不在，例如提供限量版的产品、专有售货渠道的商品、声望定价的商品、限制最大数量订单的商品等。但商品理论也并没有明确说明稀缺影响商品价值的具体机制，而只是推测消费者对稀缺产品的期望是因为稀缺商品的占有会让消费者感到差异性或独特感。正因为预期差异性或独特感体验，消费者才会期望稀缺商品，并谋取它的所有权。

当然，后来也有学者对产品不可得性增强产品价值评价的研究结论进行了补充和完善，Myrseth et al.（2009）研究认为，产品不可得性增强产品价值评价会受到消费者的自我控制的调节作用，自我控制感会降低这一线性关系，即当消费者低自我控制时，这一结论是正确的，而当消费者高自我控制时，产品不可得性增强产品价值评价的影响会减弱。由此可见，产品的不可得性或稀缺性对产品价值评价的增强影响会受一些因素的调节影响。

（三）探索研究了产品不可得性影响产品评价的信息加工机制

Brock（1968）的商品理论本身是以信息为焦点研究对象（Focal Objective）的，只是在初始时研究重点为产品不可得性对产品价值评价的影响，但随着20世纪80年代信息加工理论的崛起与盛行，Brock随后也开始探寻产品不可得性对产品评价的信息加工机制。Brock与Brannon（1992）等并不太认同Cialdini（1987）、Lynn（1992）等人将"稀缺等同于价值"或"稀缺的总是好的"的启发式观点，而是认为不可得或稀缺的信息会引发消费者的系统式的认知加工。Brock与Brannon（1992）首先提出了不可得性会增强消费者的认知加工的观点，随后Brannon与Brock（1992）通过实验实证了这一研究结论，研究结果发现对于低认知需求的被试信息不可得性会增强其筛查信息的动机，而对于高认知需求的消费者而言则会反转。不仅如此，Brannon与Brock（2001）还进一步通过两个实验复验了Ditto与Jemmott（1989）发现的稀缺诱发极化反应，但发现无论是想法罗列还是路径分析都不认为是启发式加工而是认知加工中介该影响效应；同时，Brannon与Brock（2001b）还以时间限制对遵从行为反应为例驳斥了限制会引起启发式加工，结果表明，时间限制对遵从行为的影响也并非是一致的启发式加工，而是会受限制或稀缺诱发唤醒的影响，认知加工仍然会起作用。最后,Brock 和 Mazzocco(2004)还对商品理论与心理抗拒理论进行了比较式分析,并进一步地阐释了稀缺性会引发消费者的认知加工。由此可见,稀缺会诱发消费者启发式加工的统治性解释并非完全被认同,Brock 及其他研究者在不断地证明稀缺也可能会诱发消费者系统式的认知加工。因此,简单地认为产品稀缺诉求或信息只会让消费者产生某一种信息加工很可能是一种误解,而启发式、系统式或两种方式同时起作用的交织式都可能是消费者加工产品稀缺诉求或信息的选项,至于哪种方式起作用可能取决于产品因素、信息因素、消费者因素或情境因素等的具体影响。

二、商品理论的相关研究

Brock(1968)的商品理论提出来以后引起了广泛的影响,它与传统经济学理论最大的区别在于传统经济学更多的是从经济理性的角度去诠释产品的价值与消费者的选择,而商品理论却是从心理学的角度去阐释产品的不可得性或稀缺性对消费者价值评价的影响,尤其是不可得或稀缺信息的具体影响。商品理论为稀缺效应的研究提供了理论基础,并由此引发了一系列相关研究,这些研究要么是对商品理论的检验和修正,要么是对商品理论的应用和发展。

Fromkin et al.(1971)、Worchels(1975)、Lynn(1987、1992)等直接对商品理论的正确性进行了实证检验和综述评价,证明了商品理论对稀缺效应的解释具有一定的合理性。例如 Fromkin et al.(1971a)就通过以尼龙袜为实验商品开展 2(产品可得性:高 vs. 低)×2(获得产品的期望:占有 vs. 非占有)组间因子实验,证实了被试在感知稀缺性的条件下确实会增强产品评价。同时,Fromkin(1971)还通过设计 2(信息可得性)×2(需求性)×2(问题相关性)组间因子实验检验了稀缺信息对说服的影响,研究结果也表明信息的稀缺性会增强消费者对产品的评价。Lynn(1987)在其博士论文中通过4个实验一方面验证了产品稀缺会增强消费者的产品评价,另一方面探索了其背后的作用机制,实验结果表明消费者所掌握的经济规律、独特性需求、能量激活(心理抗拒感)等会驱动消费者增强稀缺产品的价值评价。其后,Lynn(1991)又通过对有关商品理论41个实验通过元分析的形式发现产品稀缺确实会增强消费者的产品评价,消费者的独特性需求和产品的功能是主要的驱动机制。2015年,Oruc 再一次对产品稀缺效应进行元分析,虽然并不是以商品理论为主要的研究对象,而是包括了心理抗拒理论、独特性需求理论、挫折理论、沉思理论等,但元分析的核心仍然是商品理论的关注焦点,即产品稀缺性会增强消费者的产品评价。

相比较于研究商品理论本身的文献而言,应用商品理论研究不同产品稀缺诉求或信息影响的作用机制与边界条件的文献要多得多。Worchel et al.(1965)、Verhallen(1982)、Verhallen 和 Robben(1994)、Iman et al.(1997)、Simonson 与 Nowlis(2000)、Suri et al.

(2007)、Nichols(2010)、Gupta(2013)、Sehnert et al.(2014)、Roy与Sharma(2015)等均在其研究中不同程度地基于商品理论。他们认为,Brock(1968)的商品理论既为其研究提供了重要的理论基础,也为其更为具体的研究提供了科学的理论框架。例如Nichols(2010)在探索和解释消费者竞争时就非常明确地表明,"商品理论为研究消费者竞争提供了非常良好的理论架构";后来,Gupta(2013)在研究感知稀缺性对消费者急迫性购买时也作了相同的表明。即使是商品理论后期的发展研究——信息加工也得到了跟踪研究,例如Sehnert et al.(2014)就研究发现面对稀缺信息时,消费者的关注性参与会影响消费者的产品评价,研究结果表明产品稀缺会因消费者的持续性关注参与而产生积极更为积极、消极更为消极的"马太效应"。由此可见,商品理论具有广泛的理论应用性。由于应用商品理论的文献众多,不可能一一详述和列举,相关研究的代表性文献如表3.1所示。

当然,也并非所有的研究都完全赞同Brock(1968)的商品理论的所有观点,尤以引人注目的是Cialdini(1987、1993)的质疑。Cialdini(1987、1993)一直始终认为产品稀缺之所以有效,是因为消费者坚持"稀缺=价值"或"稀缺=高质量"的启发式加工,而非Brock与Brannon(1992)的系统式认知加工。该研究结论也得到了不少研究者的赞同,因为许多实验研究都发现一旦增强消费者的认知卷入,例如增强认知需求或增加认知资源(Iman et al.1997;Lee et al.,2014),产品稀缺诉求或信息对消费者产品评价的影响就会降低,甚至完全消失,这也说明只有当消费者认知匆忙的时候产品稀缺诉求或信息才会更为有效。正是因为如此,通过对以往相关文献梳理和总结发现,支持产品稀缺信息启发式加工的甚至占据主导,可见商品理论就信息加工这个方面让人质疑甚深。

表3.1 商品理论相关研究的代表性文献

研究作者	研究内容	理论基础	中介变量	调节变量
Brock(1968)	系统提出商品理论,从心理学角度看待商品及其价值,并认为可得性会影响商品的价值评价。	商品理论	—	—
Fromkin et al.(1971)	通过实验检验商品理论的正确性,研究结论表明产品稀缺性会增强产品的价值评价。	商品理论	—	获得产品的期望
Fromkin et al.(1971)	通过实验检验了信息稀缺性会增强信息的说服性,表明信息的不可得性会增强信息的有效性。	商品理论	—	—
Verhallen(1982)	通过实验检验了不同可得或不可得原因对消费者选择的影响,发现仅仅对消费者具有吸引力的产品不可得才有效,扩展了商品理论。	商品理论 抗拒理论 挫折理论	利他主义 挫折感	—
Lynn(1987)	通过4个实验实证检验了商品理论所提出的稀缺会增强产品价值评价及其作用机制,表明消费者所掌握的经济规律、独特性需求、能量激活(心理抗拒感)等会驱动消费者增强稀缺产品的价值评价。	商品理论	经济规律 独特性动机 能力激活	—

续表

研究作者	研究内容	理论基础	中介变量	调节变量
Cialdini(1988)	深入研究了影响人们遵从行为的影响因素,提出了交换、一致、社会证据等6类影响人们遵从行为的有效策略。	—	—	—
Lynn(1989)	通过2个实验检验商品理论的有效性,研究发现只有当消费者认为产品成本很高或不知道产品成本时才会认为产品稀缺性会增强产品评价。	商品理论	认定昂贵性	—
Lynn(1991)	通过对41个实验元分析发现,产品稀缺会增强产品评价,并且消费者的独特性需求与产品的功能是其内在机制。	商品理论	—	—
Brock与Brannon(1992)	进一步扩展了商品理论,一方面将特质与技能也纳入到商品范畴,另一方面预测性地提出了稀缺信息会增强消费者的认知加工。	商品理论	—	—
Bozzolo与Brock(1991)	通过实验研究发现稀缺信息会增加消费者对信息内容的加工,但认知需求会产生调节作用。	商品理论	—	认知需求
Lynn(1992)	通过文献总结发现消费者对稀缺产品的期望是因为消费者掌握朴素的经济理论,同时进一步肯定认定昂贵性是稀缺产品增值的核心机制。	商品理论	认定昂贵性	—
Cialdini(1993)	从心理学的角度系统性地总结了增强说服力的六大原理,即互惠、承诺一致、稀缺、社会证据、权威和喜好。	—	—	—
Verhallen与Robben(1994)	研究区分了产品不可得的原因,并研究发现供应有限的产品较之于需求流行的产品具有更高的产品和更高的独特性,而且其他人的存在(社会影响)会降低不可得的影响。	商品理论	—	调节变量
Verhallen and Robben(1995)	作者从经济学和心理学角度总结和评价了各种不可得及其原因对消费者产品评价的影响,例如商品理论、挫折理论、抗拒理论等。	商品理论	—	—
Lynn(1996)	基于对稀缺效应影响因素的总结,作者提出预期价格上涨会增强稀缺产品的价值,并通过对两个收藏品的实验证实了预期价格上涨会增强稀缺效应。	商品理论	预期价格上涨	—
Lynn(1997)	开发和检验了消费者期望独特性的8项量表。	—	—	—
Inman et al.(1997)	研究发现通过对选择项增加一个限制会增强消费者的产品评价和购买意愿,而认知需求与折扣水平会影响该效应的发生。	商品理论	交易评价	认知需求折扣水平
Simonson and Nowlis(2000)	通过实验研究调查发现了消费者基于解释责任与独特性需求对消费者偏好和选择的影响,即高独特性需求的消费者在做选择时往往会提供独特性理由,并努力做与众不同的选择;而低独特性需求的消费者在做选择时往往会提供"其他人也买了"或"降低风险"的理由。	商品理论		是否被评价、其他人偏好公开、以前决策效果的消极反馈

续表

研究作者	研究内容	理论基础	中介变量	调节变量
Brannon 与 Brock (2001)	通过实验研究发现稀缺信息会让消费者产生极化反应,复验了 Ditto 与 Jemmott(1989)的研究结论,同时发现稀缺信息会增强消费者的认知加工,而非启发式加工。	商品理论	—	想法加工
Brannon 与 Brock (2001)	在服务与消费情境中通过实验方法研究发现时间限制会增强消费者对遵从诉求的反应,有时是认知加工起了作用,驳斥了稀缺启发式观点。	商品理论	—	—
Brock 与 Mazzocco (2004)	首先对用于解释稀缺效应的商品理论与心理抗拒理论进行了比较分析,然后分析了产品稀缺效应的信息加工机制,最后提出了未来的研究方向。	商品理论	—	—
Suri et al.(2007)	通过实验研究发现感知稀缺性对消费者价格信息加工的影响,结果发现消费者对相对价格的加工水平会影响消费者对稀缺产品的价值与付出,并最终影响消费者对产品的感知价值。	商品理论 信息加工理论	感知价值 感知付出	信息加工动机
Nichols(2010)	作者研究发现产品稀缺诉求会唤起消费者的竞争性,并进而会影响消费者的购买意愿,并且供应性稀缺诉求较之于需求性稀缺诉求更能唤醒消费者的感知竞争性,消费者的独特性需求与竞争性特质会起调节作用。	商品理论 消费者竞争理论	竞争性感知	消费者独特性需求、消费者竞争性特质
Sharma 与 Alter (2012)	作者研究发现资源稀缺尤其是缺钱会让消费者更追求稀缺的产品,由缺钱引起的自卑感与不愉悦感中介了该影响。	商品理论	自卑感、不愉悦感	其他人也有相同产品;财务剥夺感的归因
Gupta(2013)	通过定性与定量研究发现感知稀缺性对消费者急迫性购买、囤货行为与藏货行为的影响,结果表明感知稀缺性确实会影响结果变量,并发现预期后悔的中介作用。	商品理论 后悔理论	预期后悔	竞争性、享乐购物动机、消费者独特性需求、性别
Soni(1013)	通过实验研究比较了限量型产品稀缺与限时型产品稀缺影响了消费者购买意愿的差异,研究发现独特性需求和交易倾向的消费者会对有无产品稀缺或限量型/限时型稀缺的反应差异。	—	—	消费者独特性需求、交易倾向、交易控制点
Roy and Shama (2015)	作者研究了广告信息框架与两种稀缺诉求类型对不同程度独特性需求消费者的影响。研究发现在收益和损失框架下低独特性需求的消费者更偏好需求性稀缺产品,而只有在损失框架下高独特性需求的消费者才会更偏好供应性稀缺产品。	商品理论 框架效应 消费者独特性需求	—	消费者独特性需求、信息框架
Kristofferson et al. (2017)	通过研究发现曝光稀缺促销广告会增强消费者的侵略性行为,并且限量型稀缺广告会更易于激发消费者的感知威胁性从而导致侵略性行为。	商品理论 竞争理论	感知威胁性	稀缺促销类型

第二节　说服知识理论及其研究

一、说服知识理论的主要内容

Freidstad 与 Wright(1994,1995)等研究发现,消费者并非信息的被动接受者,也是信息的主动加工者,消费者会对所接收到的信息及其信息传播动机进行防御式加工。Freidstad 与 Wright(1994)为此提出了说服知识理论。说服知识(Persuasion Knowledge)被Wright(1985)称之为"图示者的图示(Schemer Schema)",是指消费者随着时间的推移而获得的一种用以合理应对营销人员的各种说服策略,从而最终达到自己目的的个人知识(Freidstad and Wright,1994)。消费者一旦掌握了说服知识,就能够识别、分析、解释、评价并记住各种说服意图,进而选择并实施自己认为合适、有效的对策,从而降低被欺骗的可能性。而消费者的说服知识来源包括来自:(1)与朋友、家庭或同事的社会交往中的直接经验;(2)从有关如何影响人们的思想、感受与行为的交谈中提炼;(3)从对销售人员说服行为的观察中总结;(4)从新闻媒体等对广告及营销手段的评论中获取。事实上,每个消费者都拥有不同程度的说服知识,但说服知识不仅在常人与专家之间存在差异(Friedstad and Wright,1995),而且在孩子、青少年与成年人之间也存在差异(Wright et al.,2005)。一般而言,说服知识会随着消费者年龄的增长而逐渐增加。消费者拥有的说服知识越多,越容易感知或推断说服信息的感知欺骗性。通过对说服知识相关文献的梳理研究发现,说服知识理论的主要内容包括说服知识的主要构成、影响因素和影响效应等三个方面。

(一)说服知识的主要构成

Friedstad 与 Wright(1994,1995)等认为,说服知识的应用情境必须要具备说服主体、说服对象、说服企图和应对策略等要素。说服主体主要是指试图说服他人的人,既有可能是消费者也有可能是广告主或销售人员;说服对象是指被说服主体试图说服的人,包括消费者、广告主或销售人员,视说服主体而定;说服企图是指说服主体说服说服对象的目的或动机,例如态度改变等;而应对策略是指说服对象针对说服主体的说服企图所采取的应对手段,例如搜寻者策略、防御者策略或二者兼之(Kirmani and Campbell,2004)。需要注意的是,"说服应对策略不仅包括在整个说服情境中被说服者的认知与有形行为,而且包括在说服过程中以及说服活动前后针对说服企图的任何想法"(Friedstad and Wright,1994)。当然,说服知识不仅仅是消费者的"专利",厂商、广告主或销售人员等也有相应的说服知识,只不过我们的主要研究对象是消费者行为,因此主要是指消费者的说服知识。

Friedstad 与 Wright(1994,1995)等研究认为,就说服知识的内容构成而言,主要包括两个部分,一方面是消费者对说服动机的认识,另一方面是消费者对说服策略的认识。前者主要是指消费者通过自己所掌握的经验、知识和信息对说服主体的说服意图或目的进行怀疑和推断，这种猜测既有可能是正确的，也有可能是有偏差的；后者是指消费者根据自己的怀疑和推断采取相应的策略加以应对，以求对方改变态度支持自己的主张和利益。消费者对说服动机的认识与对说服策略的认识存在对应性，即消费者感知到善意的说服动机也会采取相对善意的应对策略，而当感知恶意的说服动机也相应会采取恶意的应对策略，当然，由于说服知识的多寡、说服情境的干扰等因素也有可能会让消费者产生认知偏差和应对偏差。

（二）说服知识的影响因素

说服知识并非天生的个人特质，而是一种可以激活的记忆。说服知识的启动和应用既会受到消费者自身特质的影响，又会受到产品因素的影响，还会受到说服情境因素的影响，并且最终的有效性是多种因素综合作用的结果。梁静（2008）在对消费者说服知识研究述评时发现，影响消费者说服知识的个人因素包括消费者认知能力（Campbell and Kirmani，2000）、调节聚焦（Kirmani and Zhu，2007）和怀疑知识（Kirmani and Campbell，2004）等，甚至包括人口统计变量性别（Friedstad and Wright，1994）、年龄（Kirmani and Campbell，2004）、经验（Friedstad and Wright，1994）等；又包括意图的显性化程度（Campbell and Kirmani，2000；Kirmani and Zhu，2007）、表达方式（Ahluwalia and Burnkrant，2004）、信息发布者的声誉及与信息内容的关联性（Tormala et al.，2004；Reinhard et al.，2006）等信息内容和信息源因素；还包括说服地点、时间压力、是否他人在场、噪音干扰、说服阶段、任务重要性等情境因素。已有研究结果表明，就个人因素而言，绝大多数特质越强或越高，其说服知识越强；就信息内容或信息源而言，信息内容越直接或信息源的可信性越高，消费者的说服知识越有效；而就说服情境而言，情境越简化，消费者的说服知识越有用。当然，也并非绝对如此，例如Friedstad和Wright（1995）所言的常人与专家的说服知识而言，通常专家要比常人具有更多的说服知识，也应该具有更强的说服有效性，但研究发现，在某些情况下常人要强于专家，因为常人更多依赖的是经验，而专家更多依赖的是知识。

（三）说服知识的影响效应

Friedstad与Wright（1994，1995）、Campbell（1995）、Campbell与Kirmani（2000）、Kirmani与Campbell（2004）等研究发现，消费者的说服知识会对销售人员、广告等的说服效果产生重要影响，甚至会影响到产品评价和品牌态度等，并最终影响到消费者的行为反应，例如购买意愿、重购意愿、口碑宣传等。Friedstad与Wright（1994，1995）认为，说服知识一般会在消费者面对某种说服场景时被激活，而一旦消费者感受到营销人员或广告有影响自己观念、态度及行为的倾向，就会自动启用说服知识予以应对。消费者启动说服知识的内在动机主要是自我保护动机或自我提升动机(Friedstad and Wright,1994,1995),自我保护动机主要是避免被销售人员或广告信息诱导导致自己上当受骗,而自我提升动机主要是基于自尊的需要向他人传播或表征自己的消费智慧,从而赢得他人的尊重。

销售人员的说服能力将在一定程度上决定说服效果和销售成绩,并可能会决定个人薪酬(Bies and Moag,1986),因此其促销动机会比其他动机更为强烈。正因为如此,消费者的说服知识可能会降低其说服功效,因为消费者往往认为销售人员的说服目的是诱导消费者促销产品。Friedstad与Wright(1994)就研究发现,面对这样的说服情境,消费者的说服知识很可能会让销售人员的说服努力徒劳无功。当然,也并非消费者的说服知识绝对会产生消极作用,Reinhard et al.(2006)等研究发现,当销售者的促销目的不是为个人私利或销售者感知到销售者的真诚性时,消费者的说服知识也有可能产生积极作用。因此,消费者的说服知识对销售人员的说服影响并非完全是积极的或消极的,而是会受到一些变量的调节影响。同理,Campbell(1995)研究发现,消费者的说服知识对广告说服也有同样的影响,只是由于销售人员与广告的传播差异,消费者说服知识的影响存在程度和表现形式差异。相对于销售人员的交互性说服而言,广告的说服具有单向性,消费者的说服知识启动频率更低,而且想法多于行为。

消费者的说服知识同样会影响产品评价和品牌态度。Reinhard et al.(2006)用归因理论解释了消费者说服知识的应用对其产品评价的影响,认为当企业的说服意图明显时,消费者就会将企业的信息发布归因为旨在牟利的欺骗手段,因此会认为企业的产品质量不可靠。而Kirmani与Zhu(2007)在探讨消费者说服知识的激活对消费者感知质量的影响时,也得出了相同的结论。Lee(2012)、Lee与Mukherjee(2012)、Aguirre-Rodriguez(2013)、Lee et al.(2016)等在研究产品稀缺诉求传播时也发现,当消费者感知到产品稀缺传播存在诱导消费者购买的操作意图时,会降低其对产品的评价。而梁静(2008)等研究认为,消费者说服知识对品牌评价会产生同样的影响。

当然,消费者说服知识最具决定性的影响是影响消费者的购买行为,例如购买意愿、重购意愿、口碑宣传等。Reinhard et al.(2006)、Lee(2012)、Aguirre-Rodriguez(2013)等均研究发现,当消费者具有丰富的说服知识时,消费者对广告稀缺诉求的产品购买意愿会下降,而当消费者贫乏说服知识时,消费者则会更加依赖于广告稀缺诉求增强购买意愿。同时,也有研究者发现消费者说服知识的增多会增强消费者的重购意愿,消费者的自信心或感知风险起着重要的中介作用,此外,还有研究者发现,消费者说服知识会消极影响其口碑宣传意愿,因为消费者说服知识的增加会让消费者产生谨慎心理,预期承担责任会降低消费者的口碑宣传意愿等。

二、说服知识理论的相关研究

说服知识理论的提出不仅对深化和完善说服理论具有重要的意义,而且对稀缺效应的研究与应用也具有重要的意义。在说服知识理论提出以前,有关消费者应对产品稀缺信息影响的主要反应是被动的防御性信息加工(Chaiken et al.,1996),研究呈现零碎之感;而当说服知识理论提出以后,消费者应对产品稀缺信息影响的能动反应变成了主动的进取性信息加工,研究明显呈现系统式。可见,说服知识理论的提出为深化稀缺效应的研究提供了重要的理论基础。通过对说服知识理论的相关文献进行梳理与总结,研究发现说服知识理论的研究目前主要呈现两个方面,一方面是自身理论体系的完善研究,另一方面是说服知识理论的应用研究,例如说服知识对产品稀缺诉求或信息的影响等。

就说服知识理论体系的完善研究而言,虽然说服知识理论已经提出20余年,但该理论还一直处在理论建构与完善之中。Friedstad与Wright(1994,1995)综合以前的研究开创性地提出了说服知识模型,内容包括说服知识的概念界定、基础假设、内容结构、发展历程、影响对象、影响机制、理论比较、理论意义和未来研究等,并进一步系统性地比较了常人与专家在面对广告说服时说服知识影响的异同,从而为整个理论的初步形成奠定了基础。其后,其他学者从不同视角研究了说服知识与其他因素的关系机理,例如怀疑、说服知识与道德之间的关系等,Kirmani et al.(2010)就研究了当怀疑动机被激活后消费者怎样在说服机构的能力与道德之间做权衡,结果表明只有决策的即时性和消费者与影响主体之间的关系能够解决"罪恶的成功与道德的失败"之间的困境;Grayson与Rank(2010)更进一步地论证了拥有更多说服知识的人倾向于把说服知识当做策略,这一点从法理上说是正确的,但从道德上说是不恰当的;Darke(2010)等研究了消费者针对被防御性怀疑引起的持续性消极偏差的应对策略,研究发现多重线索、法规知识等在一定程度上会减缓持续性消极偏差的影响;Xie et al.(2010)等的研究识别了当怀疑出现时消费者主动性或被动性反应的情境,并认为调节聚焦与说服知识能够消除影响机构的影响。同时,Isaac与Grayson(2017)还系统性地比较了说服知识与怀疑态度之间的区别,研究发现不同于以往怀疑会激活说服知识并进而导致降低支持性评价的观点,而是认为如果说服机构采用了可信的说服策略,消费者的说服知识也可能导致自己更加积极地评价说服机构及其提供物,并通过一系列的实验进行了实证检验。但就目前的研究现状而言,该理论应用者众多,但自身理论体系的完善研究明显乏力,呈现止步不前之势,它的理论基础、构成维度、主要类型、测量量表、解释功效、应用边界等一系列问题都还有待探索和研究,因为一个科学的理论必须要有完整的知识内容体系和研究方法体系,正因为其内容体系和研究方法体系的不完善才导致说服知识理论寄于说服理论体系之中,而没有形成独树一帜的理论体系。

相对于说服知识理论自身的完善研究而言,说服知识理论的应用研究却要丰富得多。Campbell(1995)、Kirmani 与 Campbell(2000,2004)、Campbell 与 Kirmani(2000)、Reinhard et al.(2006)、Xie et al.(2007)、Kirmani 与 Zhu(2007)、Hardesty et al.(2007)、Lee(2012)、Aguirre-Rodriguez(2013)、Lee et al.(2016)等均应用说服理论来解释消费者对广告说服、定价策略、稀缺诉求等的反应,影响甚众。Campbell(1995)从消费者的收益成本权衡与广告主的投资收益之间的关系角度探索了广告什么时候会引起消费者对操作意图的怀疑,并且发现操作意图的怀疑会降低消费者的广告态度、品牌态度与购买意愿;其后,他与Kirmani(2000)还进一步地研究了说服动机可及性与消费者认知能力对消费者说服知识应用的影响,结果表明当不可告人的说服动机可及性较高时,认知繁忙的消费者和认知充足的旁观者更有可能使用说服知识去评价销售人员,而当不可告人的说服动机可及性较低时,认知繁忙的消费者更少有可能使用说服知识,较之于认知充足的旁观者评价销售人员更加真诚;Reinhard et al.(2006)研究了公开说服意图对说服成功性的影响,研究结果表明外表的吸引力和可爱性很可能会起决定性的作用;Hardesty et al.(2007)还研究发展了一个有关定价策略的说服知识模型,一致于说服知识模型,拥有更多定价策略说服知识较之于拥有更少定价策略说服知识的消费者拥有更多相关产品定价策略信息的想法,同时进一步地研究发现定价策略说服知识在存在"价格带"的情况下对消费者的选择要比其他竞争性构念更具有预测性;等等。由此可见,说服知识理论的应用性研究还是得到了一定的探索性研究,对实践具有重要的指导意义。

而就稀缺效应的说服知识理论应用也得到了一定的关注和研究。Yeo 与 Park(2009)、Rayworth(2010)、Lee(2012)、Lee 与 Mukherjee(2012)、Aguirre-Rodriguez(2013)、Lee et al.(2014)、Mukherjee 与 Lee(2016)等均基于说服知识理论研究了说服知识对产品稀缺效应的影响。其中,Lee(2012)在其博士论文中较为深入地研究了说服知识对产品稀缺效应的减弱效应,实验研究发现说服知识的激活、稀缺诉求曝光频率、稀缺的不确认性和决策的不可逆性等都会调节产品稀缺信息对消费者产品评价的影响;其后,他还与其他人研究发现消费者的认知资源、公司声望、顾客期望等因素会调节说服知识对产品稀缺效应的影响。此外,Aguirre-Rodriguez(2013)还研究了说服知识对供应性产品稀缺诉求与需求性产品稀缺需求的影响差异,研究结果发现供应性产品稀缺诉求较之于需求性产品稀缺诉求更不容易唤起消费者的说服知识,而产品稀缺诉求信息的具体性(vs.模糊性)会降低供应性产品稀缺诉求的影响。综合而言,利用说服知识理论研究产品稀缺效应,无论是直接影响还是调节影响,虽然已经存在一些有益的探索,但就研究丰富性和实践广泛性而言,还显得非常薄弱,需要进一步地深化研究。为了更全面地了解说服知识理论的研究现状,表3.2列举了说服知识理论相关研究的代表性文献。

表3.2　说服知识理论相关研究的代表性文献

研究作者	研究内容	理论基础	中介变量	调节变量
Friedstad 与 Wright(1994)	全面介绍了说服知识理论的概念界定、基础假设、内容结构、发展历程、影响对象、影响机制、理论比较、理论意义和未来研究等,是整个说服知识理论的奠基之作。	说服知识理论	—	—
Friedstad 与 Wright(1995)	比较性地研究了常人与专家在如何面对电视广告说服时说服知识的异同,还进一步研究了文化民俗知识对说服的影响。	说服知识理论	—	—
Campbell(1995)	作者研究了两个电视注意吸引策略和探索了这些注意策略是影响消费者推断广告者的操作意图。研究发现消费者个人的成本收益与广告主的投资收益会影响注意吸引策略与操作意图推理之间的关系,并发现消费者的操作意图推理会降低广告的说服。	说服知识理论	消费者成本与收益、广告主的投资收益	品牌识别早晚、借用利益诉求的期待性等
Campbell 与 Kirmani(2000)	作者研究了消费者在评价一个影响机构时说服知识启用的条件,并发现了说服动机的可及性与消费者的认知能力会影响消费者的说服知识使用。	说服知识理论	说服动机推理	说服策略可及性
Kirmani 与 Campbell(2004)	作者研究了消费者怎样应对说服主体的说服企图,包括搜寻着策略与防御者策略,3个定性研究和1个实验研究发现客户关系与说服体验会影响消费者说服策略的使用。	说服知识理论	—	客户关系说服体验
Wright et al. (2004)	全面比较了孩子与成年人之间在市场说服知识之间的发展与差异,陈述了相关实证研究缺失的不足,以及未来研究的方向。	说服知识理论	—	—
Reinhard et al. (2006)	作者研究了公开说服企图对说服成功性的影响,并发现说服者的外貌吸引力与可爱性会影响消费者说服知识的启动。	说服知识理论	自我服务销售人员的归因	—
Kirmani 与 Zhu (2007)	通过3个实验研究发现调节聚焦会影响消费者对广告主操作意图的感知,预防聚焦者相比较于促进聚焦者更容易感知到操作意图,并且进一步研究发现,当信息线索使操作意图中度突出时预防聚焦者更有可能启动说服知识,而当极端突出或极端不突出时,两种聚焦方式无显著差异,并且进一步研究发现操作意图的外在启动也会让促进聚焦者产生相同的反应。	说服知识理论 调节聚焦	说服知识	怀疑
Hardesty et al. (2007)	作者研究了定价策略说服知识的影响,提出了定价策略说服知识模型,3个实验实证研究也发现拥有更多定价策略说服知识的会对定价信息有更多的了解,同时发现定价策略说服知识要比竞争性构念对消费者的选择有更强的预测功效。	说服知识理论	—	—

续表

研究作者	研究内容	理论基础	中介变量	调节变量
Lee(2012)	通过实验研究发现消费者的说服知识对产品稀缺效应的减弱效应,并说服知识的激活、稀缺诉求曝光频率、稀缺的不确定性和决策的不可逆性等都会调节产品稀缺信息对消费者产品评价的影响。	说服知识理论、心理抗拒理论	对稀缺声称的错误推理	说服知识的激活、稀缺诉求曝光频率、稀缺的不确认性和决策的不可逆性等。
Aguirre-Rodriguez(2013)	说服知识对供应性产品稀缺诉求与需求性产品稀缺需求的影响差异,研究结果发现供应性产品稀缺诉求较之于需求性产品稀缺诉求更不容易唤起消费者的说服知识,而产品稀缺诉求信息的具体性(vs.模糊性)会降低供应性产品稀缺诉求的影响。	说服知识理论	感知可信性、感知欺骗性	产品稀缺诉求信息的具体性
Lee et al.(2014)	通过实验研究发现产品稀缺诉求被视为操作策略时会降低消费者对产品的评价,而认知资源或公司声望会调节该影响。	说服知识理论	—	认知资源、公司声望
Mukherjee 与 Lee (2016)	通过3个实验研究发现产品稀缺诉求对产品评价的积极影响会受到稀缺期望的调节,说服知识是重要的内在机制,而认知负荷是边界条件。	说服知识理论	说服知识	认知负荷
Lee et al.(2016)	作者研究了情感对消费者对稀缺声称作为销售策略推理的影响,研究发现消极情感会因为消费者启发式加工而产生积极的稀缺效应,而积极情感会让消费者系统式加工而产生消极的稀缺效应。	说服知识理论	—	—
Isaac 与 Grayson (2017)	通过4个实验研究发现,系统性地比较了说服知识与怀疑态度之间的区别,研究发现不同于以往怀疑会激活说服知识并进而导致降低支持性评价的观点,而是认为如果说服机构采用了可信的说服策略,消费者的说服知识也可能导致自己更加积极地评价说服机构及其提供物,并通过一系列的实验进行了实证检验。	说服知识理论	—	策略可信性、说服知识可及性

第三节　心理所有权理论及其研究

一、心理所有权理论的主要内容

心理所有权理论被Pierce等人(2001,2003)提出后主要应用于组织行为学领域,表明员工对所属组织的心理所有感;后来被Jussila等人(2015)引入到营销学领域,发现消费者对拥有商品或目标商品也可能存在心理所有权。心理所有权(Psychological Ownership,PO)是指"个体对包括物质或非物质的目标物或目标物的一部分感觉到是自己的一种心理状态。"(Pierce et al,2001）。它是一种"半主观半客观、半认知半情绪"的综合性感知（Etzioni,1991),占有感是其构念核心(Pierce,2001),反映了个体对目标物体的意识、想法和信念。心理所有权理论是对传统物质占有理论的扩展和延伸(Furby,1979),它不仅继承了传统物质占有理论把占有的物质视为自我建构与自我延伸的观点(Belk,1988),而且把即使并未实际占有的物质或非物质目标也纳入到"心之所属"的范畴,成为自我概念的重要表征。由于心理所有权现象的广泛性和理论的成熟性,学者们纷纷用其解释依附效应、禀赋效应、溢价效应等,在禀赋效应的解释中甚至有取代损失厌恶理论而成为主导解释理论的趋势(Reb and Connolly,2007;Morewedge et al.,2009;Dommer and Swamina-than,2013;Chatterjee et al.,2013),同时也在产品触摸、延保产品购买、信息技术使用等消费领域发现得到广泛的应用。综合有关心理所有权的文献,研究发现目前心理所有权的研究内容主要有心理所有权的本质认识与心理所有权的影响效应两个部分。

（一)心理所有权的本质内涵

Pierce et al.(2001,2003)在研究组织行为学时发现,员工经常存在"感觉到目标物或目标物的一部分属于自己的('我的'或'我们的')"现象,并发现这种现象与组织承诺、组织认同、员工满意、心里契约等截然不同,遂将其称之为"心理所有权"。后来,Jussila et al.(2015)在消费者行为学领域发现也存在这种现象,消费者往往对"心之所向"或"失去已久"的目标物产生心理所有权,即没有实际占有的占有效应(Sen and Johnson,1997),并进而还会产生虚拟的"禀赋效应"。心理所有权的目标物既可能是有形物,例如纪念品、自己的衣物或汽车,也有可能是无形物,例如劳动、信息或技能,甚至包括个人体验或经历(Carter and Gilovich,2012)。它不同于正式所有权或法律所有权,正式或法律所有权明确表明所有者拥有对目标物体的控制权、财产权和知情权等实权,并且被社会或法律所承认或保护;而心理所有权并不以正式或法律所有权的存在为前提,只是自己认为拥有对目标物的控制感、认同感和效能感等虚权,只为个体自己所承认和保护(Pierce et al.,2001;Peck and Shu,2009)。但 Pierce 等(2001)也指出,二者并非毫无联系,正式或法律所有权的存在有助于心理所有权的形成,而心理所有权的存在将会为正式或法律所有权的获取提供基础和动力。

心理所有权的核心是"占有感",而其本质是自己与目标物之间的内在联系。Furby(1978,1991)、Richins(1991)等研究发现,人们会通过物质占有寻求心理安全感和人际增强感,并将拥有的东西例如玩具、汽车或住房视为自我的有效延伸。Pierce et al.(2001,2003)等研究认为,个体并不一定以实际占有或法律占有为基础,心理的占有也具有同样的功效。因此,心理所有权的占有是以"所有感"为核心,而非"所有物"为核心,该研究已经获得了神经研究的证据(Turk et al.,2011)。Beggan 与 Brown(1994)、Yeung(2012)、Ye 与 Gawronski(2016)等在对心理所有权的发展、结构与关系深入研究后发现,心理所有权本质上是个体与物质之间发展的心理联系,这种心理联系既有可能是因为认知所致,例如认识到占有物的价值或意义,也有可能是因为情感所致,即自己与目标之间建立起了"喜欢""爱""承诺"等依附性情感。基于对心理所有权现象和以往心理所有权以及物质占有理论的观察和研究,Pierce et al.(2001,2003)认为,心理所有权是一个多维概念,主要由归属感、认同感和效能感等维度构成,其中归属感是给目标物安一个"家",从而保证心理安全;认同感是给目标物体嵌入个人身份,使其成为定义、表达和维持自我的自我延伸;效能感是赋予目标物体以保护与责任,是对目标物体的承诺和自我效能的证明。但也有不同的看法,Avey et al.(2009)在对心理所有权按照调节聚焦划分为促进性心理所有权与预防性心理所有权后进行探索性和验证性因子分析发现,促进性心理所有权具有认同感、责任感、归属感与效能感等4个维度,而预防性心理所有权只有领地性单一维度。当然,也有学者认为,心理所有权并非是个单阶结构,而是一个高阶结构。因此,从心理所有权的核心和结构来看,心理所有权是一个复杂的构念,同时也是一个发展中的构念。

心理所有权的形成并非是自然而生的,而是需要人们不断地投入才能产生和增强。Pierce et al.(2001,2003)研究发现,通过增强控制、增进熟悉和增加投入等途径有助于心理所有权的形成,并且途径之间还存在互补或叠加效应。增强控制是指个体需要努力获取支配感,能够有更大自由处置和应对目标物,能够对目标物产生影响力;增进熟悉是指个体对目标物的本质、结构、作用、意义或发展等不断地了解,从而掌握其特点和运行规律,同时也能够通过了解和熟悉建立情感联系;增加投入是指个体需要不断地投入时间、财力或体力等,嵌入其中,从而产生劳动或投入所得之感。Pierce et al.(2001、2003)等进一步研究发现,这三种途径并非是相互排斥的,而是存在互补或叠加关系,即另一种途径的存在会对已有途径对心理所有权的影响产生增强效果。例如,已有研究就发现通过触摸、意象触摸、设计、共创等途径都可以让消费者对目标物产生心理所有权。

(二)心理所有权的影响效应

Pierce et al.(2001,2003)、Jussila et al.(2015)等研究认为,心理所有权的形成会增强消费者对目标物获取的进取欲望和奉献精神,也有利于增强消费者目标物的积极评价和积极情感。但也有研究发现,心理所有权本身是一种有偏差的认知或情感,也有可能让消费者产生不客观的认知评价和消极影响,从而导致恋物成瘾、分享意愿低、口碑传播差等消极行为,有时甚至还会产生"反生产"的破坏行为。但对以往的文献进行梳理和研究发现,心理所有权所产生的积极效应要远远大于消极效应。

在组织行为学领域,Pierce et al.(1991)、Pierce et al.(2001,2003)、Van Dyne and Pierce(2004)、Pierce et al.(2007)等研究发现,心理所有权会增强员工满意、组织承诺、员工投入、员工建言、员工创造性和员工组织公民行为等。例如,Vandewalle et al.(1995)、Van Dyne and Pierce(2004)、Pierce et al.(2007)等就发现心理所有权会对员工满意产生积极影响,甚至会增强员工忠诚度;Florkowski(1987)、Pierce et al.(1991)、Vandewalle et al.(1995)、Van Dyne and Pierce(2004)等研究就发现,员工的心理所有权是组织成员的前因变量,并且会对组织承诺产生积极影响;Pierce et al.(1991)、Vandewalle et al.(1995)、Van Dyne and Pierce(20004)等还研究发现心理所有权还会对员工的组织公民行为产生积极影响,尤其是对员工角色外公民行为有较强的预测作用。而就消费者行为学领域而言,Reb 与 Connolly(2007)、Peck 和 Shu(2009)、Yeung(2012)、Kamleitner 与 Feuchtl(2015)、Jussila et al.(2015)等研究发现,消费者的心理所有权会增强产品评价、禀赋效应、品牌依附、购买意愿、消费者公民行为等。例如 Yeung(2012)通过内隐态度测量就研究发现心理所有权会增强消费者的产品评价;Reb 与 Connolly(2007)、Morewedge et al.(2009)等研究发现心理所有权对禀赋效应具有更强的解释力,甚至超越了损失厌恶的解释功效;Kamleitner 和 Feuchtl(2015)研究也发现心理所有权会增强消费者的购买意愿,产品态度起着中介作用;张辉等(2012)还研究发现消费者的品牌心理所有权会增强消费者的品牌承诺和品牌行为等。可见,心理所有权无论是对员工的积极行为还是对消费者的积极行为都会产生积极的影响。但就目前的研究而言,心理所有权是否还会积极影响消费者的探索性消费、冲动性消费、多样化寻求、信息搜寻行为、价值共创行为等还有待进一步的研究。

心理所有权也会产生消极影响,但无论是在组织行为学领域还是在消费者行为学领域都未引起重视和研究。Pierce et al.(2001,2003)在发展心理所有权理论时就指出过高的心理所有权也可能产生病态效应,带来组织失调行为,例如对目标物过高的控制欲、拒绝信息分享或授权、抵制组织变革或创新、容易发生侵占行为和自私行为等。例如,Robinson 与 Bennett(1995)就研究发现过高的心理所有权会让员工对与目标物分离产生抗拒或破坏行为,Dirks et al.(1996)研究发现过高的心理所有权会让员工对某些变革产生抵触心理,Pierce et al.(2011)也研究发现过高心理所有权的员工会不愿意分享目标物的信息等。而在消费者行为学领域,有关心理所有权消极效应的研究更少,主要的消极效应的研究主要集中在恋物成瘾、自私行为和口碑宣传等三个方面。例如 Richins(1994)就研究发现,由于心理所有权根植于物质占有理论,而物质占有理论认为特殊占有往往是他或她物质主义价值观的表征,因此过高心理所有权的消费者很可能存在物质主义价值观和恋物成瘾倾向;Goukens et al.(2009)也研究发现,心理所有权会让消费者产生自私的自我意识行为,即在消费中选择更少地多样化寻求和选择折中选项;而Cheema与Kaikati(2010)、Chen与Sun(2014)、Kirk et al.(2015)等还发现过高心理所有权的消费者会因为担心自我利益受损而降低积极口碑宣传等。此外,心理所有权还有可能增强攀比消费行为和降低探索性消费行为。例如,Jr. et al.(1999)就研究发现没有占有的纯粹占有效应很可能在人际间也存在,从而产生占有物价值认定偏差和增强攀比消费行为;Gaskin与Lyytinen(2010)、Kirk et al.(2015)等研究发现心理所有权会产生对原有物品的心理依附和原有技术的路径依赖,从而会降低对新技术采纳的探索性消费行为。但就整体研究而言,目前对心理所有权的消极影响研究还相当匮乏,有些研究结论还存在矛盾,例如Cheema与Kaikati(2010)等研究认为心理所有权会降低消费者的正面口碑宣传意愿,而Zhang et al.(2015)在顾客参与创新中发现心理所有权会增强消费者的正面口碑宣传传播意愿。

二、心理所有权理论的相关研究

Pierce(2001,2003)的心理所有权理论的提出在以后消费者行为学研究领域得到了广泛的关注,迅速取代物质占有理论成为消费者物质性研究的主导理论。由于它比物质占有理论囊括更大的产品范围,既包括已经实际占有的商品,而且包括意向占有或已经失去的产品,甚至包括自己的身体部位或语言文化等,因此具有更大的解释应用范围和更强的解释功效。通过对心理所有权相关文献进行梳理和总结,研究发现如同说服知识理论一样,目前的研究主要集中在两个方面,一个方面是心理所有权理论自身的完善研究,另一方面是心理所有权理论的应用研究,而其中应用研究又可以划分为禀赋效应解释研究和其他应用研究。

心理所有权理论也比较年轻,从概念提出到现在不到30年,有关理论基础、构念维度、关系机理、测量量表实证检验等都还处在探索和完善之中(Brown et al.2014)。虽然系统提出心理所有权理论是在2001年,但概念提出则在1991年,Pierce et al.最先界定"心理所有权"是指雇员与组织之间的一种心理纽带,这种心理纽带会影响雇员的满意和绩效。但当时并未引起注意,直到2001年和2003年再次全面系统地阐释心理所有权的理论架构和关系机理后才引起广泛的注意和研究,并把它扩大应用到其他领域。消费者的心理所有权追根溯源应该是基于物质占有理论,该理论认为物质占有不仅是用于保障物质生活和心理安全,而且也是自我概念的建构与表征,是重要的自我延伸,而且后者的意义要远远大于前者。正是基于此,心理所有权才有理论根基,与Beggan(1992)所提出的"纯粹所有权(Mere-Ownship)"概念有异曲同工之妙。但即使存在这样的根基,心理所有权的理论基础还是备受质疑,因为它缺少相应的法理基础。同时,心理所有权的构念维度也存在争议,正如前文所言,Pierce et al.(2001,2003)等提出三维度,而Avey et al.(2009)提出五维度,并且认为心理所有权是一个高阶概念,那么到底心理所有权到底属于一个什么样的概念结构体系呢? 正因为构念结构的模糊不清,其检测量表至今缺失,实证检验大多使用 Pierce et al.(2004)提出的三项量表和 Pierce et al.(2006)提出的七项量表,但检测的科学性和有效性存在质疑。正因为心理所有权理论还存在不少的问题,即使是 Pierce 自己也认为心理所有权理论有待深化研究(Brown et al.2014)。

与心理所有权自身的完善研究相比,其应用研究则要广泛得多。其中,一个应用研究的重点是解释禀赋效应。所谓的"禀赋效应"是指"在商品买卖过程中,卖方愿意接受的最低价格要高于买方愿意支付的最高价格"(Thaler,1980),即买卖价格差。长期以来解释此现象的主导理论是 Kahneman et al.(1991)所提出的"损失厌恶理论",即卖方在卖出产品时所经历的痛感要大于买入同样商品时所经历的痛感,卖方提出的更高价格正是对这一"痛感"的有效补偿。但 Reb 与 Connolly(2007)、Morewedge et al.(2009)、Dommer 与 Swaminathan(2013)、Chatterjee(2013)等研究认为并非是因为损失厌恶导致了禀赋效应,而是因为消费者心理所有权导致了禀赋效应,"心之所有"的心理纽带导致了禀赋效应的产生。尽管很多实证研究都支持了这一结论,但 Yeung(2012)、Chatterjee et al.(2013)也研究认为,心理所有权可能并不是禀赋效应的唯一解释,而是它与损失厌恶共同应对所有物失去所产生的"自我威胁"而产生了禀赋效应。当然,也并非所有研究都认为心理所有权会增强禀赋效应,Brough 与 Isaac(2012)研究发现有时消费者也会对拥有心理所有权的产品愿意以更低的价格卖给真正懂得正确使用的买方,原因是期待"给所爱的物品寻找一个理想的'家'",让其适得其所。尽管对于禀赋效应的解释存在争议,但心理所有权理论的提出还是为禀赋效应的解释提供了新的研究视角和理论基础。

同时,心理所有权在其他消费现象中也得到重视和研究,例如占有时间长短、触摸或意象触摸、心理意象、支付方式、延保购买、技术使用等。Strahilevitz 与 Loewenstein(1999)就研究发现拥有目标物时间的长短会影响消费者的产品评价,即拥有时间越长消费者的评价越高,而失去越久评价会越低。Peck 与 Shu(2009)、Iseki 与 Kitagami(2016)研究发现消费者触摸产品会导致消费者更高的产品评价和购买意愿,甚至闭着眼睛想象触摸都会增强消费者的购买意愿,而 Lessard-Bonaventure and Chebat(2013)也研究发现通过触摸会增强消费者对产品延保的支付意愿,心理所有权是重要的中介机制;Kamleitner 与 Feuchtl(2015)研究发现对目标物的心理意象会增强消费者的购买意愿,其内在机制是意象生动性、意象质量、意象加工性会影响消费者的心理所有权,进而影响消费者的心理依附和产品态度,并最终增强消费者的购买意愿;Kamleitner 与 Erki(2012)还研究发现支付方式会影响消费者对所购物品的心理所有权,现金支付较之于信用卡支付会让消费者对所购物品产生更高的心理所有权,但存在跨文化差异和时间差异;Kirk et al.(2015)等研究还发现对于技术的使用也会产生心理所有权,并且真正的自豪是心理所有权的前因变量,而骄傲的自豪会调节心理所有权对产品评价与口碑宣传的影响,并且技术使用情境(公开 vs.私下)和情境力量感知(强 vs.弱的行为限制)会产生调节作用等。此外,Boven 与 Gilovich(2003)、Carter 与 Gilovich(2010)、Carter 与 Gilovich(2012)等还比较研究了体验与物品的消费者心理所有权差异,实验研究结果表明体验较之于物品更容易让消费者产生心理所有权。同样,为了更全面地反映和了解心理所有权理论的相关研究,表3.3呈现了心理所有权理论的相关代表性文献。

表3.3 心理所有权理论相关研究的代表性文献

研究作者	研究内容	理论基础	中介变量	调节变量
Pierce 与 Morgan(1991)	作者发展了一个心理所有权模型及其社会心理认知与行为反应,但该研究也发现心理所有权产生于正式所有权,并且正式所有权的前因后果被有效识别。	心理所有权理论	—	—
Vandewalle et al.(1995)	作者通过对797名住户调查发现心理所有权与角色外行为之间的积极关系,并且发现组织承诺起了中介作用,以及心理所有权相较于满意对角色外行为更强的预测功效。	心理所有权理论	组织承诺	—
Strahilevitz 与 Loewenstein(1999)	作者通过4个实验研究发现所有权历史会影响消费者产品评价,即拥有目标物品时间越长评价越高,心理所有权在其中起着中介作用,但研究也发现随着失去时间越久评价越低。	心理所有权理论	心理所有权	物品离去时间长短
Pierce et al.(2001)	作者提出了心理所有权的理论模型,包括结构维度和发展路径,以及比较了它与组织承诺、员工满意等相关概念之间的关系,以及它的理论意义与实践意义。	心理所有权理论	—	—
Pierce et al.(2003)	作者进一步地完善了心理所有权的理论架构,包括结构维度和发展路径,并进一步地提出了心理所有权的积极与消极效益。	心理所有权理论	—	—
Reb 与 Connolly(2007)	通过两个实验研究比较了心理所有权与正式所有权对禀赋效应的影响,研究结果发现心理所有权产生了禀赋效应,而正式所有权增强了这一效应。	心理所有权理论	心理所有权	正式所有权
Morewedge et al.(2009)	通过两个实验研究发现是心理所有权而非损失厌恶导致了禀赋效应的产生。	心理所有权理论	心理所有权	—
Avey et al.(2009)	通过实证研究发现心理所有权存在促进聚焦与预防聚焦两种类型,并且前者具有空间感、认同感、效能感和归属感等四个维度,而后者只有领地性一个维度。	心理所有权理论	—	—

续表

研究作者	研究内容	理论基础	中介变量	调节变量
Peck 与 Shu (2009)	通过实验研究发现触摸会让消费者产生心理所有权,并进而增强产品评价,并且也发现触摸效价会调节这一影响。	心理所有权理论	心理所有权	触摸效价 正式所有权
Kamleitner 与 Erki(2012)	作者研究发现支付方式会影响消费者对所购物品的心理所有权,现金支付较之于信用卡支付会让消费者产生更高的即时心理所有权,但存在跨文化差异和时间差异。	心理所有权理论	心理所有权	跨文化 时间
Brough 与 Isaac (2012)	作者调查研究了禀赋效应的逆效应,即消费者会因为为自己所爱的产品适得其所而降低卖价,卖方的产品依附会起中介作用,而买方的使用意图会起调节作用。	心理所有权理论	卖方的产品依附	买方的使用意图
Yeung(2012)	作者研究了心理所有权对禀赋效应的影响,使用内隐态度测量和实验研究方法发现心理所有权和损失厌恶能够解释禀赋效应,而正式所有权无法解释。	心理所有权理论	心理所有权 损失厌恶感	—
Dommer 与 Swaminathan (2013)	通过实验研究发现基于占有—自我之间联系的心理所有权产生了禀赋效应,但身份、性别与自我威胁会产生调节作用。	心理所有权理论	心理所有权	身份 性别 自我威胁
Chatterjee et al. (2013)	作者通过构建综合模型解释了心理所有权与损失厌恶对禀赋效应的共同影响,基于内隐自负与自我肯定理论,研究发现二者通过自我威胁增强了禀赋效应。	心理所有权理论	自我威胁	自我肯定
Kamleitner 与 Feuchtl(2015)	作者调查了心理意象对消费者反应的影响,研究发现心理所有权以及心理依附、享乐态度与实用态度会起中介作用。	心理所有权理论	心理所有权、心理依附享乐态度实用态度	—
Lessard-Bonaventure 与 Chebat(2015)	作者调查了触摸产品对消费者购买产品延保支付意愿之间的影响,研究发现心理所有权会起中介作用,而产品类型与消费者的金融风险卷入会起调节作用。	心理所有权理论	心理所有权	产品类型、金融风险卷入
Jussila et al. (2015)	作者将心理所有权理论引入到营销领域,全面介绍了心理所有权可能会对消费者的满意、忠诚、口碑和支付意愿等的影响,以及可能的未来研究方向。	心理所有权理论	—	—
Kirk et al. (2015)	作者基于自我设计视角,检测了消费者的技术采用与心理所有权之间的关系。研究发现真实自豪会增强消费者的心理所有权,而骄傲自豪会调节消费者的心理所有权,使用情境与情境强度会调节整个模型。	心理所有权理论	真实自豪心理所有权	骄傲自豪消费情境情境强度
Iseki 与 Kitagami(2016)	作者调查了触摸意象对消费者购买意愿的影响,研究结果发现实际控制与心理所有权会起连续中介作用,而产品熟悉性与产品估价会起调节作用。	心理所有权理论	实际控制心理所有权	产品熟悉性产品估价

第四节　心理抗拒感理论及其研究

一、心理抗拒感理论的主要内容

Brehm(1966)的心理抗拒感理论一直以来也是解释稀缺效应的重要理论,并且随着消费者话语权与主导权的增强而越来越受到重视。心理抗拒感(Psychological Reactance)是指"人们往往相信自己拥有某些具体的行为或选择自由并珍惜这种自由,而当这种自由被剥夺或面临威胁时,个体就会产生一种旨在恢复被剥夺或受威胁自由的厌恶性动机状态"(Brehm and Brehm,1981)。消费自由既是市场经济的重要特征,也是消费者被法律赋予的重要权利,同时也是消费者自尊的重要表征,因此当消费者感知到自己的消费自由被剥夺或被威胁剥夺时,就会采取应对策略重申自己的自由,其最直接的反应就是采取与限制者相反的言行(Clee and Wicklund,1981),当然消费者也有可能会产生其他替代性反应。在消费情境中,操控性的广告、不可得的产品、销售人员的推荐、政府规定等都常被消费者视为潜在的自由限制(Clee & Wicklund,1980),并由此产生心理抗拒感。Quick(2008)等对消费情境里可能引发消费者心理抗拒感的原因分为三类,即感知限制性、感知侵扰性和感知操作意图。这三类原因既可能独立引发消费者的心理抗拒感,也可能会交互引发消费者的心理抗拒感。心理抗拒感理论的提出不仅对社会心理学、临床心理学、认知心理学和组织行为学等具有重要的意义,而且对消费者行为学也具有重要的意义(Clee and Wicklund,1980)。它的突出特点和重要意义就在于它不是从产品属性或信息特点研究消费者的反应,而是从消费者的选择自由研究消费者的反应。通过对以往相关文献的梳理和总结,目前有关心理抗拒感理论的研究主要在三个方面,即心理抗拒感的本质特征、影响因素和影响效应。下面,将从这三个方面进行归纳总结其主要内容。

(一)心理抗拒感的本质特征

心理抗拒感本质上是消费者对选择自由的珍视和重申。Brehm,J.W.(1966)、Brehm,J.W.与Brehm,S.S.(1981)、Miron与Brehm(2006)等研究认为,心理抗拒感的构成包括自由、威胁、抗拒与重申自由等四个必要条件。自由是心理抗拒感的重要前因,它是指"一种随时间发展的对现实的主观认知"(Brehm,J.W. and Brehm,S.S.,1981),其来源于"生活经验、文化模式,以及他们所处社会或自然环境中的具体行为"。Brehm,J.W.与Brehm,S.S.(1981)等研究认为,心理抗拒感理论所指的"自由"必须具有自由重要性、自由可践行性、主观认知性等三个特征。自由重要性是指被剥夺或被威胁剥夺的自由对消费者而言具有一定的重要性,可能影响到消费者自尊或行为结果,无关紧要的自由可能不会引起消费者的重视并引发心理抗拒感;自由可践行性是指消费者所感知到的自由具有一定的可控性,能够通过采取一定的途径或手段得到主张和重申,否则难以引发消费者的心理抗拒感;主观认知性是指消费者所感知到的自由,而非客观真实的自由,因此存在感知差异性。只有具备这三个条件才能构成心理抗拒感所指的"自由"。威胁是指"影响消费者践行其意志的任何限制因素"(Brehm,J.W. and Brehm,S.S.,1981),例如选择限制、恶劣天气和隐私侵犯等,事实上,Brehm(1966)认为"任何客观因素或说服企图都可以在一定程度上被视为威胁"。已有研究表明,威胁的原因、方向、强度和自我相关性等都会影响消费者的心理抗拒感。抗拒是心理抗拒感的重要状态,是指"一种可能会激活具体行为反应的厌恶性动机状态"(Brehm,1966),例如消极认知和愤怒情绪甚至报复行为等。已有研究发现,被剥夺或被威胁剥夺自由的感知吸引力的重要性与抗拒唤醒正向相关。重申自由是心理抗拒感的目的,是指"个体直接或间接采取与限制者相反的行为以重新获取被威胁或被剥夺的自由"(Bremh and Brehm),其直接行为包括"回旋效应(Boomerang Effect)"或"相关回旋效应(Related Boomerang Effect)",前者是指直接选择相反于限制者的言行,后者是指替代性地选择相反于限制的言行,和间接行为包括"替代回旋效应(Vicarious Boomerang Effect)",即挑衅性地观察或鼓励其他人采取与限制者相反的言行(Miron and Rrehm,2006;Sittenthaler et al.,2015)。此外,消费者还可能采取对限制者的敌意或贬损等反应以重申自己的自由(Burgoon et al.,2002;Miller et al.,2007)。Brehm,J.W.(1966)、Brehm,J.W.与Brehm,S.S.(1981)等认为,只有具备了这四个条件,心理抗拒感才会真正地发生。

但长期以来心理抗拒感都被认为是因情境而启动的"状态抗拒感",直到后来研究才发现它也具有人格特质性。"状态抗拒感(State Reactance)"是指"一种因情境而引发的暂时性倾向",而"特质抗拒感(Trait Reactance)"是指"个体所具有的产生心理抗拒感的稳定的内在倾向",前者具有情境唤醒性和不稳定性,而后者具有与生俱来性与稳定性(Quick and Stephenson,2008)。Grandpre et al.(2002)就研究发现某些个体具有更强的"心理抗拒感"个性特质,他们具有更强的独立自主性、对挑衅或攻击具有更高的敏感性和更高的重申自由效能感等。"特质心理抗拒感"的发现为个体差异研究提供了基础,而"状态心理抗拒感"的提出为情境操作提供了基础。正因为如此,目前绝大多数的研究把心理抗拒感看成是既具有情境性又具有特质性的双重属性变量(Quick and Stephen-son,2008;Quick et al.2011)。

(二)心理抗拒感的影响因素

由于心理抗拒感既具有情境性又具有特质性,因此影响心理抗拒感的因素众多。其中,引发消费者心理抗拒感的原因最为突出,而不同原因又会受到不同特质变量和情境变量的因素。贺远琼等(2016)对诱发心理抗拒感的不同原因进行总结研究后发现,消费者心理抗拒感的直接诱因包括感知限制性、感知侵扰性和感知操作意图等三种。并认为这三种原因既有可能独立起作用,也有可能交互起作用。而且这三种原因的影响因素既有可能相同,也有可能不同。

由感知限制性引起的心理抗拒感是指由于某些客观或主观原因的限定性条件导致消费者无法践行其意志而引发其重申自由的心理抗拒感,例如包括由缺货或禁售导致的商品选择限制,以及商家设定的购买时间限制、购买数量限制甚至支付方式限制等。Brehm(1966)、Mazis et al.(1973)、West(1975)、Clee 与 Wicklund(1980)、Lessne(1987)、Kivetz(2005)、Yoon 与 Vargas(2011)More 与 Fitzsimons(2014)等研究均发现,给消费者的选择附加一个限制条件,例如限时、限量、条件促销、排队、禁售等,都会唤起消费者的心理抗拒感,有可能会让消费者增强产品评价和购买意愿。当然,Cherulnik 与 Citrin(1974)、Johnson 与 Buboltz(2000)、Seibel 与 Dowd(2001)等研究也发现,个性差异会限制对消费者心理抗拒的影响,例如 Seibel 与 Dowd(2001)就研究发现被动侵略性、依赖性、人格障碍、强迫症、边际性等因素会影响消费者的心理抗拒感。而且由感知限制性引发的消费者心理抗拒感也并非都会引起消费者增强产品评价和购买意愿,当消费者感知到产品限制并非由于客观原因而是主观故意所致时,他们对产品的评价和购买意愿会下降,甚至会贬损目标产品和抱负目标企业(Kivetz,2005)。

由感知侵扰性引起的心理抗拒感是指消费者在自身原有行为或认知历程受外界干扰而被迫中断时所产生的心理感受(Edwards et al.,2002)。这种侵扰由于打断了消费者正常的消费体验、决策过程和侵犯了消费者的个人隐私而引起消费者的心理抗拒感。其中,最为明显的例子是当消费者在浏览网页时出现的弹窗式广告(Edwards et al.,2002;Wang and Cheng,2013)。除此之外,不想要的消费者推荐(Fitzsimons and Lehmann,2004;Lee and Lee,2009)、消费决策辅助系统(Wang and Benbasat,2009)、频繁地强迫式客户沟通(Godfrey et al.,2011)、个性化的精准广告(Baek and Morimoto,2012)等都被发现会因消费者感知侵扰性而引发心理抗拒感。这些侵扰性行为由于扰乱消费者的决策进程、侵犯消费者的决策自由和个人隐私等,往往会导致引发消费者的消极评级和负性情绪,从而引发消费者的心理抗拒感,并进而导致消费产生逃避或抵制行为。当然,这些研究也都被发现存在一定的边界条件,既包括情境因素也包括特质因素,例如时间压力、抗干扰性、消费知识等因素都有可能影响感知侵扰性对消费者心理抗拒感的影响。

由感知操作意图引起的心理抗拒感是指消费者觉察到厂商、销售人员或广告正在诱导自己朝着于己不利而于他有利的决策或行为时感知自己的自由受侵犯而产生的心理抗拒感。Wicklund(1970)、Reizenstein(1971)、Koslow(2000)、Grandpre et al.(2003)、Kivetz

(2005)、Dillard 与 Shen(2005)、Bhattacharjee et al.(2014)等研究均发现,过分热情的销售推销、常客计划、有奖销售、推销意味明显的显式或隐式广告等都可能引起消费者感知操作意图,从而降低消费者的产品评价和购买意愿。操作意图不仅侵犯消费者的选择自由,还可能会损害消费者的利益和自尊。对操作意图的感知除了操作信息的表征外,消费者的说服知识至关重要。说服知识是指消费者随着时间的推移而获得的一种用以合理应对营销人员的各种说服策略,从而最终达到自己目的的个人知识(Friedstad and Wright,1994)。已有研究发现,消费者的说服知识与操作意图的感知成正相关关系,即消费者的说服知识越丰富,越容易感知操作意图。当然产品或品牌熟悉性、消费者的认知经验、认知需求等因素也会影响消费者操作意图的感知,并进而会影响消费者的心理抗拒感。

(三)心理抗拒感的影响效应

当心理抗拒感被唤起时,消费者通常会采取一系列直接或间接的方式来应对所面临的威胁并努力恢复自身受威胁的自由(Quick and Stephenson,2007)。Clee 与 Wicklund (1980)、Brehm,J.W. 与 Brehm,S.S.(1981)、Quick(2005)等就研究发现,心理抗拒感会让消费者产生"回旋效应""相关回旋效应"和"替代回旋效应"等直接或间接行为反应,甚至会产生侵略性行为(Steindl and Jonas,2015)。此外,Burgoon et al.(2002)和 Miller et al.(2007)等研究还发现,心理抗拒感还会引起消费者对威胁源的敌意和贬损等;Levav 与 Zhu(2009)研究还发现当消费者在人员密集和空间狭小时也会感知到自由被侵犯,并会产生心理抗拒感,但他们会通过多样化寻求与独特的选择来自我表达,从而重申自己的自由。因此,当消费者产生心理抗拒感时,会产生多种行为反应。但通过对以往心理抗拒感相关文献进行梳理和总结发现,心理抗拒感不仅会产生这些行为反应,而且还会产生消极认知和愤怒情绪,并且它们会中介这些行为反应。

对于心理抗拒感引起的行为反应并无异议,但对于引起这些行为反应的中介机制却一直备受争议。Dillard 与 Shen(2005)、Quick 与 Stephenson(2007)、Kim et al.(2008)、Rains(2013)、Kim et al.(2015)等进行了深入的研究,改变了 Brehm(1966)、Brehm,J.W. 与 Brehm,S.S.(1981)等认为心理抗拒感属于单一维度结构并不可测量的认知,而认为心理抗拒感会产生消极认知和愤怒情绪,并且通过验证性因子分析认为二者的交织结构要明显优于独立结构(Dillard and Shen,2005;Rains,2013)。并由此而得出,心理抗拒感引起的消费者行为反应是通过消极认知与愤怒情绪交织作用的结果。但 Kim et al.(2014)等研究发现消极认知和负面情绪可能并不完全反映心理抗拒感的直接影响,Wendlandt 与 Schrader(2007)也认为,在实验室虚拟情境下通过愤怒情绪测量状态抗拒感的效果值得商榷。可见,心理抗拒感的心理反应较之于行为反应要复杂得多。未来的研究重点应该更多地去探清心理抗拒感的心理反应,因为它不仅反映了心理抗拒感的内在本质,而且它还决定着消费者的行为反应。

二、心理抗拒感理论的相关研究

心理抗拒感理论提出至今已有50余年,在社会心理学、认知心理学、临床医学、心理咨询与诊断、组织行为学和消费者行为学等领域都引发了广泛的影响,成为解释心理或行为悖反现象的重要理论(Steindl et al.,2015)。由于消费者行为领域也存在大量的悖反或博弈行为,因此心理抗拒感理论在消费者行为学领域也得到了广泛的应用和发展(Clee and Wicklund,1980)。进一步而言,由于产品稀缺或脱销等在一定程度上也限制或剥夺了消费者的选择自由,因此也会引起消费者的心理抗拒感,基于重申自由的考虑消费者也会要么增强评价和购买意愿,要么降低评价和寻求多样化,正因为如此,心理抗拒感理论已经成为产品稀缺效应的核心理论(Lynn,1991;Gupta,2013;Oruc,2015)。通过对以往相关文献进行梳理和总结,目前有关心理抗拒感理论的相关研究主要集中在两个方面,即心理抗拒感理论的完善研究和心理抗拒感理论的应用研究,前者研究中心理抗拒感的测量是重点,而后者研究中产品稀缺效应的解释是重点。

在心理抗拒感理论的完善研究中,主要集中在两个方面,一方面是心理抗拒感的影响因素,另一方面是心理抗拒感的检测量表,后者是重点。Lessne与Venkatesan(1989)、Miron与Brehm(2006)、Rains(2013)等就在总结性或元分析后发现,心理抗拒感的要素构成、主要类型、影响效应等基本得到认同,目前的研究主要是哪些因素会影响消费者的心理抗拒感,以及心理抗拒感如何得到有效测量?就心理抗拒感的影响因素而言,Hong et al.(1994)、Hellman与McMillin(1997)、Seibel与Dowd(2001)、Wheeler et al.(2007)、Kwon与Chung(2010)、Shen(2014)、Ng et al.(2015)等发现消费者的性别、年龄、自尊、人格障碍、自我消耗、内疚、同理心、产品卷入、威胁程度、信息框架、文化、群体边界等因素会影响消费者心理抗拒感的唤醒。例如Hong et al.(1994)就通过对1717名澳大利亚成年人进行调查发现,年龄会显著影响成年人的心理抗拒感,并且随着年龄的增长心理抗拒感的唤醒会下降,而性别并没有显著的影响,但性别与年龄的交互效应显著;Hellman与McMillin(1997)研究就发现自尊水平与心理抗拒感积极相关,即自尊水平越高越容易唤醒心理抗拒感;Jonas et al.(2009)、Graupmann et al.(2012)等研究发现心理抗拒感还会产生群际边界效应,即西方国家流行盛广的独立型自我概念者更敏感于群体内的自由威胁并更容易被其唤醒,而东方国家流行盛广的依存型自我概念者更敏感于群体间的自由威胁并更容易被其唤醒;Shen(2014)研究还发现威胁程度、信息框架与选项数量会影响消费者的心理抗拒感,威胁程度与损失框架会增强消费者的心理抗拒感,而选项数量与收益框架会降低消费者的心理抗拒感等。当然,不同的消费情境和不同类型的心理抗拒感存在不同的影响因素,并且其影响方向和强度也存在差异,Miron 与 Brehm(2006)、Sittenthaler et al. (2015)等也号召和鼓励对心理抗拒感的影响因素作进一步的研究,以增强对心理抗拒感理论的理解和应用。与心理抗拒感影响因素研究相比,心理抗拒感的测量量表研究则要聚焦得多。心理抗拒理论提出之初被认为是不可直接测量的(Brehm,J.W. and Brehm,S. S.,1981),只能通过间接测量反映心理抗拒感的存在,但后来的研究发现,无论是特质抗拒感还是状态抗拒感都可以直接测量,并开发出一系列的测量量表供选择使用。Merz (1983)首先在德国开发出18问项的心理抗拒感测量量表,用于检测心理抗拒感的四个因子,并到达可行的信效度标准;随后,Tucker 与 Byers(1987)将其翻译成英文进行美国样本检测,但只发现两个因子结构,而与此同时,Hong 与 Ostini(1989)利用澳大利亚样本开发的心理抗拒感量表却与 Merz(1983)一样发现了四因子结构,但二者存在统计差异和简约差异。为此,Hong 与 Page(1989)发展了一个14问项简约版"心理抗拒测量量表",该量表达到0.89的重测信度和0.77的 Cronbach' α信度。后来,Hong 与 Faedda(1996)利用更大规模的样本精炼了14问项简约版量表,形成了后来被广泛应用的11问项"心理抗拒感量表",但主要用于测量特质性心理抗拒感。Dillard 与 Shen(2005)在检测心理抗拒感的心理反应时发现了消极认知与愤怒情绪的交织模型,并以此为基础来检测个体的心理抗拒感,并在说服领域得到积极反馈和有效应用,但在其他领域效果不明显,受到质疑和挑战。尽管该测量在测量方法和测量内容等都存在质疑,但该测量还是为开发和检测状态心理抗拒感提供了重要基础。并且,Miron 与 Brehm(2006)认为"状态抗拒感是可以通过测量重申自由急迫性的主观感受(情绪)进行直接测量的"。Sittenthaler et al.(2015)综合借鉴"Hong 特质性心理抗拒感测量量表"和"消极认知与愤怒情绪交织心理抗拒感测量量表"开发和检测了"Salzburger 状态心理抗拒感量表(SSR Scale)",发现了由抗拒感体验、侵略性行为反应和消极态度构成的三因子结构,并且具有良好的汇聚效度和区分效度,从而为状态心理抗拒感测量提供了新的选择。可见,心理抗拒感由不可测量到可测量特质心理抗拒感再到可测量状态心理抗拒感,是一个由认识深化和应用需要驱动的渐进过程,心理抗拒感量表的开发不仅是对心理抗拒感本身的深化认识和心理抗拒感理论的重要完善,同时,对心理抗拒感理论的应用与发展具有重要的意义。

相比较于心理抗拒感理论的完善研究,心理抗拒感的应用研究则要广泛得多,包括健康、营销、传播、政治、教育、谈判、慈善等各个领域,尤其是在营销学及其消费者行为学领域为盛。例如在医疗健康领域,Graybar et al.(1989)、Fogarty(1997)、Seibel 与 Dowd (1999)、Fogarty 与 Jr(2000)、Ungar et al.(2015)等频繁地发现病人对遵医服药或治疗行为的心理抗拒感反应,并提出了各种干预措施降低或消除病人的抗拒感心理以增强治疗效果;在健康信息传播领域,Dillard 与 Shen(2005)、Miller et al.(2007)、Rains 与 Turner(2007)、Richards 与 Banas(2015)等研究发现信息框架、用语强度、修辞规范、沟通方式等都会影响健康信息接收者的心理抗拒感,例如损失框架、逼迫用语、使用短句、命令通知等方式更容易激起他们的心理抗拒感,甚至有的学者还专门针对健康信息说服开发出专用量表以检测其心理抗拒感程度;而在政治政策领域,Förg et al.(2007)、Traut-Mattausch et al.(2008)、Traut-Mattausch et al.(2011)、Laurin et al.(2012)、Sittenthaler et al.(2015)等也陆续发现改革措施、政令政策等也可能会引发市民们的心理抗拒感,因此应该考虑这些措施的合法性、沟通者(专业人员 vs.业余人员)、沟通方式(趋近 vs.规避)等因素,于公众有利的改革措施尽可能地降低市民的心理抗拒感等。而在消费者行为学领域尤其是在产品稀缺效应研究中,心理抗拒感理论是核心解释理论,不仅 Brehm 本人使用该理论解释产品选择的限制影响,而且后续研究也大多以该理论为理论基础。例如 Brehm et al.(1966)的实验研究发现当被试被告知可供试听的四张唱片中的一张在运输过程中丢失时,即使该唱片在原先的评价中仅位于第三,对丢失唱片的偏好也会显著提高。后来,Mazis et al.(1973)、West(1975)、Lessne(1987)、Quick(2005)、Nichols(2010)、Lee(2012)、Gupta(2013)、Imajo(2013)、Bertini(2017)等均以心理抗拒感理论为基础阐述了产品稀缺对消费者的影响,认为限制或禁止会增强消费者的产品评价和购买意愿,而当消费者感知到操作意图时会降低消费者的产品评价和购买意愿。正因为心理抗拒感理论解释产品稀缺效应的巨大影响力,商品理论的提出者 Brock 与 Mazzocco(2004)还专门比较了商品理论与心理抗拒感理论对产品稀缺效应的解释功效,认为在某些情况下心理抗拒感理论的解释力更强。其他人也对心理抗拒感影响产品稀缺效应的边界条件进行了研究,产品类型、消费者独特性需求、特质自尊、自我卷入、自我控制、认知资源、权力需要、控制需要、信息曝光频率、文化差异等相继被发现会对产品稀缺情境下心理抗拒感产生调节作用。例如 Gierl et al.(2001)等就研究发现具有更高独特性需求的消费者更容易对限量型稀缺产品产生心理抗拒感,从而增强其对产品的评价和购买意愿,而更低独特性需求对限时型稀缺产品更容易产生心理抗拒感,从而增强其对产品的评价和购买意愿;李东进等(2015)研究也发现认知资源会影响消费者对稀缺产品的心理抗拒感,心理抗拒感属认知资源依赖型,因此高认知资源或低认知负荷时消费者对脱销品的心理抗拒感更强,而低认知资源或高认知负荷时消费者对脱销品的心理抗拒感会减弱;Lee(2012)还研究发现时间压力、时间精确性、店铺灵活和奖励灵活性等会调节心理抗拒对产品稀缺效应的影响等。

当然,也并非所有人都认为心理抗拒感理论对产品稀缺效应具有如此的解释力,

Parker(2011)等就认为产品稀缺唤醒消费者心理抗拒感的可能性很低,因为稀缺不是品类间的稀缺而是品类内的稀缺,虽然稀缺但产品仍然可得,因此并不一定能够唤醒消费者的心理抗拒感。毫无疑问,这些质疑性观点也在一定程度上对心理抗拒感理论的解释功效构成了一定的挑战。同样,为了更全面地反映和了解心理抗拒感理论的相关研究,表3.4呈现了心理抗拒感理论的相关代表性文献。

表3.4 心理抗拒感理论相关研究的代表性文献

研究作者	研究内容	理论基础	中介变量	调节变量
Brehm(1966)	全面介绍了心理抗拒感理论的理论基础、结构维度、具体影响、重要意义等,是心理抗拒感理论的奠基之作。	心理抗拒感理论	—	—
Brehm et al. (1966)	通过两个实验研究发现被排除掉的选项更具有吸引力,并且进一步研究发现只有被试先前拥有选择自由时该效应才会发生。	心理抗拒感理论	心理抗拒感	先前拥有自由
Worchel 与 Brehm(1971)	通过两个实验研究了直接与内隐的自由重申,研究结果发现做二选一的选择自由威胁会唤起消费者的心理抗拒感、自由重申期望会被其他人的重申选择和重申程度所影响等。	心理抗拒感理论	重申自由期望	其他人的自由重申选择和重申程度
Clee 与 Wick lund(1980)	将心理抗拒感理论引入到消费者行为学领域,全面分析了消费者行为学领域存在的各种心理抗拒感现象,例如促销影响、操作性广告、产品不可得、政府管理等,以及可能存在的影响,并介绍了未来研究的方向。	心理抗拒感理论	—	—
Brehm 与 Brehm(1981)	重新基于自由与控制对心理抗拒感理论进行了修正与完善,包括心理抗拒感理论的理论基础、结构维度、社会影响等,从而使得整个心理抗拒感理论体系更完善。	心理抗拒感理论	—	—
Merz(1983)	在德国开发出第一个四因子18问项心理抗拒感测量量表,并达到符合标准的信效度,对后来心理抗拒感量表的开发起到了重要的作用。	心理抗拒感理论	—	—
Hong 与 Page (1989)	在澳大利亚开发出英文版的14问项心理抗拒感测量量表,从而为以后广为应用的 Hong 心理抗拒感量表开发与检验奠定了基础。	心理抗拒感理论	—	—
Lessne 与 Ven-katesan(1989)	对心理抗拒感理论在消费者行为学领域发展的过去、现在与未来进行了简要的总结。	心理抗拒感理论	—	—
Hong(1992)	对14问项的心理抗拒感量表进行了进一步的因子分析检验,增强量表的信效度。	心理抗拒感理论	—	—
Brehm(1993)	深入分析了控制及其损失对心理抗拒感的影响。	心理抗拒感理论	—	—

续表

研究作者	研究内容	理论基础	中介变量	调节变量
Hong 与 Faedda(1996)	在14问项心理抗拒感量表的基础上进一步精炼,开发了11问项的心理抗拒感测量量表,并进行了有效的检验,成为目前最具影响力的特质性心理抗拒感测量量表。	心理抗拒感理论	—	—
Edwards et al. (2002)	探索性地研究了互联网侵扰性POP广告对消费者心理抗拒感的影响,研究发现广告编辑一致性、广告信息性、广告愉悦性与消费者认知强度会影响广告侵扰性,并最终影响消费者广告烦恼情绪和广告规避行为。	心理抗拒感理论	广告侵扰性	—
Fitzsimons 与 Lehmann (2004)	利用心理抗拒感理论检验了消费者对销售推荐的影响,通过4个实验研究发现专业人员与中介人员的推荐效果存在差异,尤其适当推荐建议与消费者初始选择不一致时,消费者的心理抗拒感会被唤起,并进而导致推荐被忽略和故意反驳行为。	心理抗拒感理论	心理抗拒感	推荐支持性
Dillard 与 Shen (2005)	通过实验比较消极认知与愤怒情绪的四种组合后发现二者的交织模型较之于其他三种对消费者心理抗拒感的检测有更强的预测性,并据此提出了心理抗拒感的消极认知与愤怒情绪交织模型。	心理抗拒感理论	—	—
Miron 与 Brehm (2006)	对心理抗拒感理论的40年发展进行总结,全面回顾了心理抗拒感理论的结构维度、实证检验、社会影响和存在问题等,并提出了未来研究方向。	心理抗拒感理论	—	—
Levav 与 Zhu (2009)	基于心理抗拒感理论研究发现空间限制也会影响消费者的选择,实验结果表明感知到空间限制的消费者会通过多样化寻求与独特性选择降低心理抗拒感,而特质性心理抗拒感会起调节作用。	心理抗拒感理论	心理抗拒感	特质性心理抗拒感
Jonas et al. (2009)	通过4个实验研究了自我建构对心理抗拒感的影响及其跨文化差异,实验结果表明集体主义背景的消费者会敏感于群体自由被威胁而较少敏感于个人自由被威胁,而个人主义文化背景下的消费者则会反之,同时自我建构的操作性启动也得出了相同的研究结论。	心理抗拒感理论	—	文化背景
Shen(2010)	通过实验研究了信息诱发的同理心对说服的影响,研究结果表明信息诱发的同理心会减弱被试的心理抗拒感,并进而会增强说服效果。	心理抗拒感理论	心理抗拒感	—
Cho 与 Sands (2011)	作者调查研究了信息框架对青少年心理抗拒感的影响,研究结果发现损失框架较之于收益框架更容易引起消费者的心理抗拒感,其中介机制是愤怒情绪而非消极认知,进而会产生消极态度。	心理抗拒感理论	—	—
Lee(2012)	通过对产品稀缺效应中的心理抗拒感现象进行研究发现,四个实验研究结果发现时间压力、时间精确性、店铺灵活和奖励灵活性等会产生调节作用。	心理抗拒感理论	—	—

研究作者	研究内容	理论基础	中介变量	调节变量
Graupmann et al.(2012)	作者研究了自我建构对不同群体心理抗拒感的影响,3个实验研究结果发现独立型自我建构者更敏感于群体内的自由威胁,而依存型自我建构者敏感于群体间的自由威胁。	心理抗拒感理论	—	—
Rains(2013)	作者对心理抗拒感测量量表研究行了元分析,并以此为据对交织型心理抗拒测量量表进行了修改和完善,抗辩取代消极认知与愤怒情绪构成新的交织心理抗拒感测量量表,并认为新量表具有更好的数据匹配性。	心理抗拒感理论	—	—
Steindl et al.(2015)	对心理抗拒感的理论发展、主要研究、社会影响与存在问题进行了全面总结,例如心理抗拒感的量表开发、文化差异、替代性回旋效应、态度说服、启动策略等,并提出了一系列研究方向。	心理抗拒感理论	—	—
Rosenberg (2015)	研究发现了不确定性对消费者心理抗拒感的影响,即感知不确定会降低消费者对自由威胁的敏感性,并通过三个实验进行了有效检验。	心理抗拒感理论	—	—
Sittenthaler et al.(2015)	作者研究了自由限制的合法性对被试心理抗拒感的影响,研究发现合法与非法的自由限制都会让被试产生同样的心理抗拒感反应,但二者的差异在于非法产生的心理抗拒感反应是即时的,而合法产生的心理抗拒感反应是延时的。	心理抗拒感理论	抗拒体验行为意愿	—
Sittenthaler et al.(2015)	作者研究了不同文化背景下自我建构对内外群体替代性抗拒感的影响,实验研究结果表明依存型自我建构者仅对内群体限制产生更大的替代性抗拒,而独立型自我建构者对自我限制相较于他人限制会产生更大的抗拒感,该研究结果在文化差异情境(集体性vs.个人性)中也得到有效验证。	心理抗拒感理论	心理抗拒感	自我建构

第四章 产品稀缺诉求影响消费者购买意愿的研究假设

虽然产品稀缺诉求对消费者购买意愿的影响已经得到了广泛的关注和研究,但通过对以往相关研究文献和重要理论进行梳理和总结后研究发现,目前绝大多数研究集中于限量型或限时型产品稀缺诉求影响的研究,而且多数研究采用的是具有较大解释局限性的单一中介机制,本书将变换研究视角和改变研究方法,探索供应性或需求性产品稀缺诉求对消费者购买意愿的影响,并进一步探索其并列多重中介机制及其重要的调节机制。为此,本章将发展相关研究假设。

第一节 产品稀缺诉求影响消费者购买意愿的直接效应

一、产品稀缺诉求及其主要类型

Eisend(2008)、Aguirre-Rodriguez(2013)、Roy 与 Sharma(2015)、Mukherjee 与 Lee(2016)等研究发现,厂商经常使用含有产品稀缺信息的诉求策略诱导消费者加速购买,甚至为此支付溢价。产品稀缺诉求是指厂商采用某些途径或渠道向潜在消费者传播的某些产品或服务由于供应有限或需求过量造成产品可能难以得到的相关信息(Eisend,2008;Gierl and Huettl,2010)。经常被采用的途径或渠道既包括报纸、杂志、电视、广播、互联网等大众传播媒体,也包括限量版、奢侈品、脱销信息、货架货品数量、口碑传播等隐含传播方式,前者传播速度快、传播范围广、影响大,但商业目的明显,容易遭到消费者的抵触;而后者传播速度慢、传播范围有限,通常需要消费者一定程度的信息加工,但信息隐蔽性好,更容易赢得消费者的信任。而"产品难以得到"并非产品完全不可得,而是指获得产品或服务的难度较大,通常要求消费者尽快购买、需要支付溢价或者具有某些限定条件等。"产品难以得到"的原因既有可能是因为产品或服务供应有限也有可能是需求过量,或者兼而有之,"供应有限"的可能原因主要包括原材料有限、生产能力限制、厂商产量限制、政府政策限制等,而"需求过量"的可能原因主要包括价格下降、流行时尚、产品发现新用途、消费者投机性囤货等(Verhallen and Robben,1995)。厂商传播稀缺诉求的主要目的是加快产品销售、获取产品溢价、提升产品形象或赢得市场竞争等(Eisend,2008)。当然,产品稀缺诉求的传播效果并不仅仅取决于厂商的行为,更主要地取决于潜在消费者的反应,因为随着消费者消费经验的增加和说服知识的增强,消费者越来越对产品稀缺诉求产生"能动反应"(Friedstad and Wright,1994,1995)。

消费者之所以敏感于产品稀缺诉求,原因在于它能唤醒消费者的心理需求。Lynn(1991)、Schins(2014)、Oruc(2015)等通过对以往有关产品稀缺及其诉求文献进行元分析后发现,消费者的稀缺心理主要源于物质占有心理、独特性需求、竞争性心理、"精明者"心理等心理需求。(1)物质占有心理是指人们会通过占有更多的物质尤其是更多的独特产品满足自己生活安全、人际关系与社会身份等需要。Furby(1978、1991)、Klein 与 Baker(2004)等研究就发现,人们通常会积累更多的物质占有来增强生活的安全感和社会身份;Richins(1994)、Klein et al.(1995)等研究进一步发现人们会通过有选择性的物质占有表达自己的价值观,表征自我价值;而 Dittmar(2011)、Stojs 与 Tihana(2012)等更是通过实证研究发现商品是我们的身份标签——"我们是我们自己所购买的"。这种物质占有心理不仅仅具有社会性,而且具有自然性,Griskevicius et al.,(2012)等就发现对稀缺物质的占有心理部分源于"自然需求",幼时的物质缺失会增强对物质占有的"贪婪"。因此,物质占有心理是消费者追求稀缺产品的重要心理动因。(2)消费者独特性需求是指"消费者为了发展与增强自我形象和社会形象的目的而通过得到、使用和处理消费品等方式追求与他人不一样的特质"(Tian et al.,2001)。Syndr 和 Fromkin(1980)等研究发现人们出于自我概念的建构与自我形象的表征,会追求一定程度的差异化,以与他人相区别;而 Tian et al(2001)、Ruvio(2008)等研究进一步发现消费者会通过占有、使用或处置具有独特性的产品进行自我建构与自我延伸,因为该种方式是最有效、最安全的独特性表达途径。消费者独特性需求已经被 Brock(1968)、Lynn(1991)、Wu(2012)、Roy 与 Sharma(2015)等学者视为消费者敏感于产品稀缺诉求或偏好稀缺产品的主要动因,并在一系列实证研究中得到有效支持。(3)竞争性心理既是消费者的人格特质也是情境变量,它是指消费者"享受人际间的竞争并期待战胜和优于其他人"的心理(Spence and Helmreich,1983)。Mowen(2004)将竞争性视为重要的人格特质,更高竞争性的个体表现为更高的好胜欲望和更强的侵略性,而Nichols(2010,2012)、Aggrawal et al.(2011)、Nichiols与Flint(2013)等研究发现竞争性既属于人格特质又属于情境变量,环境也能诱发消费者的竞争性,例如稀缺产品就容易诱发消费者之间的竞争。Cialdini(2008)就认为对稀缺产品的竞争不仅仅是为了得到稀缺产品,而且也是为了满足消费者的竞争心理和成就动机。(4)"精明者"心理是指消费者在自我支持与成就动机驱动下通过赢得特殊产品或条件而显示自己优于他人的偏差心理。Schindler(1998)、Pechpeyrou(2013)、Bicen和Madhavaram(2013)等就研究发现消费者经常会通过能够获得难以得到的产品或优惠条件而表明自己是"精明购物者",是高自我效能的象征。而稀缺产品的赢得有时也能够成为消费者象征自己是"精明购物者"的重要证明。当然,以上4种心理或需求是消费者敏感于产品稀缺诉求或偏好稀缺产品的主要动机,这些动机并非一定是独立作用,有时会多种动机同时起作用,形成交织结构的综合动机机制。

当然,不同的产品稀缺诉求会唤醒消费者不同的动机,并产生不同的行为反应。例如Van Herpen er al.(2005,2009)、Gierl et al.(2008)等就研究发现,供应性产品稀缺诉求更容易唤醒消费者的"虚荣心理",并进而产生"虚荣效应(Snob Effect)",即消费者基于独占性或排他性心理,"当了解到其他消费者也有与自己想要的产品后感知到自己的需求会下降"的现象(Leibenstein,1950);而需求性产品稀缺诉求更容易引起"从众心理",并进而产生"从众效应(Bandwagon Effect)",即"当了解到其他消费者也有与自己想要的产品后感知到自己的需求会上升"的现象(Leibenstein,1950)。"虚荣心理"与"从众心理"或"虚荣心理"与"虚荣效应"是两种完全不同的心理或反应,并存在完全不同的作用机制与效用来源。二者的主要区别如表4.1所示。可见,不同稀缺原因的产品稀缺诉求会存在不同的影响机制与行为反应。目前限量型或限时型产品稀缺诉求已经获得了深入的研究,并取得了富有成效的研究成果(Cialdini,2008;Aggrawal et al.,2008;Soni et al.,2013);而与之相比,供应性或需求性产品稀缺诉求的研究却并不多,但营销实践却很普遍,为此,本书将主要研究供应性或需求性产品稀缺诉求的影响差异。

表4.1"虚荣效应"与"从众效应"的主要区别

项目	虚荣效应	从众效应
主要目标	与其他消费者相区别以创建自身的独特性 通过稀缺产品的占有获得与其他消费者不同的身份	与绝大多数消费者相联系 通过稀缺商品的占有赢得"社会成员"身份 避免潜在的损失(警惕)
效用来源	独特性或身份 源于对比的身份	流行性 源于同化的身份

资料来源:Martijn Schins. Influence of quantity scarcity and time restrictions on consumer preference and purchase intention. Unpublished master' thesis. Wageningen University.2014:22.略有改动。

供应性与需求性产品稀缺诉求的主要差异已经在第二章第一节进行了详细的对比，比较结果发现二者在稀缺原因、厂商可控性、产品差异性、感知风险、信息占优性和消费者推理等方面差异明显。例如，Ku et al.(2012)等研究发现，供应性产品稀缺诉求给消费者传递的是"独特性"信号，而需求性产品稀缺诉求则传递的是"流行性"信号；Van Herpen et al.(2005)等研究发现，供应性产品稀缺诉求容易产生"虚荣效应"，而需求性产品稀缺诉求容易产生"从众效应"等。在此就不再一一赘述。但 Gierl(2008)、Aguirre-Rodriguez(2013)等研究也发现，产品稀缺诉求的传播效果与促销效果不仅仅取决于产品稀缺诉求的类型及其特点，更重要的是取决于消费者对产品稀缺诉求的理解与反应。Aguirre-Rodriguez(2013)研究发现，对于供应性或需求性产品稀缺诉求，消费者都可能产生感知可信性与感知欺骗性，只是因消费者的消费偏好、线索利用、加工方式等反应的差异，导致消费者会产生不同的感知诊断性与行为反应。Soni(2013)、Soni 与 Koshy(2016)等研究也发现，有时消费者并不敏感于产品稀缺诉求差异，甚至有时无产品稀缺诉求的传播效果要优于任一产品稀缺诉求。因此，无论是学术研究还是营销实践都应充分考虑消费者的消费需求与认知反应，只有产品稀缺诉求与消费者认知模式相匹配才能达到最佳的传播效果(Evans and Clark,2012)。

二、产品稀缺诉求对消费者购买意愿的影响

Bettman 与 Zins(1977)、Hoch 与 Ha(1986)、Lurie 与 Srivastava(2005)等研究发现，消费者的选择不仅会受目标产品的价值与消费者的偏好影响，还会受到与产品相关信息的影响，例如广告、促销、口碑等，尤其是当消费者的偏好或承诺很低时这些因素的影响权重会更大。产品稀缺诉求作为影响消费者消费决策的重要线索(Eisend,2008)，自然也会对消费者的评价与购买意愿产生重要影响。已有研究发现，笔记本电脑、手机、闹钟、运动鞋、红酒、饮料、菜谱书等各种消费品只要被赋予其稀缺性，产品的价值评价与吸引力都会被影响，并进而产生积极或消极效应，甚至还会产生溢出效应。产品稀缺诉求对于消费者产品评价或购买意愿的影响，一方面源于消费者对稀缺产品的反应，另一方面源于消费者对稀缺信息的反应。就消费者对稀缺产品的反应而言，目前主要有三种解释，即独特性心理、认定昂贵心理和心理抗拒心理。Synder 和 Fromkin(1980)、Synder(1992)等认为，消费者之所以偏好稀缺产品，是因为消费者存在需要与他人适度相区别以建构自我概念和表征自我形象的心理需要，并且消费者会努力在求同与求异之间寻求最佳平衡(Brewer, 1991)，事实上 Brock(1968)的商品理论也存在该内隐解释，就目前而言，该解释仍然是对消费者追求稀缺产品现象最具解释功效的理论解释(Gupta,2013)；Lynn(1989,1991)基于 Brock(1968)的商品理论提出了"认定昂贵性"解释，他认为消费者之所以追求稀缺产品是因为稀缺产品价值更高,而价格更高的原因在于供应有限或生产或流通成本太高,因此基于朴素理论而认为稀缺产品会具有更高的价值,后来他还进一步认为,预期稀缺产品会把价格上涨作为"认定昂贵性"的补偿解释,"认定昂贵性"解释也得到了 Wu 与 Hsing (2006)、Wu et al.(2012)等一系列实证研究的支持;仅次于Brock(1968)的商品理论解释功效的是心理抗拒感理论,Brehm(1966)、Brehm,J.W. 与 Brehm,S.S.(1981)等人认为稀缺产品限制了消费者的选择自由,基于维护或重申自由的目的消费者会产生"越限制越购买"的心理抗拒反应,并且也得到了 Brehm et al.(1966)等后续实证研究的有效支持,但该研究解释也引起了严重的质疑。此外,还有其他的理论对稀缺效应做出了积极的解释。例如 Van Herpen et al.(2005)、Van Herpen et al.(2009)、Gierl 与 Huetll(2010)等提出消费者追求稀缺产品是因为"炫耀性消费"而产生的"虚荣效应",Sevilla(2013)、Sevilla 与 Redden (2014)等认为消费者是出于避免饱厌感而追求稀缺产品,Roy(2016)等认为消费者会出于良性的嫉妒而产生对稀缺产品的追求等等。之所以出现多种解释,原因是各学者研究的视角和层次差异所致,同时也说明消费者产生稀缺效应的复杂性。综合而言,商品理论和心理抗拒感理论目前是最具解释力和应用广泛性的解释理论,并且商品理论的解释功效要优于心理抗拒感理论。而就消费者对稀缺信息的反应而言,目前的解释主要有两种,一种是Cialdini(1985,1993,2001,2008)等提出并一直坚持的"启发式"解释,该解释理论认为消费者之所以对稀缺信息敏感,是因为稀缺信息更容易唤起消费者的注意,并且消费者存在"稀缺等于高质量或高价值"的朴素理论,正因为如此,消费者会进行启发式加工,而且 Cialdini 将稀缺性视为影响消费者行为的六大重要策略之一;另一种是 Ditto 和 Jemmott(1989)、Brannon 与 Brock(2010)等提出的"认知加工"解释,认为稀缺信息会引起消费者的深度认知加工,而非直觉式的启发式加工,并且通过操作消费者的认知资源或认知负荷得到实证研究支持,即当消费者具有高认知资源或低认知负荷时消费者更偏好稀缺产品,而当消费者具有低认知资源或高认知负荷时消费者会减弱对稀缺产品的偏好。当然,也还存在对稀缺信息其他的加工解释,例如 Lee et al.(2016)就提出情感会影响消费者对稀缺信息的加工,Sang et al.(2014)、李东进等(2016)等提出元认知即感知流畅性会影响消费者对稀缺或脱销信息的影响等。尽管这些解释都存在合理性,但"启发式"解释与"认知加工"解释的影响力更强,并且综合而言,"启发式"解释要优于"认知加工"解释,因为无论是现象观察还是实证研究都支持消费者在面对稀缺信息时更容易产生启发式加工。这是就稀缺产品和稀缺信息加工对消费者产品评价或购买意愿的直接影响的解释而言,当然,各位学者也认为,产品稀缺诉求或信息对消费者的影响会受多种调节因素的影响,例如消费者独特性需求、认知资源或认知负荷、认知需求或认知闭合、调节聚焦、自我监控等,这些调节影响有时甚至会起决定性的作用。

从以上的解释理论和调节因素也可以看出,产品稀缺诉求对消费者购买意愿的影响是很复杂的。通过对以往相关研究的梳理和总结,本书从并列多重中介机制系统地研究产品稀缺诉求对消费者购买意愿的影响。毫无疑问,产品稀缺诉求会引起消费者的稀缺性感知,这种稀缺性感知会让消费者一方面产生心理所有权,并进而影响消费者的购买意愿,另一方面会让消费者产生心理抗拒感,而心理抗拒感会降低消费者的购买意愿;同时,产品稀缺诉求也会引起消费者对产品稀缺诉求背后动机的怀疑和加工,即产生感知欺骗性,这种感知欺骗性会让消费者一方面产生心理抗拒感,并进而降低消费者的购买意愿,另一方面也会影响消费者的心理所有权,并最终影响消费者的购买意愿。可见,产品稀缺诉求对消费者购买意愿的影响既会受到消费者对产品稀缺诉求信息的直接影响,也会受到消费者对产品稀缺诉求背后动机加工的间接影响,并且二者的影响会进一步影响消费者的心理反应和行为反应。

虽然 Lynn(1992)、Deval et al.(2013)等研究认为消费者普遍存在朴素的经济理论,例如如果供不应求商品价格会上涨,而如果供过于求商品价格会下降,但消费者也会对接收到的信息进行双面加工,甚至会导致同一信息不同的认知反应和消费选择。由于说服知识的存在,消费者一方面会加工产品稀缺诉求的显性信息,另一方面也会加工产品稀缺诉求动机的隐性信息,显性信息与隐性信息加工的顺序和加工深度将会影响消费者的认知判断和情绪反应,并进而会影响消费者的消费意愿。同时,Briñol 与 Petty (2003)、BriñoL 与 DeMarree(2012)、Petty(2013)等研究发现,消费者存在自我确证(Self-validation)的元认知,即对"认知的认知",因此会对显性信息背后的隐性信息再加工,从而形成结构化、动态化的综合性认知。但几乎所有的双重加工理论,无论是经验与理性(Epstein,1994)、基于联系与基于规则(Sloman,1996)、启发式与系统式(petty and Cacioppo,1980)和情感与认知(Shiv and Fedorikhin,1999)还是期望与意志(hoch and Loewenstein,1991)、直觉式与分析式(Petty and Cacioppo,1983)、中心线路与边缘线路(Petty and Chaiken,1986)和情绪与理由(pham,2004)以及冷系统与热系统(Metcalfe and Mischel,1999),均认为显性信息加工会优先于隐性信息加工,即面对产品稀缺诉求时消费者首先会产生的是产品稀缺性而非感知欺骗性,因为稀缺性较之于欺骗性更具有显性,处于优先加工序位。这种加工序列模式的结果是感知稀缺性较之于感知欺骗性在信息加工初始阶段对消费者认知判断产生占优性。当然随着产品稀缺诉求信息加工的深入,感知欺骗性诊断性的影响权重会增加,如果消费者经过信息加工后没有发现欺骗性,那么会增强购买意愿;而如果消费者感知到较大的欺骗性时,消费者的购买意愿会显著降低。并且由 Kahneman 与 Thaler(1991)

的损失厌恶理论可知,损失的痛感会大于同等收益的痛感,因此会导致消费者对损失信息更为敏感,正因为如此,消费者的感知欺骗性的影响功效要大于感知稀缺性,即感知欺骗性在消费者购买意愿的影响要优于感知稀缺性。由此可见,消费者对于产品稀缺诉求的信息加工存在结构化与动态性特征。

当然,Maheswaran 与 Chaiken(1991)也研究发现,消费者可能在低动机的情况下进行系统式加工,即当任务重要性很低但接收的信息不一致时,Suri 等(2007)基于此发现消费者在低动机下可能会对稀缺信息下价格与质量之间的推断进行系统式加工,而在高动机下可能会进行启发式加工,原因是稀缺信息会唤醒消费者的"唤醒",而唤醒会抑制消费者的信息加工能力。但尽管如此,综合以往有关稀缺信息加工而言,可以推断得出当消费者在面对产品稀缺诉求信息时,如果消费者存在较低的加工动机,倾向于进行启发式加工或走边缘路线,那么感知稀缺性会优于感知欺骗性,从而产生心理所有权,并进而增强消费者的购买意愿;而如果消费者存在较高的加工动机,倾向于直接启动系统式加工或走中心路线,那么感知欺骗性会优于感知稀缺性,从而产生心理抗拒感,并进而减弱消费者的购买意愿。据此,本研究假设:

H_1:产品稀缺诉求会对消费者购买意愿产生影响,但影响的结果存在不确定性。

H_{1a}:如果消费者面对产品稀缺诉求信息时感知稀缺性占优于感知欺骗性时,会增强消费者的购买意愿;

H_{1b}:如果消费者面对产品稀缺诉求信息时感知欺骗性占优于感知稀缺性时,会减弱消费者的购买意愿。

第二节　产品稀缺诉求影响消费者购买意愿的中介效应

虽然已有以往研究发现心理抗拒感(Brehm et al.1966;Verhallen,1982)、认定昂贵性(Lynn,1989,1992)、预期后悔(Swain et al.,2006;Gupta,2013)、感知价值(Wu and Hsing,2006;Wu et al.,2012)、感知付出(Wu et al.,2012)、感知独特性(Wu and Hsing,2006;Wu et al.,2012)、感知竞争性(Nichols,2010;Aggrawal et al.,2011,)、心理饱厌感(Sevilla,2013)、感知流行性(Parker,1991;Castro et al.,2014)、嫉妒(Roy et al.2015)等会中介稀缺产品信息中消费者对稀缺产品评价或购买意愿的影响,但已有研究的最大缺陷主要存在两个方面,一是严重忽略了消费者对产品稀缺诉求信息传播动机的怀疑和信息加工,仅有 Aguirre-Rodriguez(2013)、Lee et al.(2014)、Lee(2016)等进行了简单研究,因为消费者已经不

是稀缺信息的被动接受者,而是信息的主动加工者(Petty and Chaiken,1988;Friedstad and Wright,1994,1995),忽略消费者对信息加工的"能动性"是不客观的,也是不深入的;另一方面是目前绝大多数的研究局限于单一视角或中介机制的研究,仅有 Wu(2009)、Wu et al(2012)等少数学者进行了综合机制的探寻,明显存在结构性缺陷,因此有待更具有解释力的结构性研究。正是基于此,本研究将从感知稀缺性与感知欺骗性双视角探寻产品稀缺诉求对消费者购买意愿的影响。

一、产品稀缺诉求对感知稀缺性的影响

无论是报纸、杂志、电视、广播、网络等显性产品稀缺诉求还是炫耀品、限量版、货架货品量、产品展示、购物篮大小等隐性产品稀缺诉求,给消费者传递的直接信息是"产品存在数量短缺",即会让消费者产生感知稀缺性。Cialdini(1985)、Lynn(1991)、Wu et al.(2012)、Gupta(2013)、Oruc(2015)等均认为,感知稀缺性(Perceived Scarcity,PS)是指消费者对被厂家或商家提供的某种商品类型或数量感觉短缺的主观感知。它不同于客观稀缺性,客观稀缺性是指由于供应相对于需求而言确实存在数量不足,它是由于资源限制、产能有限、政府管制等原因造成,属于自然性稀缺(Verhallen,1982;Verhallen and Robben,1994);而感知稀缺性是指消费者对产品供求的主观感知,它不仅受客观供求及其信息的影响,而且还受消费者的个性特质、知识、加工动机或能力等因素的影响,甚至会受同伴、销售人员态度等情境因素的影响,因此属于社会性稀缺(Verhallen,1982;Verhallen and Robben,1994)。综合而言,客观性稀缺是感知稀缺性的重要线索,可能会造成消费者感知稀缺性,但并不是唯一因素,即使客观上并不稀缺的产品也可能会因为消费者自身因素或情境因素而导致其感知稀缺性,当然也有可能客观存在稀缺性的产品难以让某些消费者感知稀缺性。在对消费者产品评价或购买意愿中,消费者感知稀缺性的影响权重要远远大于客观稀缺性。

已有研究表明,感知到产品稀缺性的消费者会直接影响到消费者的认知加工,并进而影响消费者的产品评价与购买意愿(Wu et al.,2012),甚至会诱发冲动性购买或囤货行为(Gupta,2013;Lee et al.,2016),乃至极化反应(Teman,2007;Dai,2008;Zhu and Ratner,2015)。Van Herpen 与 Zenlenberg(2007)、Ku et al.(2012)、Steinhart et al.(2014)、Wu 与 Lee(2016)等就研究发现,稀缺信息会让消费者做"流行性"或"独特性"推理,甚至还会产生心理投射(Irmark et al.,2010),产生感知相似性或差异性。但目前的研究正如前文所言,稀缺信息对消费者感知稀缺性的认知加工存在严重分歧,Cialdini(1985,1993)、Lynn(1991)等认为稀缺会让消费者产生直觉式的启发式加工,走"心理捷径",稀缺意味着"高质量"或"高价值";而 Ditto 与 Jemmott(1989)、Inman et al.(1997)、Brannon 与 Brock(2001)等认为

稀缺信息会诱发消费者的认知加工,增加消费者的加工深度。目前有一些研究正在试图调和二者之间的矛盾和冲突,例如 Suri et al.(2007)、Sehnert et al.(2014)等研究认为,稀缺信息是诱发消费者的启发式加工还是系统式加工一方面取决于消费者的认知动机、能力与机会,另一方面取决于信息的一致性、相关性和重要性,Suri et al.(2007)研究发现认知动机会调节消费者对稀缺信息认知加工的选择,有时消费者处于较低认知动机时也会产生系统式的加工,而有时消费者处于较高认知动机时也会产生启发式的加工,稀缺信息与认知图示不一致所产生的唤醒会影响消费者的注意和认知能力。此外,消费者的独特性需求(Tian et al.,2001;Ruvio,2001)、自恋程度(Lee and Seidle,2012)、Roy 与 Sharma(2015)、情绪(Lee et al.,2016)等在一定程度上都会影响消费者的认知加工方式的选择。综合而言,稀缺信息加工的权变论更加契合消费者的稀缺反应,即消费者会依据消费情境选择与之相应的稀缺信息加工方式,例如 Ku et al.(2013)就研究发现产品类型(享乐品 vs.实用品)和消费者特质(高自我监控 vs.低自我建构)会影响消费者的稀缺认知反应和消费选择。

Verhallen(1982)、Verhallen 与 Robben(1994)、Gierl et al.(2008)等研究认为,不同类型的产品稀缺诉求会引起消费者不同的认知判断,其中产品稀缺诉求告知的稀缺原因影响最为直接和显著。前已所述,产品稀缺的原因主要分为两类,一类是因供应有限导致的产品稀缺,例如炫耀品、限量版等;另一类是因需求过量导致的产品稀缺,例如抢购潮、购物季等。由于二者稀缺的原因有别,消费者的反应也各异。Corneo et al.(1997)、Van Herpen et al.(2005,2009)等研究发现,因供应性有限导致的产品稀缺容易让消费者产生“虚荣效应”,而因过量需求导致的产品稀缺容易让消费者产生“从众效应”。Van Herpen et al.(2007)、Ku et al.(2012)、Wu 与 Lee(2016)等解释认为,这是因为供应性产品稀缺诉求容易被消费者视为“独特性”线索,而需求性稀缺诉求容易被消费者视为“流行性”线索。具体而言,因为供应有限,意味着能够得到产品的消费者数量有限,并且预期未来可得性也很低,更有利于消费者自我概念建构和自我形象表达,因为已有研究发现“产品是消费者建构身份的有效工具”(Tian et al.,2001;Štojs and Tihana,2012);而需求过量,意味着能够得到产品的消费者数量很多,并且预期未来可得性也很多,更有利于消费者追求趋同心理和降低风险压力,因为“其他消费者也购买了即是最好的解释理由”(Ge et al.,2009)。Ku et al.(2012)也研究发现,供应性稀缺产品更容易满足促进性聚焦者追求新奇、冒险、差异等心理,而需求性稀缺产品更容易满足预防聚焦者追求趋同、稳重、责任等心理。Berger 与 Heath(2007)、Chan et al.(2012)等更深一步地解释是不同稀缺原因的产品会影响消费者的心理距离与社会认同,供应性稀缺产品有利于消费者独立身份建构,但也拉大了消费者与参照群体之间的心理距离;而需求性稀缺产品更有利于消费者赢得参照群体的社会认同,但也牺牲了自我概念与自我形象。综合而言,供应性产品稀缺诉求较之于需求性产品稀缺诉求更容易引起消费者的感知稀缺性。据此,本研究假设:

H₂:产品稀缺诉求会促发消费者的感知稀缺性,并且供应性产品稀缺诉求较之于需求性产品稀缺诉求更容易促发消费者更大的感知稀缺性。

二、感知稀缺性对心理所有权的影响

心理所有权是"个体对包括物质或非物质的目标物或目标物的一部分感觉到是自己的一种心理状态。"正如员工会对组织产生心理所有权一样(Pierce et al,2001,2003),消费者也会对拥有物品或目标物品产生心理所有权(Jussila et al.,2015)。Pierce et al.(2001,2003)等研究已经表明,个体不仅可能会对他或她已经拥有的物品产生心理所有权,而且对并未实际占有的物品也可能产生心理所有权,甚至包括自己的身体部位、语言文字、居住地域、民族文化等都可能产生心理所有权。当然,个体也可能对实际占有的产品并没有产生心理所有权。可见,心理所有权与正式所有权或法律所有权并不一致,至于二者的区别前面已做比较,不再赘述。已有研究表明,消费者可能会对触摸产品(Peck and Shu,2009)、心理意象(Kamleitner and Feuchtl,2015)、现金支付(Kamleitner and Erki,2012)、品牌连锁(Hou and Wu,2008)、酒店住宿(Asatryan and Oh,2008)、购买产品延保(Lessard-Bonaventure and Chebat,2015)、共创产品(Baxter et al,2015)、所使用的技术(Kirks et al.,2015)等产生心理所有权。消费者之所以会对拥有目标或非目标物品产生心理所有权,一方面源于消费者的物质占有和控制欲望,具有自然性,物质占有理论认为更多的物质占有能够有效的满足个体的心理安全与控制需要;另一方面在于心理所有权的结构维度,即归属感、认同感和效能感,更多的具有社会性,强调"心理所有之物"更加有利于自我概念的建构和自我或社会形象的表征。尽管Sen和Johnson(1997)认为消费者也会对并未实际占有的物品产生"心理所有感",即所谓的"纯粹心理所有权效应",但目前的研究并没有人探索消费者也会对稀缺产品产生心理所有权,更没有人探索不同类型稀缺产品的心理所有权差异。

事实上,消费者也会对稀缺产品产生心理所有权,原因在于稀缺产品能够满足心理所有权的所有构成要件。前已所述,实际占有并不是心理所有权形成的必要条件,因为Sen与Johnson(1997)已经提出存在"纯粹所有权效应"。而Pierce et al.(2001,2003)的心理所有权理论认为,心理所有权由归属感、认同感和效能感等三个维度构成,并可以通过施加控制、增进熟悉和增加投资等三条途径产生或增强心理所有权。其中,归属感强调给目标物"安一个家(Have a home)",实质上是让目标物品"适得其所",稀缺物品更容易让消费者产生"心仪感"和"怜惜感",更容易唤起消费者的占有感和保护欲,因此容易让消费者对其产生归属感;认同感是指个体对目标物的价值与意义的肯定,尤其是强调目标物的社会意义,能够有效成为自我概念与自我形象的重要表征,而稀缺物品相对于普通物品而言更为稀缺,能够积极地建构自我与表征自我形象或社会形象,因此稀缺产品更容易让消费者产生认同感;效能感是指相信自己有能力完成某一事项的自信程度,任务难度和状态评估是影响个体自我效能感的两大决定因素,稀缺产品相对于普通物品而言更难以获得,或者需要支付更高的成本,因此稀缺物品的获取往往成为高自我效能的重要象征。由此可见,稀缺产品满足心理所有权的所有条件。实践也表明,稀缺产品更容易受到消费者的青睐和追捧,甚至也更愿意保存。因此,感知稀缺性容易让消费者对稀缺产品产生心理所有权。

但不同稀缺产品所形成的心理所有权存在程度差异,主要原因在于稀缺成因蕴含着不同的含义。供应性产品稀缺诉求强调产品供应有限,只有少数人能够幸运得到,产品容易成为高独特性和高效能感的象征,甚至成为财富、地位和权力的象征(Gierl and Huetll,2010),通过获得这样的产品不仅能够建构自我和表征形象,而且更容易赢得尊重和自信,因此容易让消费者产生更高的心理所有权;而与之相反,需求性产品稀缺诉求强调产品需求过量,是由于需求众多导致供应不足,不仅意味着得到者众多,而且能够预期未来将有更多的消费者得到,往往成为大众化和流行性的象征,虽然有利于群体融入和社会认同,但不利于自我概念建构与自我形象表征,甚至有时候会成为自我强迫或自我丧失的象征,因此相对而言更难以让消费者产生心理所有权。应该强调的是,在西方文化世界中,自我概念是至关重要的,是独立人格的绝对核心和重要体现(Markus and Wurf,2003)。自我概念(Self-concept)即是"一个人对自身存在的体验",它是一个有机的认知结构,由态度、情感、信仰和价值观等构成,贯穿整个经验和行动,并把个体表现出来的各种习惯、能力、观点和思想等组织起来(Shavelson et al.,1976;Marsh and Shavelson,1985)。它不仅是独立人格的核心主轴,也是自己与他人相互区别的重要标志。Sirgy与Hall(1982)认为,消费活动既是消费者自我概念的重要积淀,即建构自我概念的源泉与养料,也是它的重要体现,向自己或他人表征自我完整人格和独立形象。正因为如此,供应性稀缺产品更容易契合消费者建构自我概念与表征自我形象的需要,因此更容易让消费者产生更高的心理所有权。据此,本研究假设:

H_3:感知稀缺性会对消费者心理所有权产生积极影响。

三、感知稀缺性对心理抗拒感的影响

心理抗拒感是指"人们往往相信自己拥有某些具体的行为或选择自由并珍惜这种自由,而当这种自由被剥夺或面临威胁时,个体就会产生一种旨在恢复被剥夺或受威胁自由的厌恶性动机状态"(Brehm and Brehm,1981)。自由、自由威胁、抗拒与重申自由是其四大核心要素(Brehm,1966),而不利认知和愤怒情绪是其重要消极影响(Dillard与Shen,2005;Quick与Stephenson,2007),并且二者可能相互交织(Kim et al.,2013)。已有研究表明,产品稀缺诉求信息会诱发消费者的心理抗拒感(Vahellen,1982;Gupta,2013;李东进等,2016),但对于消费者的具体反应却得出了不同的结论。目前的分歧主要存在三种理解差异,由于心理抗拒感存在三种类型,即感知侵扰性、感知限制性和感知操作意图(Quick,2008),一种理解是产品稀缺诉求信息会产生侵扰性,影响消费者的正常决策进程,由此导致消费者的心理抗拒感,从而降低消费者的购买意愿;另一种是产品稀缺诉求信息让消费者感知到产品的限制性,如果不及时购买将错失购买机会,由此导致消费者的心理抗拒感,结果既有可能因限制而感知吸引力从而增强购买意愿,也有可能因限制而感知社会排斥从而降低购买意愿;还有一种是消费者对产品稀缺诉求操作意图进行猜测和怀疑,认为广告存在误导自己的嫌疑,从而产生心理抗拒感,进而降低消费者的购买意愿。就此处的感知稀缺性而言,主要是第二种,即感知产品稀缺诉求的限制性对消费者心理抗拒感的影响。

Brehm et al.(1966)、Mazis et al.(1973)、李东进等(2016)等研究发现,当被剔除掉一个选项后该选项的感知吸引力会因心理抗拒感会增强,稀缺的产品会因难以得到而产生心理抗拒感,并最终增强产品评价和购买意愿。当然,人们也认为,心理抗拒感的产生还存在两个重要前提,即消费者选择自由很重要和他们能够有机会重申自由(Quick,2008),不重要的自由或者没有重申机会的自由难以引起消费者的心理抗拒感。但就本书而言,这两个前提条件是有保障的,即消费者认为自由重要且拥有重申自由的机会,因为在绝大多数消费情境中消费者的自由消费权是受法律保护的。当消费者感知到限制性时,消费者之所以会产生心理抗拒感从而增强感知吸引力,主要因为三个方面,即产品价值的评估、个人自由的尊重和消费情绪的唤醒。就产品价值的评估而言,在存在无明显偏好或模糊消费情境中,消费者往往更加依赖外在线索评价产品或建构偏好(Betman and Zins,1977;More et al.1979;Betman et al.,1998),并且自我产生的论据或情绪影响权重更大(Feldman and Lynch,1989),因此稀缺线索容易成为消费者判断产品质量好坏或价值高低的重要外部线索,因稀缺产品更容易建构自我概念和表征自我形象,因此更具有吸引力,并由此而产生心理抗拒感;就个人自由的尊重而言,个人自由既是独立人格的重要基础,也是消费

公平的重要体现(Clee and Wicklund,1980),当消费者感知到稀缺性时,往往会觉得自己的消费自由或消费公平受到严重侵犯,因此会产生"非买不可"心理,以便重申自由,甚至成为高自尊或高自我效能的自我证明;而就消费情绪的唤醒而言,由于情绪是热启动(Metcalfe and Mischel,1999),更容易被外部不一致信息唤醒,Eyres(1974)就研究发现暗含自由威胁的信息容易唤醒消费者的心理抗拒感,而唤醒会在一定程度上阻碍消费者的认知加工(Berlynes,1960;Mandler,1982),容易导致消费者产生"喜欢的越喜欢、厌恶的越厌恶"的极化反应(Zhu and Ratner,2015),而感知稀缺性容易促发消费者的心理唤醒,由情绪支配判断,从而导致心理抗拒感。正因为如此,感知稀缺性会积极影响消费者的心理抗拒感。据此,本研究假设:

　　H_4:感知稀缺性会对消费者心理抗拒感产生积极影响。

四、心理所有权对消费者购买意愿的影响

购买意愿是指消费者愿意采取特定购买行为的概率高低(Fishben and Ajzen,1975),它已经成为反映消费者真实购买行为最可靠的预测指标(Morrison,1979)。虽然有学者质疑购买意愿对真实购买行为的反映性(Clawson,1971),甚至还会产生纯粹测量效应,即测量消费者的购买意愿会影响到消费者的真实购买行为(Morwitz and Fitzsimons,2004),但无论是理性行为理论(Ajzen and Fishben,1975,1980)还是计划行为理论(Ajzen,1988,1991)均认为,购买意愿是测量和预测消费者真实购买行为最有效的指标。虽然决定消费者购买意愿的因素包括行为态度、主观规范和感知行为控制等,但绝大多数研究者认为购买意愿是单个维度指标,因此经常只能采用购买兴趣(Interest)、购买可能性(Possibility)、购买明确性(Definity)、购买积极性(Positivity)等含义相近的问项重复测量。心理所有权通常会对消费者的购买意愿产生积极影响。Yeung(2012)、Chatterjee et al.(2013)、Kamleitner 与 Feuchtl(2015)等研究均发现心理所有权对购买意愿的积极影响,甚至还发现心理所有权的溢价效应和禀赋效应等。

心理所有权之所以会增强消费者的购买意愿原因在于:(1)心理所有权会让消费者与目标产品之间形成积极的情感纽带——心理依附(Kamleitner and Feuchtl,2015),例如选项依附、品牌依附等,而心理依附会增强消费者的购买意愿,甚至是支付意愿;(2)心理所有权会让消费者对稀缺产品产生更高的产品评价(Yeung,2012),其内在机制可能在于自我服务偏差或自我支持性,而感知价值已经被广泛证明与消费者购买意愿成正相关关系(Wu et al.,2012);(3)心理所有权会让消费者对稀缺产品产生"心理禀赋",损失厌恶心理会增强消费者的购买意愿(Chatterjee et al.,2013),甚至会增强支付意愿,因为他或她将稀缺产品的预期损失视为"自我威胁";(4)消费者的购买决策有时并非基于收益最大化,也

非损失最小化,而是后悔最小化(Zeenlenberg et al.,1996),稀缺产品会让消费者产生预期行动后悔最小化或预期不行动后悔最大化(Abendroth and Diehl,2006;Gupta,2013),因此会增强消费者的购买意愿。因此,本研究假设:

H_5:心理所有权会对消费者购买意愿产生积极影响。

五、产品稀缺诉求对感知欺骗性的影响

Calfee 与 Rigold(1988)、Ford et al.(1990)、Diel et al.(2010)等研究发现,消费者经常会对所呈现的广告信息的真实性产生怀疑,并会影响消费者的广告态度和产品评价;Friedstad 与 Wright(1994,1995)、Isaac 与 Grayson(2017)等研究进一步发现,消费者不仅会产生怀疑,而且还会产生说服知识,以应对广告的欺骗性。而 Lee(2012)、Aguirre-Rodriguez(2013)、Lee et al.(2016)等研究发现,产品稀缺诉求广告不仅会引起消费者的怀疑,而且会唤醒消费者的感知欺骗性。感知欺骗性(Perceived Deception,PD)是指消费者相信厂家或商家有操纵信息内容或形式从而引诱消费者做出认知或行为改变的主观认知与心理判断(Riquelme and Roma'n,2004)。感知欺骗性并不一定是厂家或商家有意设计或操纵,也并不一定所有的消费者都会感知到(Compeau et al.,2004;Grazioli,2004;Xie and Boush,2011)因此欺骗性本身并不一定真实存在,而是消费者对具体消费环境和特定广告诉求欺骗性的主观感知。已有研究表明消费者的感知欺骗性一方面源于广告信息呈现的内容或形式,公开或隐含存在着虚假、欺骗的广告信息会让消费者很容易感知到欺骗性(Burke et al.,1988;Ingram et al.,2005;Roma'n and Ruiz,2005;Ramsey et al.,2007);另一方面源于消费者的个人特质、消费经验、专业知识等,例如欺骗性敏感度高或消费经验较少的消费者更容易感知到欺骗性(Fugita,Hogrebe and Wexley,1980;Grazioli and Jarvenpaa,2000;Grazioli 2004;Mitra et al.,2008;Roma'n,2014)。但研究发现无论是源于广告信息还是消费者的感知欺骗性,都会给消费者的信念、认知、情绪、态度和行为带来重要影响(Roma'n,2007;Roma'n and Cuestas,2008;Roma'n,2010),而且主要是消极影响(Darke and Ritchie,2007;Roma'n and Cuestas,2008;Darke et al.,2010),甚至还会产生溢出效应,即消费者不仅不相信广告企业的所有广告,甚至不相信生产该产品的整个行业。例如,Chaouachi 与 Rached(2012)研究就发现当消费者感知到欺骗性时会产生生气、失望、沮丧、愤怒等负面情绪;Roma'n(2010)研究同时发现感知欺骗性会对消费者在线消费的满意和忠诚行为产生负向影响;Darke 和 Ritchie(2007)研究还发现当消费者感知欺骗性时会产生心理成见或刻板印象,会将欺骗性溢出到同一企业或品牌的其他产品,甚至会扩散到生产相同产品的其他企业或品牌。

Chaiken et al.(1997)、Darke et al.(1998)等的信息加工理论认为,个体在进行信息加

工时存在两种动机或两条路径,即精确性动机与防御性动机或中心路线与辅助路线,精确性动机或中心路线强调加工信息的真实性或精确性;防御性动机或辅助路线强调加工信息的偏差性或防伪性。这两条路径不是截然对立的,而是相互印证的。并且他们进一步研究发现,通常情况下,个体是以精确性动机为主、防御性动机为辅的信息加工模式,但有时也会以防御性动机为主、精确性动机为辅的信息加工模式,具体模式取决于个体偏好和加工情境。Darke 与 Ritchie(2007)、Kirmani 与 Zhu(2007)在研究消费者的广告信息加工时发现,消费者出于自利动机往往会赋予防御性动机更多的加工资源和影响权重,因为损失厌恶心理会让消费者的损失痛感超过同等收益的愉悦。正因为如此,产品稀缺诉求作为重要的诱导性信息,更容易唤起消费者的防御性动机,从而引起他们对广告操作意图的感知(Lee and Mukherjee,2012;Lee,2012;Lee et al.,2016)。因此,产品稀缺诉求会引起消费者的感知欺骗性。

同感知稀缺性一样,消费者对不同广告稀缺诉求感知欺骗性加工存在程度差异,并且由于感知欺骗性涉及潜在损失,而感知稀缺性仅涉及可能收益,感知欺骗性的信息加工深度要强于感知稀缺性。例如,Darke et al.(2007)、Ku et al.(2012)等就研究发现,感知稀缺性信息加工更多地倾向于启发式加工,而感知欺骗性信息加工更多地倾向于系统式加工。Aguirre-Rodriguez(2013)在研究供应性产品稀缺诉求与需求性产品稀缺诉求时发现,由于买卖双方掌握信息的不对称性,即卖方更容易掌握供给信息而买方更容易掌握需方信息,消费者对两种类型产品稀缺诉求的可信性或欺骗性存在可诊断性感知差异。相对于买方而言,卖方往往掌握着更多的货品总量、结构、渠道、价格等信息,并且信息准确性或可信性更高,因此供应性产品稀缺诉求更可信,而如果传播需求性产品稀缺诉求更容易让消费者感知欺骗性;与之相反,相对于卖方而言,买方往往掌握着更多的消费偏好、需求特点、价格承受、竞品差异等信息,并且消费者存在自我重要性或自我中心性特点,因此他们更容易准确判断需求性产品稀缺诉求。而这也得到了认知加工理论和情绪认知理论的支持。认知加工理论认为,与心理图示一致的信息更容易引起启发式加工,而与心理图示不一致的信息更容易引起系统式加工,与之相应的是,卖方应该掌握着更多的供给信息与供应性产品稀缺诉求一致,因此消费者会对供应性产品稀缺诉求进行启发式加工;而与需求性产品稀缺诉求不一致,消费者会对需求性产品稀缺诉求进行系统式加工。而已有研究发现,消费者自我卷入越多或信息加工越深,越容易产生欺骗性感知,因为信息一致性越低(Petty and Cacioppo,1979;Petty et al.,1981)。而情绪认知理论认为,一致性容易促发消费者的积极情绪,而不一致容易触发消费者的消极情绪,Lee et al.(2016)等研究发现积极情绪容易触发消费者启发式加工,消极情绪容易触发消费者系统式加工,而系统式加工较之于启发式加工更容易产生信息不一致性,因此会导致其感知欺骗性。因此,综合而言,需求性产品诉求较之于供应性产品稀缺诉求更容易引起消费者的感知欺骗性判断。据此,本研究假设:

H_6:产品稀缺诉求会促发消费者的感知欺骗性,并且需求性产品稀缺诉求较之于供应性产品稀缺诉求更容易促发消费者更大的感知欺骗性。

六、感知欺骗性对心理所有权的影响

感知欺骗性会给消费者带来一系列消极影响,甚至会形成消极刻板印象。Darke 和 Rithchie(2007)在广告研究中发现感知欺骗性的消费者会形成心理防御机制和消极刻板印象,进而会影响同源或同类广告的说服效果;Held(2014)在食物包装研究中发现感知欺骗性的消费者会给食物较低的评价,并且具有较低的购买意愿;Joseph 和 Nimako(2015)在研究银行借贷服务中发现感知欺骗性不仅会影响消费者对广告的态度,而且会损害信任、降低满意程度和推荐意愿以及未来购买意愿等。Romani(2006)、Chaouachi 与 Rached(2012)、Riquelme 与 Roma'n(2014)等对感知欺骗性深入研究后发现,它会让消费者产生消极认知,并会产生溢出效应。具体而言,感知欺骗性会破坏消费者与企业或品牌之间的信任基础,而已有研究发现信任是买卖双方达成交易和发展关系的基石(McAllister,1995;Avnet et al.,2012),感知欺骗性的形成将会动摇信任基石,显著降低双方的关系质量和交易意愿。不仅如此,感知欺骗性在消费者自我服务归因或自我支持性作用下,还会产生错误归因和极化反应,即使是客观结果也归因于广告主的主观故意,并产生"越是感知欺骗越不信任越归因于主观,越归因于主观越不信任越是感知欺骗"的推理极化。与此同时,感知欺骗性还会给消费者带来消极情绪,例如生气、愤怒、恶心、厌恶等(Chaouachi and Rached,2012),而消极情绪不仅会独立影响消费者的产品评价,同时也会进一步恶化消极认知,从而产生交织效应和叠加效应。而与之相反,心理所有权是积极认知和积极情绪,强调的是归属感、认同感和效能感,并将目标物品视为建构自我概念与表征自我形象的自我延伸(Belk,1988),因此感知欺骗性不仅很难让消费者产生心理所有权,而且还可能对消费者对稀缺产品心理所有权的形成产生消极影响。

感知欺骗性对消费者心理所有权的消极影响存在多条作用路径。首先,感知欺骗性会破坏消费者与稀缺产品或企业之间的信任基础,而信任是消费者对稀缺产品产生心理所有权的基础,信任的丧失将会瓦解心理所有权的根基,并且存在"感知欺骗性越强,信任会越低,心理所有权越难以形成"的内在逻辑。其次,感知欺骗性属于消极认知,并且会产生消极认知,而心理所有权属于积极认知,强调消费者对稀缺产品的归属感、认同感和效能感,消极效价的目标物难以被消费者用于建构自我和表征自我;相反,远离消极效价的

目标物更加有利于自我概念的建构与表征,因此感知欺骗性会消极影响消费者的心理所有权。再次,感知欺骗性属于消极情绪,而根据情绪传染原理——积极情绪容易产生积极情绪、消极情绪容易产生消极情绪,因此感知欺骗性很难产生具有积极情绪性质的心理所有权。最后,感知欺骗性容易让消费者产生情绪唤醒,而情绪唤醒会在一定程度上阻碍消费者的认知加工,而心理所有权是具有高度认知化的认知与情绪综合构念,因此感知欺骗性难以实现向心理所有权的转化。综合而言,感知欺骗性会消极影响消费者对目标产品产生心理所有权。据此,本研究假设:

H_7:感知欺骗性会对消费者心理所有权产生消极影响。

七、感知欺骗性对心理抗拒感的影响

感知欺骗性意味着消费者已经感知到产品稀缺诉求的操作意图,其目的是采取有偏差的信息诱导消费者加速购买或支付溢价(Gupta,2013)。而Campell(1995)、Cotte et al.(2005)、Thomas et al.(2013)、Madrigal et al.(2013)等研究发现,消费者对广告主操作意图的感知不仅会让消费者感知到控制感的丧失,增强选择的被迫性,而且会增强消费者的信息加工,唤醒消费者更多的说服知识加以应对。心理抗拒感理论的提出者Brehm(1993)研究认为,自由在很大程度上就是一种控制感,它的丧失也会引发消费者的心理抗拒感;而Quick(2008)更是直接将感知操作意图作为引发消费者心理抗拒感的三大主要诱因之一。可见,感知欺骗性会对消费者的心理抗拒感产生重要影响,甚至是消费者心理抗拒感的重要诱因。

感知欺骗性诱发消费者心理抗拒感的内在机理主要有以下几个方面:(1)同影响消费者的心理所有权一样,感知欺骗性破坏消费者既包括认知信任也包括情感信任在内的信任基础(McAllister,1995;Avnet et al.,2012),因为消费者认为卖方存在机会主义行为或逆向选择的可能,而这会给消费者带来利益或情感损失,因此不信任往往会引发消费者的心理抗拒感,并且不信任程度越深,消费者的心理抗拒感越强。(2)感知操作意图会让消费者感知到诱导性,弱化消费者的控制和窄化消费者的选择,从而引发心理抗拒感。操作意图是"消费者推断广告主正在试图通过不恰当、不公平或操纵性方式说服自己"(Campell,1995),而感知操作意图即是消费者对这种动机或企图的觉察(Thomas et al.,2013)。操作意图往往希望对方采取遵从行为(Crawford et al.,2002),从而实现预期的目的。这在一定程度上会让被操纵方丧失控制感,感知到自己的自由受到侵犯,而自由的损失往往被视为对自我概念或自我形象的侵害,会让被操纵方产生重申自由的心理抗拒感(Brehm,1993)。在产品稀缺诉求中,消费者往往会认为厂商利用产品稀缺性诱导消费者选择,不仅损害了自由或控制感,而且侵害了自我概念和自我形象,因此会产生恢复自我独立决策

自由的心理抗拒感。(3)感知欺骗性会让消费者产生深入的信息加工,而信息加工会耗费消费者的认知资源或其他成本(Shugan,1980),这在一定程度上会引起消费者的心理抗拒感。Petty et al.(1986)等认为个人是认知的"吝啬鬼",因此绝大多数决策会走"心理捷径",而 Echebarria-Echabe(2010)等研究发现感知欺骗性会让消费者深化信息加工,增强信息筛查,容易引起消费者的认知心理抗拒感。(4)感知欺骗性会增大消费者预期后悔(行动后悔)的概率,从而产生心理抗拒感。Crawford et al.(2002)等研究发现当消费者感知到对方的操作意图时,如果采取遵从的行为反应会增大预期后悔的概率,而 Zenlenberg et al.(1996)等认为预期后悔最小化是消费决策的重要原则之一,因此为了有效避免预期后悔,消费者会产生心理抗拒感。(5)Chaouachi 与 Rached(2012)等研究发现感知欺骗性会产生消极情绪反应,而心理抗拒感是消除消极情绪、恢复积极情绪的有效方式,因此感知欺骗性会让消费者产生情绪性心理抗拒感。综合而言,感知欺骗性会让消费者产生心理抗拒感,并且感知欺骗性越强,消费者的心理抗拒感也会越强。据此,本研究假设:

H₈:感知欺骗性会对消费者心理抗拒感产生积极影响。

八、心理抗拒感对消费者购买意愿的影响

目前心理抗拒感对消费者购买意愿的影响存在两种研究结论,一种是所谓的"禁果分外甜效应(Forbidden fruit is sweet)",即被排除或受限制的选项更具有吸引力,消费者有更高的购买意愿,例如 Brehm et al.(1966)、Mazis et al.(1973)、Vahellen(1982)等的实验研究结果就证明这种效应的存在;另一种是所谓的"酸葡萄效应(Sour grape effect)",即得不到的东西会被贬低或拒绝,犹如 Clee 与 Wicklund(1980)所言的"消费者会因为心理抗拒感而对厂家或商家采取敌视态度",例如 Kwon 与 Chung(2010)、李东进等(2016)等的研究就是例证。以前有关心理抗拒感的绝大多数研究倾向于前者,而现在越来越多的研究倾向于后者。前者强调"越禁越买",而后者强调"越禁越不买",这样截然独立的矛盾结论并非不可理解,其实心理抗拒感对消费者购买意愿的具体影响取决于消费者对厂商限制自己自由的目的的感知和判断(李东进等,2017),如果消费者感知确实是厂商因资源限制、产能限制或政府管制等原因导致供应数量有限而采取限制措施,那么"禁果分外甜效应"就是心理抗拒感;如果消费者感知是因为厂商倾销产品、加速购买或索取溢价等原因而采取限制措施,那么"酸葡萄效应"就是心理抗拒感。因此,心理抗拒感的具体解释关键在于消费者对限制者的目的或企图的判断,只要是与限制者的限制目的或企图相悖的行为反应都属于心理抗拒感,甚至并非需要有行为表现,心理反应都应该算心理抗拒反应。虽然本书也假设了"感知稀缺性对心理抗拒感的积极影响",可能存在"禁果分外甜效应",但本书的主要假设路径是"感知欺骗性对心理抗拒感的影响",更有可能存在"酸葡萄效应",即后者的影响功效强于前者的影响,本书认为心理抗拒感对消费者购买意愿的影响更有可能出现"酸葡萄效应",即心理抗拒感越强,消费者的购买意愿越低。

心理抗拒感长期以来都被简单地视为"悖反反应",甚至一度认为不可测量(Brehm,1966),但Dillard与Shen(2005)通过比较研究发现心理抗拒感存在不利认知与愤怒情绪交织反应,即交织模式的检测功效要优于二者各自独立的检测功效,并获得了广泛的认同,此后,Kim与Levine(2008)、Quick与Kim(2009)、Rains(2013)、Kim et al.(2013)等进行了一系列的实证检验,得到了证实。心理抗拒感反应性质与结构的厘清也为它对消费者购买意愿的作用机理提供了解释基础。心理抗拒感一方面会产生不利认知,例如产品稀缺诉求存在操作意图(Lee and Mukherjee,2011)、厂商不值得信任等,并且这种不利认知会在自我支持动机下产生自我服务偏差效应,即更多地归因于厂商的主观故意,由此会导致认知强化效应或放大效应,这种有偏差的不利认知会增大消费者的感知风险和降低购买意愿;另一方面会产生愤怒情绪,而已有研究发现,愤怒情绪会显著地降低个体的支持性态度和行为,甚至会通过采取报复性的情绪反应,即直接采取反对性态度或行为修复愤怒情绪,同时Schwarz(1991)的"情绪即信息"理论也支持愤怒情绪是可以作为独立诱因消极影响消费者的购买意愿的。不仅如此,情绪属于热启动,认知属于冷启动,愤怒情绪与不利认知相互交织会产生增强效应,并且影响较为持久,因此心理抗拒感对消费者购买意愿的消极影响是稳健的。Kim与Sun(2014)、Kim et al.(2015)、Kim(2016)等分别在厌食症、态度说服、反吸烟等领域进行了有效的实证检验,均获得了支持。据此,本研究假设:

H_9:心理抗拒感会对消费者的购买意愿产生消极影响。

以上采用分步假设法对各变量之间的影响进行了假设推演,主要是探寻产品稀缺诉求对消费者购买意愿的结构性影响。从整个中介效应假设来看,产品稀缺诉求主要通过感知稀缺性与感知欺骗性两条路径影响消费者的心理所有权与心理抗拒感,并最终影响消费者的购买意愿。但这两条路径并非相互分离,而是相互交织的,存在结构性影响,例如感知稀缺性对心理抗拒感的影响和感知欺骗性对心理所有权的影响等,因此较完整地呈现了产品稀缺诉求对消费者购买意愿的内在作用机制与系统性影响。但这里也有两点需要进一步解释,一是感知稀缺性与感知欺骗性和心理所有权与心理抗拒感之间并没有作假设,二是并没有直接提出感知稀缺性、感知欺骗性、感知稀缺性与心理所有权等的独立或多重中介效应。就前者而言,感知稀缺性与感知欺骗性或心理所有权与心理抗拒感分别是性质各异的独立构念,例如感知稀缺性与感知欺骗性分别作为精确性动机或防御性动机,存在初始认知与元认知不同的信息加工路径,心理所有权与心理抗拒感分别为行为目的(有偏差的心理依附)和行为过程(行为自由),因此相互影响的可能性较低,故没有发展研究假设;就后者而言,已有研究表明,分步假设的因果性要强于直接的中介效应假设,同时为了避免过多地独立或多重中介假设造成认知混乱,故没有发展独立或多重中介效应假设,但在假设检验时会进行实证检验。

第三节　产品稀缺诉求影响消费者购买意愿的调节效应

调节变量是系统地改变一个预测标量与一个效标变量之间关系的形态或强度的变量(Sharma et al.,1981),亦或是影响一个独立变量或预测变量与一个因变量或结果变量之间关系或强度的变量(Baron and kenny,1991)。由于调节变量可能会改变两个变量之间影响的方向或强度,因此它的发现将会有效明确影响起作用的边界条件。消费者的独特性需求(Tian et al.,2001;Ruvio,2001;Roy and Sharma,2015)、认知需求(Iman et al.,1997)、产品熟悉性(Jung and Kellaris,2004)、不确定性规避(Jung and Kellaris,2004)、认知闭合需要(Jung and Kellaris,2004)、特质竞争性(Nichols,2011)、品牌概念(Aggrawal et al.,2011)、自恋程度(Lee and Seidle,2012)、说服知识(Lee,2012)、调节聚焦(Ku et al.,2012)、产品类型(Ku et al.,2013)、稀缺信息详尽性(Aguirre-Rodriguez,2013)、自我监控(Ku et al.,2013)、呈现框架(Roy and Sharma,2015)、认知资源(李东进等,2016)、情绪(Lee et al.,2016)、为自己或他人决策(Lee and Wu,2016)等一系列变量被陆续发现对产品稀缺诉求或信息影响消费者的产品评价或购买意愿具有重要的调节作用,有效地厘清和明确各种直接效应或中介效应起作用的边界条件,不论对完善稀缺效应理论还是应用稀缺营销都有重要的意义。本书将进一步探索具有重要地域文化、人格特质和消费情境等差异的自我建构的调节作用。

一、自我建构及其类型

Markus 与 Kitayama(1991)在总结前人有关文化差异研究的基础上系统性地提出了自我建构理论。他们指出,自我建构(Self-construal)是个体关于自我和他人的信念,即个体在多大程度上认为自身与他人相关或是分离(Markus and Kitayama,1991),或者个体是将自我与他人明确区分还是联系在一起的有关思想、情感与行为的集合(Singelis,1994)。他们进一步将自我建构划分为独立型自我建构(Independent self-construal,INDSC)和依存型自我建构(Interdependent self-construal,INTDSC),前者注重自身独特性,追求个人的独立自主,与之相联系的自我表征多涉及个人特质、能力和偏好,美国、西欧等国家文化表现较为明显;后者注重自己与他人的联系,渴望获得良好人际关系,其自我表征多以人际交往为背景,中国、日本等远东国家文化表现较为明显。尽管后来还有学者还增加了集体型自我建构(Brewer et al.,1996;Sedikides and Brewer,2001),但并没有获得广泛的认可。更多的学者还是认同二元制划分,并认为二者在认知、情绪、动机和行为等方面都存在显著差异(Markus and Kitayama,1991),并进一步表现在认知风格(Krishna et al.,2008)、社会比较(Neumann et al.,2009)、人际交往行为(Lalwani and Shavitt,2009)、人际关系质量(Yeung et al.,2008)、个人自主(Gore et al.,2006,2009)和自我控制(Lee et al.,2000)等方面差异明显,而且在新产品选择(Ma et al.,2013)、品牌评价(Escalas and Bettman,2005;Swaminathan et al.,2007)、广告态度(Agrawal et al.,2005;Polyorat and Alden,2005)、信息处理和分类(Lee et al.,2000;Aaker and Lee.,2001;Jain,2007)、购买行为和决策(Kacen and Lee.,2002;Mandel,2003;Hamilton and Biehal,2005)等消费行为的各个环节上也存在明显差异。独立型自我建构与依存型自我建构之间的差异已有学者做了系统性的比较,例如Maheswaran 与Shavitt(2000)总结发现二者在个人特质、自我评价信息、社会化相互作用、自我或集体目标实现等存在差异,而Jain 等(2007)进一步总结发现二者在自我理解、经验归类方式、社会规范或看法对行为的作用、对所属群体及社会交换的相对重视程度及信息分类目标和信息关注内容等方面也存在明显差异,我国学者朱丽叶与卢泰宏(2008)对二者之间的主要差异也作了较为全面的比较(表4.1),但就目前的研究而言还远未透析其全部。

表4.1 独立型与依存型自我建构的主要差异

比较内容	独立型自我建构	依存型自我建构
定义	与社会情境分离	与社会情境关联
结构	有界、独立、稳定	灵活、可变
重要特征	内在、隐私(能力、思想、情感)	外在、公开(地位、角色、关系)
任务	独树一帜 表达自我 实现内在自我 促进个人目标的实现 直截了断地说出想法	从属需要 摆正自己的位置 举止得体 促进集体目标的实现 间接、委婉,善于察言观色
他人角色	自我评价:将他人作为社会比较的参照物和自我评价的参照	自我界定:以特定情境中与他人的关系来界定自我
自尊基础	表达自我的能力,有效的内在特质	调整与克制自我的能力,保持和谐的社会关系

资料来源:朱丽叶,卢泰宏.消费者自我建构研究述评.外国经济与管理,2008,30(2):42-50。

　　自我建构本身是作为文化差异被发现的(Markus and Kitayama,1991),但逐渐发现它还存在个体差异和情境差异(Singelis,1994,1995)。Baumeister 与Sommer(1997)、Cross

与 Madson(1997)、Gabriel 与 Gardner(1999)等研究发现,即使同为美国人,美国男人更多地表现为独立型自我建构倾向,而美国女人更多地表现为依存型自我建构倾向,因此自我建构还存在个体差异。Brewer 与 Gardner(1996)、Aaker 与 Lee(2001)等后来进一步研究发现,自我建构不仅仅存在个体差异,还存在情境差异,即两种自我建构共同存在于个体之中,情境因素会影响哪种自我建构,成为当前情境中占据主导的自我建构倾向。Jain 等(2007)更是明确地将自我建构划分为特质性自我建构(Chronic Self-construal)与情境性自我建构(Situational self-construal),前者指个体稳定的自我建构系统,而后者指当前情境中占据主导地位的自我建构倾向,并将各自再进一步细分为独立型自我建构与依存型自我建构。自我建构的情境性或情境性自我建构的发现具有重要的意义,它不仅深化了对自我建构结构性与动态性的认识,完善了自我建构理论体系;而且使自我建构不再局限于被动性检测,而是能够通过情境操纵主动改变个体的自我建构倾向,这对于发展自我建构理论和应用自我建构与实践具有极大的推动和促进意义。正是得益于情境自我建构的发现,一系列操纵和检测自我建构的方法或量表被发展,例如"苏美尔武士"启动法、"城市之旅"启动法、"梦想或责任短文撰写"启动法、"人称代词圈点"启动法、相似性与差异性比较法、任务激活法、IOS图示法等,类型多样、功效各异。Oyserman and Lee(2008)通过比较各种自我建构启动方法后发现相似性与差异性比较启动法操纵效果最好,"苏美尔武士"启动法次之,但在实际应用中"城市之旅"启动法和"人称代词圈点"启动法最多;同时,学者们还开发和检测了一系列用于检测自我建构的新量表,例如 Singelis(1994)编制的"自我建构量表"(24 问项)、Gudykunst 等(1996)编制的"独立型与依存型自我建构量表"(28 问项)、Cross 等(2000)编制的"关系倾向的依存型自我建构量表(11 问项)"、Lu 等(2007)编制的"IISS 自我建构新量表"(42 问项)等,检测效果最好、应用最广泛的是 Singelis(1994)所开发的"自我建构量表",即使它本身是用于测量特质自我建构的,但通常会改变或调整使之情景化。

已有研究表明,两种类型的自我建构在认知加工、情境依赖、调节聚焦、心理投射、社会比较、时空感知、动机趋避、物我联离等方面都存在显著差异,这将会对个体的认知、情绪、动机或行为等产生差异化影响。(1)认知加工差异。Nisbett et al.(2001)、Nisbett 与 Mayamoto(2005)等在两种类型自我建构的文化差异比较研究后发现,独立型自我建构倾向的西方人更容易采用分析性思考模式,即依据事务内在的逻辑联系或特点探寻其内在规律和可能反应;而依存型自我建构倾向的东方人更容易采用全面性思考模式,即将事务放在具体的环境中考虑其发生逻辑和可能影响。当然,他们也认为,这两种思考模式并无好坏之分,只是方式有别而已。同时,Park 与 Smith(1989)在自我建构提出个人主义与集体主义文化(与独立型自我建构与依存型自我建构相匹配)时发现,独立型自我建构更倾向采用由上到下的"上位的"思考模式,往往主见性有余而情境性不足;而依存型自我建构更倾向采用自下而上的"下位的"思考模式,往往情境性有余而主见性不足。由于两种思考模式都存在优缺点,因此单独使用某一种都是有偏差的。(2)情境依赖差异。Kühnen et al.(2001)、Kühnen与Oyserman(2002)和Krishna et al.(2008)等研究发现,独立型自我建构与依存型自我建构存在情境依赖差异,即所谓的"场"差异,独立型自我建构具有更强的场独立性,即不依赖于周围环境而独立地分析事物本身的结构和规律;而依存型自我建构具有更强的场依存性,即更加依赖于周围环境而更加紧密联系分析事物本身的特点和反应。这实质上与Markus与Kitayama(1991)当初在提出和比较两种类型的自我建构时分析是一样的,而且与Nisbett等(2001)所提出的认知加工模式差异也存在"异曲同工"。(3)调节聚焦差异。调节聚焦(Self-regulation)是Higgins(1997,2000)基于自我差异提出的动机理论,认为促进性聚焦(Promotional regulation)更加追求成就、抱负与希望,而预防性聚焦(Prevental regulation)更加追求安全、责任与义务。Lee等(2000)基于此研究发现,独立型自我建构更加关注进取性信息,而依存型自我建构更加关注防御性信息,因此自我建构与调节聚焦存在匹配性;Aaker与Lee(2001)基于Lee(2000)的研究进一步发现,独立型自我建构更容易被促进目标的促进性信息说服,而依存型自我建构更容易被促进安全的防御性信息说服,并且发现自我建构与调节聚焦聚焦匹配时较之于不匹配时具有更强的信息说服性。(4)心理投射差异。心理投射是一种重要的心理机制,是指个体将自己的个性特征不自觉地反应于外界事物或他人的心理机制,会对感知、组织或解释环境或自我产生系统性影响(Muchansky et al,2014)。Krueger(2000,2002)等研究进一步发现,心理投射存在两种类型,即由己度人的"外射型"和由人度己的"内射型"。Irmak等(2010)等研究发现,独立型自我建构由于具有更高独特性,因而其心理投射更容易倾向"外射型",并进而更偏好说服他人成就自己;而依存型自我建构由于具有更高从众性,因而其心理投射更容易倾向"内射型",并进而偏好改变自己成就他人。(5)社会比较差异。社会比较是个体进行自我评估、形成自我概念的重要途径。Stapel et al.(2001)、Marx et al.(2005)、Cheng与Lam(2007)等研究就发现,当独立型自我建构激活时,社会比较倾向于产生对比效应(Contrast effect,个体的自我评价水平背离比较目标);而当依存型自我建构激活时,社会比较倾向于产生同化效应(Assimilation effect,个体的自我评价水平朝向比较目标)。后来,进一步有人研究发现,独立型自我建构被激活时更容易倾向上行社会比较,而依存型被激活时更容易倾向下行社会比较。(6)时空感知差异。Spssavo与Lee(2008)在研究自我建构与时间距离之间的关系时发现,独立型自我建构更敏感于"远未来",而依存型自我建构更敏感于"近未来";同时,Krishna et al.(2008)等在研究自我建构对空间判断偏差的影响时发现,当情境因素被考虑时独立型自我建构(vs.依存型自我建构)会产生更大的空间判断偏差,而当情境因素被排除考虑时独立型自我建构(vs.依存型自我建构)会产生更小的空间判断偏差。时空距离感知的差异既是不同自我建构认知偏差的具体反映,同时也为后来进一步研究自我建构与解释水平的关系奠定了基础,因为解释水平的核心基础是心理距离,而心理距离是集时间距离、空间距离、社会距离与判断概率于一体的概念,据此可以推断,在其他条件一样的情况下,独立型自我建构更倾向于高解释水平,而依存型自我建构更倾向于低解释水平。(7)动机趋避差异。Aaker与Lee(2001)、Jiang(2013)等研究发现,独立型自我建构往往具有更强的成就动机,而依存型自我建构则与之相反,往往具有更强的安全动机。Mandel(2003)在研究自我建构与风险偏好时也发现,独立型自我建构具有更高的风险偏好,而依存型自我建构具有更高的风险厌恶。Hamilton与Biehal(2005)在对自我建构与风险推断时研究也发现,依存型自我建构面对任务时往往推断风险更高,强调风险规避,而且选择风险更小的选项,而独立型自我建构则刚好相反。Zhang与Shrum(2009)在研究自我建构与冲动性消费时也发现,依存型自我建构较之于独立型自我建构具有较强的自我控制能力,更容易对诱惑或风险表现出更高的克制能力。综合而言,独立型自我建构具有更强的成就动机,而依存型自我建构具有更强的避险动机,这同Markus与Kitayama(1991)的比较是趋于一致的,只不过这些研究都进一步探索和拓展了它们的调节机制或边界条件。(8)物我联离差异。Wang et al.(2000)基于自我建构中自我与环境之间的联系与分离机制论证了强调自我与广告相联系的诉求更加有助于说服依存型自我建构,而强调自我与广告相分离的诉求更加有助于说服独立型自我建构;White et al.(2012)更进一步地研究发现那些独立型自我建构当身份被威胁(vs.未被威胁)时更加规避身份相关的产品,而那些依存型自我建构则刚好相反,即当身份被威胁时他们更加偏好身份相关的产品,其内在机制中独立型自我建构是为了重申自我价值,而依存型自我建构是为了满足归属感的社会身份的恢复。当然,以上是就不同自我建构的直接影响差异而言,除此之外,已有研究发现自我建构还会对政治意识、权力距离、人际关系、信息记忆、决策依赖、个人幸福感、慈善捐赠等方面产生差异影响。

自我建构的差异影响不仅仅存在于认知加工和社会关系方面,其对消费者行为的影响更为直接和显著。已有研究发现,不同类型的自我建构会系统性地影响消费者的广告说服性、新产品选择、独特性需求、冲动性消费、多样化寻求、价格—质量推断、品牌延伸、价值共创等。(1)广告说服性差异。前已所述,Wang et al.(2000)研究发现强调自我与广告相联系时更容易说服依存型自我建构,而强调相分离时则更容易说服独立型自我建构;

Sung 与 Choi(2014)、Lee(2016)等研究发现,独立型自我建构更加敏感于强调收益框架的广告并容易被其说服,而依存型自我建构更加敏感于强调避损框架的广告并被其说服;Polyorat 和 Alden(2005)还对不同自我建构对比较性广告的态度差异进行了比较研究,结果发现独立型自我建构比依存型自我建构更容易接受比较性广告并产生购买意愿。当然,这些影响都是就总体而言,具体的影响还可能会受到诸多因素的调节影响,例如品牌承诺、认知需求、产品类型、产品熟悉性等。(2)独特性需求差异。Markus 与 Kitayama(1991)在其奠基性文章中推断,独立型自我建构较之于依存型自我建构应该具有更强的独特性需求,因为前者强调独立自主,而后者强调趋同与一致;Song 与 Lee(2013)研究却发现,独立型自我建构与依存型自我建构都具有较强的独特性需求,但满足独特性需求的方式却存在区别,独立型自我建构更加强调与外群体间差异,而依存型自我建构更加强调内群体差异,这实质在一定程度上支持了 Markus 与 Kitayama(1991)的推断,所形成的差异化只是范围和程度有别。Chan et al.(2012)所提出的社会身份与独特动机会影响消费者的选择,以及 Berger 与 Heath(2007)所强调的身份信号与产品域会影响消费选择,对此作了进一步的解释。(3)新产品选择差异。Ma et al.(2014)在研究自我建构对新产品采纳意愿时发现,独立型自我建构更倾向采用全新新产品(Really New Products,RNP),而依存型自我建构更倾向采用渐进新产品(Incrementally New Products,INP);Chen(2010)、Joshi(2015)等研究发现独立型自我建构更倾向采用绿色产品,而依存型自我建构更倾向采用传统产品;其他还有学者研究了自我建构对转基因食品购买态度的影响,结果表明独立型自我建构有积极的购买态度,而依存型自我建构有更保守的购买态度。这些研究结果均表明,独立型自我建构具有更积极的进取取向和冒险态度,而依存型自我建构具有更积极的稳健取向和安全态度。(4)冲动性消费者差异。Zhang 与 Shrum(2009)通过采用啤酒消费和烈性酒消费实验调查发现独立型自我建构较之于依存型自我建构有更高的冲动性消费倾向,状态冲动性会中介这个影响,而同伴的存在会调节这一影响,即增强独立型自我建构的冲动性而降低依存型自我建构的冲动性。这除了跟自我建构的聚焦动机有关外,还可能与自我建构的决策依赖有关,因为 Hong 与 Chang(2015)研究发现,独立型自我建构决策时更加依赖于情绪,而依存型自我建构决策时更加依赖于理由,而情绪属于热启动,理由属于冷启动,因此独立型自我建构较之于依存型自我建构有更强的购买冲动性。(5)多样化寻求差异。Wiekens 与 Stapel(2008)通过两个实验研究发现,独立型自我建构较之于依存型自我建构会有更强的多样化寻求动机,该研究结论实质上跟消费者独特性需求一样,因为已有研究证明独特性需求越强,消费者多样寻求行为越明显。(6)价值—质量推断差异。Lalwani 与 Shavitt(2013)研究发现依存型自我建构较之于独立型自我建构更善于采用价格推断质量,即高价格意味着高质量,而低价格意味着低质量,原因是依存型自我建构更倾向采用全局性思考模式而非分析性思考模式,更善于利用外部线索进行推断;Chen(2009)在研究自我建构对价格评价的影响就发现,独立型自我建构更倾向采用自我评价估价等内部参照价格评价产品,而依存型自我建构更倾向采用广告价格等外部参照价格评价产品。(7)品牌延伸差异。Monga与John(2007)研究发现,依存型自我建构较之于独立型自我建构更容易接受品牌延伸,因为依存型自我建构采用的是全局性思考模式,延伸品牌与母品牌容易联系起来思考;而独立型自我建构采用的是分析性思考模式,容易造成延伸品牌与母品牌之间联系的割裂。(8)价值共创差异。Atakan et al.(2014)等研究发现,独立型自我建构更愿意积极参加价值共创,而且对价值共创产品评价更高;与之相比,依存型自我建构更愿意购买标准生产成品,因为不愿意承担价值共创的风险。后来的研究进一步发现,依存型自我建构即使在参照群体的带动下积极参加价值共创,但也只愿意参加低创造性或高度结构化的价值共创,例如自我生产型价值共创,而不像独立型自我建构更愿意参与高创造性或低结构化的价值共创,例如自我设计型价值共创。综合而言,虽然以上列举了不同自我建构对消费者行为差异化影响的8个方面,但远远没有概括其全部,例如自我建构对情境效应、共享消费、众筹消费等的影响,不仅需要探索新的消费环境下自我建构的差异化影响,而且即使是已经被论证的影响关系也有可能在新的消费情境下发生改变,因此自我建构的影响还需要进一步深化研究,而本书主要研究自我建构的产品稀缺诉求对消费者购买意愿的调节效应。

二、自我建构的调节效应

产品稀缺诉求对消费者购买意愿的影响可能也会受到自我建构的调节作用,尤其是自我建构可能分别会对产品稀缺诉求影响消费者感知稀缺性和感知欺骗性产生中介的调节作用。由于感知稀缺性与感知欺骗性构念性质不同且影响方向相反,自我建构对它们的调节可能会结构性地改变产品稀缺诉求的影响方向和强度,并最终系统性地影响消费者的购买意愿。

假设H_2认为"产品稀缺诉求会促发消费者的感知稀缺性,并且供应性产品稀缺诉求较之于需求性产品稀缺诉求更容易促发消费者更大的感知稀缺性",但由于自我建构存在不同的类型,并且不同类型的自我建构具有不同的消费偏好、思维方式和风险偏好等,因此当面对不同的产品稀缺诉求时同一自我建构类型消费者会有不同的反应,或者当面对相同的产品稀缺诉求时不同自我建构类型消费者会有不同的反应。当呈现供应性产品稀缺诉求时,由于供应性稀缺产品具有"独特性"信号(Van Herpen et al.,2007;Ku et al.,2012;Steinhart et al.,2014),而独立型自我建构具有更强的独特性和自主性,容易采用分析式思维模式和由己度人的"外射型"心理投射,同时也具有更强的成就动机与更高的风险偏好,因此更容易产生偏好匹配从而感知稀缺性,而依存型自我建构则相反,由于偏好难以匹配从而难以产生感知稀缺性;但是当呈现需求性产品稀缺诉求时,由于需求性产品稀缺具有"流行性"信号,容易形成"社会证据(Cialdini,1993)",而依存型自我建构具有更强的从众性和遵从性,容易采用全局性思维模式和由人度己的"内射型"心理投射,同时也具有更强的安全动机与更高的风险厌恶,因此更容易产生偏好匹配从而感知产品稀缺性,并且认为其他消费者也有可能存在类似的想法,从而加剧稀缺性感知,而独立型自我建构则相反,认为"从众效应"会破坏自己的独特性需求,不利于自我概念建构与自我形象表达,因此难以感知到稀缺性。认知加工理论认为,消费者对产品评价一方面基于产品属性、价值或特征与自己偏好的内在契合,另一方面基于感觉"刚刚好"的感知流畅性,产生一种"感觉信息加工很容易"的元认知体验。已有大量研究表明,感知流畅性会让消费者产生支持性的产品评价或积极的购买意愿。因此,本研究假设:

H$_{10}$:自我建构会对产品稀缺诉求影响消费者感知稀缺性产生调节作用,即独立型自我建构遇到供应性产品稀缺诉求或依存型自我建构遇到需求性产品稀缺诉求时更容易感知稀缺性;反之则相反。

同理,假设H$_6$认为"产品稀缺诉求会促发消费者的感知欺骗性,并且需求性产品稀缺诉求较之于供应性产品稀缺诉求更容易促发消费者更大的感知欺骗性",也由于自我建构具有不同的消费偏好、思维模式和风险偏好等,由此导致自我建构对产品稀缺诉求影响消费者感知欺骗性产生调节作用。当呈现供应性产品稀缺诉求时,依存型自我建构会基于自己从众偏好进行全局性思考,一方面认为供应性稀缺产品太过独特,不符合参照群体规范,存在被参照群体或社会排斥的风险,另一方面由于采用情境依赖型的全局性或"自下而上"的"下位的"思考模式,会产生"既然供不应求就没有必要广告,因为广告是需要花费成本的,因此肯定有假"或"我自己作为消费者,应该最了解我们消费者的真实需求,该广告故弄玄虚"等类似的推理,从而导致对供应性产品稀缺诉求产生更高的感知欺骗性。而独立型自我建构则相反,由于其独特性偏好更容易对它产生信任感;而当呈现需求性产品稀缺诉求时,独立型自我建构基于自己独特性偏好进行分析性思考,一方面认为需求性产品稀缺诉求太过流行,不足以建构独特的自我概念和自我形象,难以有效表征自我,另一方面也会进行深入推理,产生"既然需求太多,就没有必要广告,因此肯定有假,实质上应该是没人买"或"我认为是故意诱导不明真相的消费者购买的"等类似的认知加工,从而导致对需求性产品稀缺诉求产生更高的感知欺骗性,而依存型自我建构则相反,由于其从众偏好更容易对它产生信任感。不仅如此,由于感知不匹配更容易导致消极情绪和自我产生的论据优于外部环境线索(Feldman and Jr.,1988),因此会产生感知欺骗性的强化效应,加剧感知欺骗性。据此,本研究假设:

H₁₁:自我建构会对产品稀缺诉求影响消费者感知欺骗性产生调节作用,即独立型自我建构遇到需求性产品稀缺诉求或依存型自我建构遇到供应性产品稀缺诉求时更容易感知欺骗性;反之,则相反。

综合第三章的理论基础和第四章所有的研究假设,本研究提出如图4.1所示的研究概念框架模型。如该研究概念框架模型所示,产品稀缺诉求主要通过感知稀缺性与感知欺骗性两条路径独立或交互影响消费者的心理所有权与心理抗拒感,并最终影响消费者的购买意愿,而自我建构则会分别对感知稀缺性和感知欺骗性产生中介的调节作用,并进而会最终影响到消费者的购买意愿。

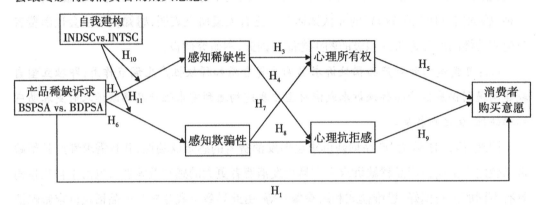

注:——▶表示有效的影响。

图4.1 整个研究概念的框架模型

第五章　产品稀缺诉求影响消费者购买意愿的定性检验

　　定性研究是探索事物本质、揭示事物规律的有效方法,它通过"在自然环境中,使用实地体验、开放型访谈、参与性与非参与性观察、文献分析、个案调查等方法对社会现象进行深入细致和长期的研究;分析方式以归纳为主,在当时当地收集第一手资料,从当事人的视角理解他们行为的意义和他们对事物的看法,然后在这一基础上建立假设和理论,通过证伪法和相关检验等方法对研究结果进行检验;研究者本人是主要的研究工具,其个人背景以及和被研究者之间的关系对研究过程和结果的影响必须加以考虑;研究过程是研究结果中一个必不可少的部分,必须详细记载和报道"(陈向明,1996)。简言之,定性研究方法是由访问、观察、案例研究等多种方法组成,原始资料包括场地笔记、访谈记录、对话、照片、录音和备忘录等,目的在于描述、解释事物、事件、现象、人物并更好地理解所研究问题的研究方法(张梦中,2001)。相比较于定量研究而言,定性研究具有真实性、全面性、深刻性和灵活性等特点,更加有利于发现问题、揭示本质和预测规律,是建构理论和科学决策的有效方法(Eisenhardt,1989)。产品稀缺诉求作为被广泛应用并对消费者有重要影响的促销方法,需要通过定性研究去深入挖掘消费者的真实反映、心理机制与行为规律,才能有效地完善稀缺效应理论研究和指导稀缺营销实践。本书将采用定性研究中的深度访谈法探寻和揭示消费者对产品稀缺诉求的真实反应,并以此为基础修正和完善所提出的研究概念框架模型。

第一节　深度访谈的基本概况与主要问题

一、深度访谈的基本概况

深度访谈法是定性研究中重要的信息收集方法,会对定性研究结果产生重要影响。它是通过与被调查者面对面进行直接地、互动地和深入地沟通和交流某一现象或某一问题,探讨现象或问题的形成过程,并提出解决问题的思路和方法的过程。陈向明(2000)、巴比(2009)等均认为深度访谈的质量将决定着定性研究结论的真实性和可靠性,只有真正能够反映被调查者真实想法的访谈信息采集才能形成可靠的研究结论。虽然深度访谈法并不强调严格的问题逻辑和访谈程序,例如Rubin(1995)就指出"深度访谈的优点在于它不仅赋予采访者,也给予受访者定的自由度来共同探讨研究的中心问题",但大量的深度访谈实践研究表明,富有洞见的访谈问题、合理的访谈程序和娴熟的访谈技巧不仅能够提高访谈的效率,也能够提高研究的质量(2009)。因此,设计聚焦的访谈问题、合理安排访谈步骤和掌握必要的访谈技巧对于成功开展深度访谈和质性研究至关重要。本章的研究目的并不是基于质性研究系统地建构一个完整的理论体系,而是采用深度访谈或定性研究验证和完善所提出的研究概念框架,因为Caporoso(2005)提出"定性研究也可以是经验式的实证研究,首先提出理论假说,通过分析收集到的资料验证假说的合理性",因此本研究的深度访谈更多地具有验证性,而非探索性,但尽管如此,本研究还是努力向Strauss与Corbin(1998)所提出的质性研究的四个标准看齐,即"资料的有效性、可靠性和信誉度;对理论自身的完善;产生、阐释、测试理论的研究过程是否完善;结论的得出是否基于经验的数据"。

综合本书的研究目标和质性研究或深度访谈的标准,本书首先设计和提炼了相关的研究问题,然后规划和制定了整个深度访谈的计划,最后遴选了具有代表性的深度访谈被试,并按计划进行了深度访谈。整个深度访谈研究过程严格按照专家所要求的标准、条件和步骤执行,力求能够真正达到"真实地描述、解释事物、事件、现象、人物并更好地理解所研究问题"的目的,就本文而言,即达到"客观还原产品稀缺诉求对消费者购买意愿的真实影响"的目的。

Yin(1984)、Eisenhardt(1989)、Caporoso(2005)等认为,质性研究或定性研究首先必须确定所要研究的问题,问题不明往往会导致主旨不清或逻辑混乱,并提出所要研究的问题必须具有探索性、中心性、解释性等标准。根据研究目标和所提出的标准,本书关注的核心问题是"产品稀缺诉求对消费者购买意愿产生怎样的影响?"基于这一核心问题衍生出"产品稀缺诉求是否会引起消费者感知稀缺性?""产品稀缺诉求是否会引起消费者的感知欺骗性?""感知稀缺性与感知欺骗性是如何共同影响消费者的购买意愿的?"等具体问题。虽然质性研究或深度访谈强调探索性或自由性,避免产生自我中心主义偏差或社会期许效应,但相关的理论背景和问题中心性还是必不可少,甚至至关重要,否则将会成为漫无目的的"闲谈",必然必无所获(巴比,2009)。

针对研究目标和研究问题,本研究制定了详尽的深度访谈计划,包括深度访谈的具体问题、访谈对象、时间安排、访谈伦理、访谈奖励、人员安排等。对于深度访谈的具体问题将在随后详述,此处不表。访谈对象的确定,按照定性研究或质性研究要求深度访谈对象具有典型性或代表性、沟通性等标准或条件,本研究随机选取了各15名社会公众样本和学生样本,采用留置访谈方法,每名被访谈对象的访谈时间约为45分钟,并给予承诺"我们的访谈保证仅用于学术研究,严格保密",参与访谈的报酬是75元"好利来"的蛋糕代金券或50元的现金奖励(仅能二选一)。在15名社会公众样本中,包括大学教师、医生、公司管理者、房产销售员、建筑工人等,其中男性9名,女性6名,社会公众样本的平均年龄为32.37岁;而学生样本全部是在读大学生和研究生,年级涉及到大一至研三等不同年龄段,其中男性7名,女性8名,学生样本的平均年龄为21.83岁。社会公众样本和学生样本的访谈地点在某咖啡厅,每次深度访谈1名或2名被访谈者,社会公众样本的访谈时间在2017年2月,而学生样本的访谈时间在2017年3月,大多数访谈时间在下午。

在具体执行访谈过程中,将有两名访谈者和一名被访谈者,其中一名访谈者主要与被访谈者进行访谈沟通,而另一名访谈者进行详细记录。在访谈之前,访谈者将会告知被访谈者"自由随心、畅所欲言";在访谈过程中,访谈者可能会无意识地拿起咖啡桌上提前准备好的有关手表、手机、笔记本电脑、住房、商铺等纸质印刷广告,这些广告都是平时收集的真实广告。在30名深度访谈对象中,最短的访谈时间为32分钟,最长的时间为3小时38分钟,其中有6名访谈对象放弃了访谈奖励。

二、深度访谈的主要问题

虽然质性研究强调访谈时采用半结构化的方式,有利于被调查者反映真实心声,但为了提高访谈质量和访谈效率,聚焦的访谈问题和完整的访谈纲要还是必不可少。基于本书的研究问题和研究目的,以及质性研究要求访谈的标准和条件,本书将主要围绕"产品稀缺诉求如何影响消费者购买意愿"这一中心问题展开,并通过20个问题解构这一中心问题与被调查者进行访谈,这些问题在访谈过程并不严格遵照所呈现的顺序,除非问题之间存在逻辑关联,这样能够有效地避免社会期许效应或访谈疲劳。

如表5.1所示,20个访谈问题高度聚焦于"产品稀缺诉求如何影响消费者购买意愿"这一中心问题,同时又充分体现深度访谈的可操作性和回答自由性,例如问题点分散于

"稀缺诉求""稀缺认知""心理抗拒感""感知欺骗性""稀缺反应"等具体问题,因此,应该能够有效洞察消费者应对产品稀缺诉求的真实反应和具体表现。当然,在具体执行深度访谈过程中,所访谈的问题远远不止这些,会增加一些无关的话题以缓解被访谈者的紧张或高度关注,也会对有一些问题进行细化追问以增强深度和印证,即使是所呈现的问题有时也会因被访者或情境而改变沟通方式,其目标都是为了尽可能地得到被访者对产品稀缺诉求的真实想法或态度。

表5.1 深度访谈的主要问题

序号	主要问题	问题点
1	您经常见到产品稀缺方面的广告吗? 或者故意通过一些方式创造稀缺性?	稀缺方式
2	您觉得厂商经常采用哪些稀缺策略影响购买者?	稀缺方式
3	您认为这些稀缺营销策略有效吗?	稀缺有效性
4	您见到的稀缺广告或稀缺策略会对您的购买行为产生什么样的影响呢?	稀缺影响
5	当您感觉到稀缺性时,您会有什么反应?	稀缺影响
6	您觉得稀缺产品会让您更好地表达自我吗? 请您谈谈具体的看法。	稀缺心理
7	您平时就喜欢稀缺产品吗? 为什么?	稀缺偏好
8	您认为其他消费者会怎么看待稀缺广告或稀缺策略?	稀缺认知
9	当如果其他消费者也有相似的稀缺产品,您还会购买吗?	稀缺认知
10	您会感觉到当看到稀缺诉求时它会限制您的选择自由?	心理抗拒感
11	当看到产品稀缺诉求时您会感觉到它是否会限制您的选择自由吗?	心理抗拒感
12	您经常会对广告产生怀疑吗?	感知欺骗性
13	如果您感觉到广告是因为被操纵您会有什么样的感知或反应?	感知欺骗性
14	感觉到被欺骗后您还会认为它对您很重要吗?	感知欺骗性
15	感觉到被操纵或诱导后您会感受到自由受到了限制或被威胁吗? 为什么?	心理抗拒感
16	感觉到被操纵或诱导后您会产生心理抗拒感吗? 为什么?	心理抗拒感
17	您产生心理抗拒感后会继续购买该产品吗?	抗拒感反应
18	您产生心理抗拒感后会向其他人传播吗?	抗拒感反应
19	您能简单地谈谈您的性格和习惯吗?	自我建构
20	您是如何看待家人或朋友的?	自我建构

第二节 深度访谈的结果分析

虽然 Glaser 与 Strauss(1967)、Glaser(1978)、Strauss(1987)、Eisenhardt(1989)、Strauss 与 Corbin(1998)等质性研究专家认为,定性研究应该遵循严格的程序才更有可能得到可靠的结论,建议采用的程序包括确定研究现象、陈述研究目的、提出研究问题、了解研究背景、构建概念框架、抽样、收集材料、分析材料、作出结论、建立理论、检验效度、讨论推广度和道德问题、撰写研究报告等，并且每一个步骤又可以细化为更为详尽的小步骤和具体的方法，但由于本研究并不建构严格的理论，而是更多地验证所提出的概念研究框架的正确性，因此采用的并不是"开放性编码→主轴性编码→选择性编码"研究路径，而是采用分步比较证明研究路径，该研究方法也是常用的质性研究方法之一。

一、产品稀缺诉求对消费者购买意愿的影响

研究假设 H_1 认为，产品稀缺诉求会对消费者的购买意愿产生影响，但具体影响结果存在不确定性，当感知稀缺性优于感知欺骗性时，会增强消费者的购买意愿；而当感知欺骗性优于感知稀缺性时，会减弱消费者的购买意愿。所提出的理由是产品稀缺诉求一方面会增强消费者的心理唤醒，导致消费者生理和心理的紧张感；另一方面会让消费者产生启发式加工，因为 Cialdini（1993）等认为稀缺意味着"高质量"或"高价值"，当然也有学者认为产品稀缺诉求或信息会引发消费者系统式加工，增加信息加工深度。总而言之，产品稀缺诉求会对消费者的购买意愿产生影响。当然，产品稀缺诉求也有可能引发消费者的感知欺骗性，由于感知欺骗性破坏消费者的信任基础，因此它会降低消费者的购买意愿。正是因为感知稀缺性与感知欺骗性的共同作用，导致产品稀缺诉求对消费者的购买意愿的影响产生不确定性。

对于产品稀缺诉求策略或方式，深度访谈分别采用了"您经常见到产品稀缺方面的广告吗？或者故意通过一些方式创造稀缺性？"和"您觉得厂商经常采用哪些稀缺策略影响购买者？"等进行了询问。访谈结果表明，无论是社会公众还是大学生都反映现在采用稀缺方式刺激消费者购买意愿的越来越多，例如一位工商管理专业的大学生就详细例举了现在厂商经常采用的稀缺策略主要有"广告、限时、限购、限量版、买够享礼、排队、少量呈现等等，涉及到的东西包括日用品、房子、食品、考研辅导、服装、运动装备、各种酒等，几乎无所不包，无所不用其极"；而一位从事房产销售的销售代表则反映"我主要是从事房产销售工作，虽然交往人员比较多，但范围比较狭窄，我认为最突出的稀缺策略就是房子，包括住房和商铺，我们经常采用的稀缺营销策略就是分期开盘，你知道的，数量少必然导致买的人抢得凶。有的时候我们也会采用雇托儿的方式制造稀缺性，尤其是新楼盘开盘当天，应用得比较多，把家里七大姑八大姨都劝说过来当托儿，制造买者众多的盛况。当然，广告仍然是我们采用最多的方式，因为你首先要让买者知道这个信息"。虽然社会公众和大学生均认为现在使用稀缺策略的越来越多，例如限时、限量等，而且涉及的产品范围也越来越广，几乎无所不包，但通过比较发现二者还是存在一些差异，主要是产品涉及的范围、稀缺策略和购物渠道等三个方面。就涉及的产品范围而言，社会公众样本列举的产品范围更为狭窄,他们列举最多的是"房子",这一方面可能与住房的重要性有关,另一方面可能跟他们的购房经历有关;而大学生样本列举最多的是衣服或日用品,这可能与他们的准社会化身份相关。就稀缺策略而言,社会公众样本列举最多的是广告,例如电视、路牌广告、口碑信息等;而大学生样本列举最多的是"双11""限量抢购""限时抢购"等。就购物渠道而言,二者的差异非常明显,社会公众样本反映更多的是实体店,而大学生样本反映更多的是网络购物,这与我国当前电子商务调查结果是一样的,即大学生的网络购物更为盛行。综合而言,深度访谈结果表明,产品稀缺诉求或策略应用广泛,不仅仅应用策略较多,而且产品范围也较大,但也存在群体差异。

而对于产品稀缺诉求对消费者的影响,同样采用了两个问题进行询问,即"您认为这些稀缺营销策略有效吗?"和"您见到的稀缺广告或稀缺策略会对您的购买行为产生什么样的影响呢?"对于前者而言,两类群体的反应存在一定的差异,大学生样本认为还是存在一定的影响,而社会公众样本认为这需要视情况而定,例如一位人力资源管理专业大三的学生就认为"稀缺广告或稀缺策略无处不在,但相对于没有采用这些策略的产品而言,稀缺广告或稀缺策略还是会引人注意,让人好奇,有的时候我会因为好奇而仔细去浏览这些产品,甚至会购买它,但有时候也发现买回来后没有什么用",另一位旅游管理专业大四的学生也有同样的认为"一旦看到稀缺信息还是会让人引起紧张,引起我更多的注意,甚至有时候还会思考为什么会稀缺。当然如果正好是我需要的产品,稀缺会让我更紧张,有时候也不会太多的思考,因为害怕卖完了";而与之相反,社会公众样本则会理性得多,例如一位女性大学老师就认为"现在使用稀缺广告或策略的产品太多了,我认为绝大多数都是假的,诱骗我们买的,因此我一般不会上当受骗。当然如果是我需要的产品,例如房子,稀缺信息还是会让我紧张,害怕没有了",一位男性公司管理者也认为"现在厂家或商家无所不用其极,目的都是为了卖高价格,因此我一般不会上当受骗",而一位建筑工人则认为"我们根本就不关心,哪里买得起嘛,最重要的还是挣钱,搞什么稀缺的都是骗子"。而对于后者而言,比较分析发现,大学生样本面对稀缺策略时普遍比较冲动一些,而社会公众样本则要理性得多,例如一位20岁左右专业不详的女大学生就说"稀缺信息对我的购买行为还是会产生重要影响,尤其是我需要的东西,我害怕没有了,我一向都不想给自己留遗憾",即使年龄稍大的一位研究生也认为"稀缺信息会更加引起我的注意,并且我认为它的价值相对于非稀缺更高一些,有的时候我会先下手为强";而社会公众样本则与之不同,普遍表现出较强的自控性,例如一位男性大学教师就说"稀缺信息几乎对我没什么影响,因为现在这样的信息太多了,绝大多数不可信,我该买的东西稀不稀缺我都会买,不需要的东西再怎么稀缺我也不会有想法。当然如果是房子的话,如果说稀缺性更高我会关注更多,更积极一些",而另一位房地产公司的销售代表则认为"稀缺对我没有什么影响,因为我们自己也经常这样搞,相对而言具有较强的免疫力,因此绝大多数所谓的稀缺都是假的,真的稀缺还用花大价钱去打广告?反正我不会上当受骗"。之所以会产生这样的反应差异,可能主要原因是大学生群体是一个准社会群体,消费产品更具多样性、生活阅历相对更少,而且消费支出的成本性感知更低,更容易产生促进性心理;相对而言,社会公众样本是一个完全社会群体,生活阅历和消费经验更加丰富,同时消费支出的成本性感知和风险性感知更高,更容易产生防御性心理。并且深度访谈进一步发现稀缺反应的性别差异,女性被访谈者面对稀缺信息时更加紧张一些,也更容易产生积极反应,例如一位女性被试就说"一看到稀缺广告我就紧张,真担心卖完了,其实买的绝大多数产品最后都没有怎么用。尤其是原来网站搞拍卖的时候,1元起拍的那种,觉得很便宜,最后根本没有办法控制自己,唯品会那种也会让我紧张。不过现在我要好多了,发现自己越来越理性了,不知道是不是女人都有这样天性还是因为卖家太坏了",而男性被试则要理性得多,一位男性医生就反映"我也没有多少时间逛街或浏览购物网站,工作压力比较大,主要活动也都在医院。不过我个人认为,绝大多数所谓的稀缺性都是假的,目的都是让消费者上当受骗赚黑心钱,因此我经常给我老婆和孩子说,消费要理性,不要被骗得太多,否则骗子都会怀疑你的智商。不过有一件事我确实感觉到是真的,那就是我们医院的专家号那绝对是稀缺的,供不应求,现在看病专家一早上连上厕所的时间都没有。"

综合而言,产品稀缺诉求或信息确实会对部分消费者的消费行为产生反应,尤其是那些消费经验较少或风险感知能力较低的大学生或女性消费者,他们更容易受产品稀缺诉求或信息的影响,而那些消费经验丰富或风险感知能力较高的社会公众或男性消费者,较少受稀缺诉求或信息的影响,并且容易唤醒他们的感知欺骗性,降低他们的购买意愿。当然,进一步深度访谈也发现,如果确实是消费者所需要的产品,即使是社会公众或男性消费者,产品稀缺诉求或信息也会产生影响,反映最多的例子是"汽车"、"房子"等高价值产品。这些访谈结果也基本印证了假设H_1,即产品稀缺诉求既会唤醒消费者的感知稀缺性,也会唤醒消费者的感知欺骗性,二者会共同影响消费者的购买意愿。

二、产品稀缺诉求对感知稀缺性的影响

研究假设H_2认为,产品稀缺诉求会促发消费者的感知稀缺性,并且供应性产品稀缺诉求较之于需求性产品稀缺诉求更容易促发消费者更大的感知稀缺性。针对这个假设,并没有采用直接的问题进行验证,因为前半部分显而易见,而后一部分容易产生社会期许效应,因此采用了间接的方式进行检验,例如"产品稀缺诉求给您最直观的感受是什么?""您认为经常被厂商传播造成产品稀缺的原因是什么?""供应性产品稀缺诉求与需求性产品稀缺诉求会有什么感知或反应差异?"等等。无论是大学生样本还是社会公众样本均认为,产品稀缺诉求最直观的感受就是感觉到所宣传的产品具有稀缺性,很可能会造成我的身体或心理紧张感。例如一位某公立医院的女药剂师就认为"产品稀缺信息会让我感到产品好少,购买的人很多,我会很紧张,有时候手心出汗,心不在焉,尤其是我需要的产品稀缺时我甚至头天晚上都睡不着觉",而一位女大学生也认为"每一年的'双11'会让我们紧张一个多月,非常的期待,同时也担心自己所需要的产品被抢光"。当然,也有被访谈者认为稀缺诉求或策略对他或她没有影响,甚至从不关心所谓的稀缺诉求广告或信息,例如一位在职中层管理者就认为"从来没有关注过什么稀缺产品诉求或信息,该买的就买,不该买的无论怎么稀缺也不会买,不关心就没感觉"。而一位建筑工的原因具有代表性,"我们哪有时间去关注那些,有些广告我们也看不懂,不过有时候其他人去买我们也会跟着去买"。相比较而言,大学生样本对产品稀缺诉求的稀缺感知更为灵敏,这可能一方面与大学生的消费关注和好奇心有关,另一方面也有可能与大学生有较多的闲暇和较少的消费经验有关,即大学生有较多的时间去关注产品稀缺诉求或信息,并且由于较少的消费经验或说服知识更容易被稀缺诉求或信息诱导。而社会公众样本则不同,他们不仅具有成熟的消费心理,而且具有更为丰富的消费经验,因此更不容易被产品稀缺诉求或信息唤醒。

对于"您认为经常被厂商传播造成产品稀缺的原因是什么?",被访谈对象回答意见不一,经过全面地深入分析,主要有三类,即"供应数量有限"、"买的人太多"、"不太清楚"。反映"供应数量有限"的被访谈对象认为,主要是因为卖方提供的产品数量有限,造成供应不足,例如一位公立医院的女医生就说"我经常看到网站上宣传'供应有限、欲购从速',同时我也越来越发现卖家经常卖限量版产品,尤其是奢侈品居多",而被访谈的房地产销售人员更是说出了内幕实情,"其实在做房地产销售的时候我们会针对不同的产品做不同的稀缺诉求广告,例如别墅或洋房我们会说供应有限,例如'少数人的奢华、多数人的奢望',而对于普通商品住宅,我们经常会说买的人较多,大家会疯抢,制造紧张感"。反映"买的人太多"的被访谈对象认为,主要是因为买方需要的人数众多,造成供应不足,例如一位在校大学生的观点就很具有代表性,她说:"像'双11'这样的日子,大家都在抢,自己不抢好像吃亏了似的,因此我认为绝大多数产品都是因为买者众多造成供应不足,其实最后发现,买的产品并不见得质量有多好,价格有多便宜",而一位公司女白领也有同感,"大家都在抢,不抢似乎跟不上潮流,因此厂家经常利用这种心理,造成消费者经常购买一些不需要的产品,现在想起来好像消费者被厂家利用自己坑自己"。当然也有许多被访谈对象说自己"不太清楚"、"好像没有告诉具体原因"、"懒得去猜测",例如一位农民工就说"搞不清楚具体原因,它好像也没有直接说为啥,给人的感觉就是数量不够"。综合分析发现,大学生样本更为清楚地理解广告告知的稀缺原因,而社会公众样本则对广告稀缺成因的理解更为模糊,除非是某个行业的从业人员。

在给所有被访谈对象进行辅助提示和解释供应性产品稀缺诉求或需求性产品稀缺诉求后,再让他们回忆和比较"供应性产品稀缺诉求与需求性产品稀缺诉求会有什么感知或反应差异?"深度访谈结果表明,这两种类型的产品稀缺诉求带给被访谈对象的感知或反应明显不同,但这种差异存在群体差异。例如,一位电力公司的男中层管理者就反映说"供应性产品稀缺诉求好像是厂家或商家造成的,而需求性产品稀缺诉求好像是我们消费者自己造成的;前者让人更加可信,而后者估计是厂家编造的",同时,一位大学男教师也反映"供应性产品稀缺诉求或信息让人感觉到产品更加少,好像一旦失去就永远无法再得到一样;而需求性产品稀缺诉求或信息相对而言让人感觉产品要多一些,好像即使错过了这次以后还可以得到,因此我觉得供应性产品稀缺诉求相比较于需求性产品稀缺诉求让人觉得更加难以得到"。相对于社会公众样本需要费力解释而言,大学生样本的理解则要快得多,例如一位大四的女大学生就直接反映说"供应性产品稀缺诉求与需求性产品稀缺诉求的原因不同,前者较之于后者会让我们感觉到更加稀缺,增强我们购买的急迫性",而另一位政治经济学专业的男研究生则进一步分析了造成两种稀缺的成因,他说"供应性产品稀缺与需求性产品稀缺都是相对而言,但造成二者的主要原因却存在差异,供应性产品稀缺可能是因为原料有限、政府管制和营销原因等,而需求性产品稀缺可能是因为从众效应、疯狂抢购,例如2011年大家疯狂抢盐,因为日本福岛核事故后传言盐能防辐射",还有一位法学专业的男大学生的观点也具有代表性,"好像供应性产品稀缺诉求更容易归因于产品本身的价值,而需求性产品稀缺诉求更容易归因于消费者的追捧"。由此可见,无论是社会公众样本还是大学生样本都认为供应性产品稀缺诉求与需求性产品稀缺诉求会带给自己不一样的稀缺感知,前者让人觉得更加不可得,而后者更容易让人感觉到流行性。

三、感知稀缺性对心理所有权的影响

假设 H_3 认为,感知稀缺性会对消费者心理所有权产生积极影响。针对该假设,本研究提出了四个问题,即"您觉得稀缺产品会让您更好地表达自我吗? 请您谈谈具体的看法。""您平时就喜欢稀缺产品吗? 为什么?""您认为其他消费者会怎么看待稀缺广告或稀缺策略?"和"当如果其他消费者也有相似的稀缺产品,您还会购买吗?"。这四个问题都紧紧围绕稀缺产品创造的独特性是否会促发消费者的心理所有权感知而展开,因为Synder与Fromkin(1980)、Synder(1992)、Tian et al.(2001)、Ruvio(2008)等均认为稀缺或独特产品更容易让消费者建构自我概念或表征自我形象,并且越差异化越容易让消费者产生排他性的心理所有权,而越趋同化越难以让消费者产生排他性的心理所有权。因此,四个问题既有直接询问消费者稀缺性感知的后续反应,也有间接询问相似性感知的影响,力求全面反映消费者稀缺性感知的真实影响。

对于"您觉得稀缺产品会让您更好地表达自我吗?请您谈谈具体的看法。"社会公众样本和大学生样本存在不同的反映,并且社会公众的差异化程度要远远大于大学生样本。在社会公众样本中,管理者或医生、教师等职业持较为积极的看法,而农民工、建筑工或一般公司职员的看法则消极得多。例如,某房地产公司的一位男性中层管理者就认为,"并非越稀缺的产品绝对会有利于表达自我,我不喜欢奇装异服,也不欣赏炫耀财富,但适度地差异还是可以在一定程度上反映我的性格和品味";一位公立医院的医生则较为激进一些,"可能是由于长时间在医院的缘故,我对白大褂都产生了一些厌恶心理,因此每当我下班后我都迅速脱掉白大褂,换上我自己的衣服。我觉得只有我穿上自己的衣服时才会感觉到自己独立的人格,感觉很轻松,而一旦穿上白大褂,我就觉得自己的独立性丧失了,唯一感觉到的就是沉重的责任";而一位女性大学教师则认为,"或许是受传统文化或教师职业的影响,我们一般都要求举止得体,不过分追求独特性,但就我内心来讲,我还是希望与别人有些差异,能够有效地界定和表现自我,太过相似或雷同自己都感觉到别扭"。农民工、建筑工或一般公司职员等的反映则呈现较大的差异,例如一位45岁左右的男性农民工就认为,"为什么要与别人不同呢?不同的话不容易合群,别人会排斥你,因此最好的是随大流,别人干什么我就干什么?至于衣服嘛,不冷(保暖)就行,哪里有那么多的讲究";而一位有着13年建筑工作经历的男性建筑工认为"我们一般都差不多,太过稀奇古怪不太好,就是老板不说,其他人也会说你,因此一般就老老实实跟别人差不多就行,没有必要搞得跟大家不一样";而一位公司职员则认为"一般跟大家保持一致,因为在公司是靠业绩说话,而不是靠怪异的穿着或行为,但有时候我还是强调与同事有所区别,不然太没有个性也会被人看不起,也不符合我的性格"。可见,不同的身份或职业对于稀缺产品的心理感知和消费追求不一样,例如公司管理者、教师或医生更加强调身份和个性化,而农民工、建筑工或公司职员更加强调趋同性。与社会公众样本的心理感知差异相区别,大学生样本呈现深刻性和个性化特征。深刻性表现在他们对于独特性有着更为深刻的理解,而个性化表现为更加强调与众不同。一位旅游管理专业的大四女生就极具代表性,"我不会刻意去追求标新立异、特立独行,但我会通过我的所言、所行、所用和所感去标记我独立的个性,展现我的与众不同,因为我始终认为'没有个性的人不能称之为完整的人'",而农林经济管理专业的一位大三男生也具有相同的认识,认为"个性才是人之本,没有个性不谓人",因此绝大多数大学生访谈对象都认为稀缺产品有利于展现自己的个性,满足自己的独特性需要。综合而言,大学生样本较之于社会公众样本更认可独特性与个性化,因此更容易追求稀缺产品。

　　当然,也有消费者本身就具有较高的消费者新奇性,即追求新奇产品的偏好和特质,Griskevicius等(2013)就研究发现,幼时贫困的消费者具有更高的稀缺偏好和竞争性。为此,通过询问"您平时就喜欢稀缺产品吗?为什么?"这一问题进一步检验。深度访谈结果显示,社会公众样本与大学生样本存在明显的差异,并且社会公众样本内部差异也较为明显,而大学生样本内部更趋于一致。一位公司男性中层管理者就表示,"谈不上非常喜欢,但会取决于具体的产品,如果这个产品具有很高的价值,我可能很喜欢;如果这个产品没有什么价值,我可能就不太喜欢。但对于稀缺的产品,我还是愿意去探究它,因为能够稀缺就说明它具有与众不同的特征";一位公立医院的临床男医生也表示,"我对稀缺的产品还是很敏感,有时候也会觉得有趣,可能是因为职业的原因,太多的相似性与结构化,往往对不一样或非常规的现象更为敏感和关注";相对而言,女性公众对稀缺的产品具有更强的偏好,例如一位大学女教师就反映,"我不太愿意跟别人一样,而且更多地不是因为价值的原因,而是因为个性使然。你想想,如果两个女老师不约而同穿一样的衣服或背一样的包包会是什么反应?所以越少的东西不期而遇的机会越少,也具有更高的价值,使用的期限也会越长";而农民工或建筑工则对稀缺产品的反应更为平淡,例如一位建筑工就反映说:"我对稀缺产品没有特别的喜欢,而且那东西往往比较贵,没有必要,实惠点好"。可见,社会公众样本对稀缺产品的偏好存在较大的偏好差异。与社会公众的显著差异相比,大学生样本的反映则更趋于一致,即他们更为喜欢和偏好稀缺的产品,例如一位金融学专业的大三男生就反映,"稀缺意味着价值,谁不喜欢稀缺的产品,越少就说明越好,越值钱";而另一位工商管理专业的大三女生则认为"我当然也喜欢稀缺的产品,倒不是因为贵的原因,而是匹配我的性格,我不太喜欢与大家一样,雷同容易导致'雷人'"。可见,大学生样本整体而言更喜欢稀缺的产品,但原因却存在差异,有的更强调"稀缺意味着价值",而有的更强调"稀缺更容易展示个性"。

　　为了更进一步探寻消费者对稀缺性或独特性的心理偏好及其后续影响,我们还补充性地提出了两个问题,即"您认为其他消费者会怎么看待稀缺广告或稀缺策略?"和"当如果其他消费者也有相似的稀缺产品,您还会购买吗?",以增强检验的全面性和深入性。Krueger(2002)、Ames与Iyengar(2005)、Irmak et al.(2010)等研究均发现,消费者会进行社会比较,并存在不同的心理投射机制,进而会影响消费偏好和产品选择。正如Hoorens(1995)、Davis(2017)等研究的一样,消费者会在自我支持性和自我服务偏差动机下认为自我更加独特,而他人更加趋于一致。例如,一位中层企业管理者就认为,"我经常看见其他人抢这抢那,我从来不跟风,没有必要,要做独立的我,太过一致没意思",一位基层公务员也认为,"产品稀缺诉求广告估计对其他人影响比较大,对我好像没有什么影响,反而我觉得你越打广告越有假,既然都稀缺了还需要打广告吗? 这些人也不想想"。相对而言,大学生样本的反馈更加深入一些,例如一位政治经济学专业的研二女生就反映,"毫无疑问,稀缺诉求或信息会对其他消费者的消费选择产生影响,但具体对某一位消费者的影响判断取决于很多因素,例如产品类型、个人性格和消费情境等,例如身份性产品与普通产品、消费者是趋于感性还是理性,以及时间长短、消费支出、产品可替代性等,因此对他人消费选择的判断是综合因素作用的结果",而另一位农林经济管理专业的大三男生则认为"我熟悉的人我可能较为准确地预测,有的喜欢稀缺品,而有的不太喜欢,但对于不熟悉的人就很难预测了"。而对于"当如果其他消费者也有相似的稀缺产品,您还会购买吗?"社会公众样本和大学生样本均持偏消极的态度,即如果看见其他消费者也有相似的稀缺产品,自己的购买意愿会降低。例如一位房地产公司的销售代表就反映,"除了房子,其他的东西如果存在这种情况,我绝对不会买,遍地都是还叫稀缺,估计有点侮辱我的智商";一位大学女教师则说"当看到其他人也有相似的稀缺产品时,我肯定不买,一是觉得价值有些下降,二是相同的东西会让人感到尴尬";而一位农民工被访谈对象则说,"无所谓吧,但如果真是这样,我还是觉得自己被骗了"。相对而言,大学生样本则反应更为消极,例如一位传播学专业的大四女生就反映说"如果真是让我看见其他消费者也有相似的稀缺产品,我肯定不会购买,因为我们使用的产品是我们的传播符号,相似的传播符号会导致别人误解,传递错误的身份信号";另一位人力资源管理专业的大三学生也认为"除非某些产品必须相同,例如教材、校服等,如果真是看见其他消费者也有相似的产品,我的购买兴趣会大幅度下降,要说具体原因吧,一是感觉产品贬值,二是感觉自己被骗,三是可能出现同时存在的尴尬";而一位数学专业的大三女生也表示,"我肯定不会买,因为我觉得与别人相似会让人觉得自己没个性,过不了自己心理那道坎,即使是看见别人使用与我相同的手机,我都觉得自己的隐私存在被偷窥的风险"。因此,尽管已有研究表明,稀缺性会让消费者对相似的包容性更强,甚至会产生类群体之感,但访谈的结果还是表明,独特性是消费者的内在需求,消费者会努力使自己与别人不一样来建构和表征身份,即使是看到其他消费者有相似的稀缺产品也会降低消费者的购买意愿,因为它损害了消费者的独特性需求。

综合以上四个问题的访谈,结果表明,无论是社会公众样本还是大学生样本,由于存在独特性需求心理,感知稀缺性会让消费者产生积极的心理反应,基于偏好匹配而产生"感觉到目标物或目标物的一部分似乎是我的",而相似性会降低这种心理,这种现象并不能够被稀缺偏好特质所解释。而且,深度访谈结果还发现,消费者确实存在认知偏差,即认为自我很独特,而认为其他人会趋同(Wu and Lee,2016;Barasz et al.,2016)。相比较于社会公众样本,大学生样本表现更为明显,有更强烈的自我区隔与身份建构欲望,因此他们对能够带给他们感知稀缺性的产品有更强烈的需求,同时也赋予更多的身份意义或社会意义。

四、感知稀缺性对心理抗拒感的影响

假设 H₄ 认为,感知稀缺性会对消费者心理抗拒感产生积极影响。针对这个假设,深度访谈时提出了两个问题进行检验,即"当看到产品稀缺诉求时您会感觉到它会限制您的选择自由?"和"当您感觉到自己的选择自由受到限制时,您会采取什么样的行为反应? 为什么?"。对于第一个问题,无论是社会公众样本还是大学生样本都需要给予详细地解释,被访谈对象才能有效地理解。正如 Parker(2011)所阐述的一样,产品稀缺并不一定能够有效地唤醒消费者的选择自由并因此引发消费者的心理抗拒感,因为产品稀缺并非意味产品不可得,相反还会产生一种心理特权感(Boyd III and Helms,2005;Fisk and Nevill,2011)。例如,一位公司男中层管理者就说"产品稀缺怎么会让我引起选择自由受到限制呢? 我还会为我自己能够有机会得到产品而感到幸运了,因此我感觉到这个问题有点问题";一位基层公务员被访谈对象也认为"你不提起,我还从来没有意识到选择自由的影响,产品稀缺也有可能限制选择自由吧,但就我而言,我并不会感觉到选择自由受到威胁,因为我自己还是能得到怎么会有自由受到限制之感呢?";某公司的一般公司职员同样认为,"你所说的选择自由只有可能有对比才会产生,例如你先给我三个,然后拿走一个,让我在最后两个里面选,这可能让我想起选择自由。但本身就只给你提供一个,你非得要别人给你提供两个,有点强人所难,不太符合常理。而且产品本身就稀缺,能够得到会让我降低对厂家的要求,否则的话别人不卖给你,你不是更加买不到了吗?"。不仅如此,大学生样本也得出了同样的深度访谈结果,例如一位工商管理专业的男大学生就反映说"虽说自由很重要,但我好像从来没有说在购买产品时会感觉到选择自由受到侵犯,除非你有所提示,否则我相信绝大多数人会和我一样,不会感觉到选择自由的问题";一位数学专业的大三女生也认为"从来没有想到过选择自由,给什么就选择什么呗。而且我认为就像你所说的稀缺条件下,消费者应该对选择自由更加不看重,因为能得到已经就不错了";当然,也并非所有的学生都没有"选择自由意识",一位法学专业的男大学生就反映,"公平消费权是消费者的基本权利,厂家本能够提供很多产品供消费者选择而事实上提供很少,确实在一定程度上侵犯了消费者的知情权和公平消费权,但这种情况很难进行采证。不过有的时候,我也觉得选择自由很重要,关乎人的尊严和发展,例如大学专业分流,我本喜欢读民法专业而因为综合考试分数低而被调剂到读刑诉法专业,这可能会影响我一辈子的发展。但就消费选择自由而言,我相信绝大多数的消费者并不会感觉到。"由此可见,产品稀

缺诉求引发的消费者感知稀缺性很难唤醒消费者的心理抗拒感,这与Brehm et al.(1966)、Brehm J.W.与Brehm S.S.(1981)、Brehm(1992)等反复验证的"被排除的选项会因增强吸引力而诱发消费者的心理抗拒感"结论相去甚远,原因分析一方面可能在于文化差异所致,个人主义盛行的西方文化更加强调民主和自由,容易被唤醒,而集体主义盛行的东方文化更加强调权威和服从,自由很难被唤醒;另一方面可能在于Brehm等屡次实验都是采用的"被排除选项"方式,可能让被试产生了对比效应,从而使得选择自由被突显,增强了自由唤醒而导致心理抗拒感。

对于第二个问题,即"当您感觉到自己的选择自由受到限制时,您会采取什么样的行为反应? 为什么?"。深度访谈结果显示,无论是社会公众样本还是大学生样本的反映趋于一致,即消极反应。例如,一位从事商贸服务的经纪人就反应激烈地说"那肯定不公平,肯定会对着干,自由关乎尊严,你不能明目张胆地欺负人,实在不行不买了";上述男性中层管理者也认为"你不提起选择自由我们也就忽略了,但既然提起了我肯定会很重视,不能买个东西买得尊严都没有了。你想想,有时候买东西的过程比买的东西重要。因此如果真让我感知到选择自由时,我肯定会问清原因,到底为什么会这样,然后采取相对应的措施";一位大学女教师也反映到"如果真是让我感觉到选择自由受到限制,我肯定会很生气,不仅不买了,而且还要发帖子,劝说别人也不要买"。大学生样本对象也表达了相同的观点,例如一位工商管理专业的女大学生就反映说"如果你不提醒产品稀缺诉求或信息会唤醒我的选择自由我还真没有意识到,但如果真是在消费过程中选择自由受到了侵犯,我肯定会采取相对应的措施。对于我们90后而言,自由是很重要的,关乎人格尊严,士可杀不可辱。因此,当我感觉到被侵犯时会很生气、郁闷、恶心,不仅坚决不买,而且还会给差评"。可见,心理抗拒感确实会让消费者产生消极反应,并通过一定的措施重申受威胁的自由。但就产品稀缺诉求引起的感知稀缺性是否会唤醒消费者的选择自由意识并进而引发心理抗拒感问题,深度访谈结果表明还存在不确定性,因为无论是社会公众样本还是大学生样本都普遍反映感知稀缺性难以有效唤醒消费者的自由意识,因此还需要实证进一步地检验。

五、心理所有权对消费者购买意愿的影响

假设H_5认为,心理所有权会对消费者购买意愿产生积极影响。针对这一假设,问题清单里面并没有专门的问题进行深度问询,而是采用补充的方式进行调查和检验,具体的问题包括"走进您心理的产品具有什么样的特征?""稀缺产品是否较之于普通产品更容易走进您的心理?""走进您心理的产品会让您产生怎样的感知?"和"您会对走进您心理的产品有什么样的反应?"。当然,在具体访谈过程中,会根据被访谈对象、访谈过程和访谈反应等进一步细化和深化。其根本目的是检验心理所有权是否会对消费者购买意愿产生积极影响。

对于"走进您心理的产品具有什么样的特征?"问题,我们首先让深度访谈对象进行了例举,然后归纳总结这些特征。通过对所有深度访谈对象所例举的产品进行归类,发现产品范围包括住房、汽车、手表、照片、U盘、杂志、水杯、相册、手包、衣服等,几乎包罗万象。例如,一位大学男教师就告诉我们,"我对车情有独钟,尤其是我的车,我觉得它就是我最好的伙伴。当我累了的时候我打开车门静静躺在驾驶位置上,人体工程学的身体包裹,犹如婴儿躺在摇篮里面,自然舒适;而当我想发泄自己的时候,开在高速上涡轮增压的介入风驰电掣,惬意无比。它就像我推心置腹的朋友,有时候我真的会跟它说说话,说说心中的想法。因此我觉得它已经深深地走进了我的心理";而一位公立医院的药剂师则说,"最走进我心理的是我的家人,但要说产品的话应该是房子。我的房子是我自己选的,也是我自己装修的,设计风格非常符合我的性格,我想它是独一无二的。当我身心疲惫的时候它让我产生抚慰感;而当我心烦气躁的时候它能包容我的一切,它在我心中无可替代,就是我的最爱"。显然,这是已经"走进心理的产品",而非"可能走进心理的产品"。而进一步询问"哪些产品更容易走进您的心理?",深度访谈对象纷纷进行了回应,例如"我想要的产品"、"就是那种很独特的产品"、"很怀旧的产品"、"很熟悉的产品"、"很有特点的产品"等等,当然也有被访谈对象进行了深度思考和回应,另一位大学男教师就认为"这个不能一概而论,取决于不同的年龄阶段和场合,因为不同年龄阶段和场合的需求或偏好不一样。对于我而言,我觉得能够走进我心理的产品一是应该有价值,二是应该有特点,三是应该与我有心理联系。实质上你所说的'走进心理的产品'应该是我看到这个产品应该是有'心有灵犀'的感觉";而一位公立医院的女医生则认为"最能走进我心理的产品应该是那种怦然心动或眼前一亮的产品,这个产品应该很有特点,能够与我的性格和偏好相匹配。例如有一次在香港旅游,在一个购物商场时逛了很久,突然我看见一个GUCCI的包包,我非常喜欢,我毫不犹豫地就买了,兴奋了好几天,现在我都经常使用"。尽管有好几位被访谈对象都认为"能够走进我心理的产品"应该"有价值",尤其是男性被访谈对象更是如此,但也有被访谈对象并不认同,例如一位公司女性中层行政主管就认为"最能走进我心理的产品并不一定要有多大的价值,例如有时候很有特点的工艺品或纪念品也很让我心动,甚至有时候一部很好看的电视剧或一本休闲书也能走进我的心理。因此应该是因人而异,因境而生吧"。综合而言,"最能走进消费者心理的产品"应该具有"正好是我需要的""有特点""能与身份或偏好匹配"等特征,当然会因人而异,因境而生。

其次,对于"稀缺产品是否较之于普通产品更容易走进您的心理?"的问题,不同的深度访谈对象也有不同的观点。例如一位公司男性中层管理者就认为"不能说所有的稀缺产品都能走进我的心理,这个还是取决于产品和我自身的需求。举个不恰当的例子,例如女性用品无论怎么稀缺都不可能走进我的心理,让我去非常关注。但如果是我需要的产品,当然相对稀缺的产品要比不稀缺的产品会更容易让我想要,例如剃须刀、西服、车等",而一位大学女教师也发表了同样的看法,认为"并非所有的稀缺产品都是好的,具体还是应该取决于自己的需要和条件。有时我觉得不是稀缺的产品也挺好的,与大家一样,不但不用担心出问题,因为要出问题大家都出问题,而且也不担心大家说是非,感觉被孤立。当然,如果是在同等条件下,稀缺产品肯定比普通产品更容易让我喜欢,毕竟与众不同嘛,不过价格要在我接受的范围内";而一位金融学专业的大三男生则进一步解释了原因,"如果都是我需要的产品,当然稀缺产品要比普通产品更好,因为稀缺产品不仅价值会更高,而且与众不同,更加有利于我个性的表达,例如买一件与众不同的衣服或包肯定要比买与大家一样的衣服或包更好,谁不想表现更加独特一些,至少更容易让人记住"。总结所有被深度访谈对象的看法,发现虽然大家都认为并非所有的稀缺产品都较之于普通产品更容易走进消费者的心理,因为这取决于产品类型、个人偏好、支付水平、参照群体和消费情境等各种因素,但如果是在同等条件下,尤其是在需要表达身份或个性的情境下,稀缺产品较之于普通产品更容易受到消费者的青睐或偏爱。因此,从总体而言,稀缺产品较之于普通产品更容易"走进消费者的心理"。

再次,对于"走进您心理的产品会让您产生怎样的感知?"的问题,被深度访谈对象也都积极进行了回应。例如一位公立医院的女药剂师就反映说"有一次我看见一套房子,真是走进了我的心理。无论是地理位置、小区绿化还是房屋朝向、面积大小和空间布局都是我梦寐以求的,当时看了样板房后我真的、真的很激动。在开盘前我都有好几夜激动地睡不着觉,生怕被别人抢去了。其实人一生买房子的机会也不多,能够真让人喜欢的很少,有时候就像缘分,难怪卖房的人都说'房卖有缘人'。因此当时开盘时开发商要求加价5万元,我毫不犹豫地就同意了;而一位工商管理专业的大学女生则反映说"走进心理的产品会让我怦然心动,激动不已。当然有时候也会让我很焦虑,害怕别人抢走了,或者是自己的决策是错的"。相比较于女性被访谈对象而言,男性被访谈对象则要理性得多,例如一位私营企业老板就反映说"走进我心理的产品会让我喜欢,但我一般也不会表现出来,因为一旦表现出来我讨价还价的机会就减少了。当然,有的时候我也会认真思考稀缺产品到底有没有价值和造成产品稀缺的原因到底是什么?只有有价值的产品和确实是稀缺才会让我兴奋";而另一位大学男老师也表示"稀缺产品确实会更加引起我注意,但要说激动不已也谈不上,面对稀缺产品时我也会认真思考我到底需不需要,以及导致稀缺的原因。考虑清楚后如果能得到我也感到幸运,得不到我也不会感到后悔"。由此可见,"走进心理的产品"不仅会让消费者产生情绪反应,例如激动、兴奋、焦虑等,也会让消费者产生认知反应,例如吸引更多的注意、思考稀缺产品的价值以及造成稀缺的原因等。从反应来看,"走进心理的产品"既有可能存在启发式的"心理捷径",例如依赖情绪,也有可能存在系统式的"深思熟虑",例如深度认知加工。并且,深度访谈的结果还显示,存在显著的性别差异,女性被访谈者更多地表现启发式的情感反应,而男性被访谈者更多地表现系统式的认知加工。

最后,对于"您会对走进您心理的产品有什么样的反应?"问题,被访谈者主要表现在三个方面,即加速购买、溢价支付和口碑推荐。无论是社会公众样本还是大学生样本,绝大多数被访谈对象均表示,"走进心理的产品"会产生加速购买行为。例如一位公司中层女行政主管就表示,"当我看到令我心动的产品我会毫不犹豫地购买,千金难买喜欢,既然喜欢就买呗,不给人生留遗憾";而一位房地产公司的女销售代表也表示"既然都走进心理了,肯定会赶快购买,不买的话万一没了不就成了遗憾了,何必给人生留遗憾呢?"一位工商管理专业的女大学生同样表示"喜欢了就买呗,感觉瞬间即逝,机会也是,抓住感觉和机会就是经历";即使是男性被访谈者也会有类似地反映,例如一位公立医院的男临床医生就说"现代社会物质产品丰富,令人心动和兴奋的产品不多,因此既然走进了心理,我也会选择马上购买,不给自己留遗憾";但也并非所有被访谈对象都这样,一位大学男教师就表示,"我是一个比较理智的人,即使是走进心理的产品有时我也会想一想,避免太过冲动,到时后悔不好。凡事想一想,总会是好的。因此我爱人经常说我,智商很高、情商很低"。相对于加速购买而言,被访谈对象对溢价支付意愿的表示则谨慎得多。即使是社会公众样本或女性被访谈者也表示,"要多给钱还是得仔细考虑考虑",例如一位女大学老师就表示"你所说的走进心理的产品很多,但要说多给钱那还是得仔细考虑一下。回忆以往的消费经历,好像就是买房子的时候多给了钱,就是那个所谓的'团购服务费',好像其他的真是不多。当然,相比较于其他的产品而言,走进心理的产品会让我讨价还价的意愿下降却是真的";另一位大学男老师也表示"我也有过加价购买的经历,但这样的次数不是太多。就是我买车的时候,我要的这款车当时特火,当时不加钱4S店根本不接收预订。没办法,当时确实是喜欢这个车,所以就加价了5万元,这还等待了2个月才提到车了。至于其他的,好像就不太多了";而一位新闻传媒专业的大三女生同样表示,"真的要我多给钱的产品好像并不多,但面对心仪的产品要求降价的底气确实是会下降很多"。可见,"走进心理的产品"确实是会影响消费者的支付意愿,但真的会溢价支付的并不多。而对于消费者的口碑推荐而言,不同的被访谈对象却存在不同的反应,有的会产生积极的口碑推荐行为,而有的则不会产生任何口碑推荐,甚至有的还会产生消极口碑推荐。例如一位公立医院的女医生就反映,"好的东西我一般都会给科室同事积极推荐,越分享越快乐!所以我们科室有好多人都有同样的东西,不了解的人还以为是科室福利,哈哈";一位房地产公司的女销售代表也反映,"有的时候我也会给闺蜜积极推荐,有的时候她们都怀疑我是'托儿'。当然,除了闺蜜和家人以外,其他人我一般不推荐,害怕别人不喜欢,自找麻烦没意思"。一位大学女教师则反映说,"我一般不太喜欢给别人推荐,即使是我喜欢的东西,也就是你所说的'走进心理的东西',因为每个人的口味不一样,你认为好的别人不一定认为好"。而一位房地产公司的男中层管理者则反映说"如果我喜欢的东西,我一般建议朋友不要去买,因为搞得大家都一样,没有区别的,没意思的。而且有些东西还比较贵,可能别人还会误解你,认为你是炫耀的,影响朋友之间的感情"。由此可见,"走进心理的产品"会让消费者产生分化的口碑推荐反应。综合而言,"走进心理的产品"会让消费者产生积极的行为反应。

通过四个问题的深度访谈发现,心理所有权会让消费者产生积极的购买意愿。无论社会公众样本还是大学生样本,从罗列"走进心理的产品"到"稀缺产品的心理影响"再到"稀缺产品的具体感知"最后到"稀缺产品的行为反应"均清晰地表明,稀缺产品较之于普通产品更容易"走进消费者的心理"即产生心理所有权,并进而表现出积极的响应意愿。当然整个深度访谈过程也发现,这一逻辑会受到产品类型、个人特质和消费情境的影响,并且响应意愿也存在差异,加速购买最直接,溢价支付意愿次之,而口碑推荐则呈现多元化特征。

六、产品稀缺诉求对感知欺骗性的影响

假设 H_6 认为,产品稀缺诉求会促发消费者的感知欺骗性,并且需求性产品稀缺诉求较之于供应性产品稀缺诉求更容易促发消费者更大的感知欺骗性。针对这个假设,主要提出了两个问题进行检验,即"您经常会对广告产生怀疑吗"?和"如果您感觉到广告是因为被操纵您会有什么样的感知或反应?"。当然在具体深度访谈过程中,所问的问题更为细化和深入,但中心主旨都是为了揭示产品稀缺诉求对消费者感知欺骗性的影响。

对于"您经常会对广告产生怀疑吗"问题,无论是社会公众样本还是大学生样本在访谈时都表示确实会存在一定的怀疑。其实,Obermiller 与 Spangenberg(1998)、Dahlen(2005)、Kirmani 与 Zhu(2007)、Darke 与 Ritchie(2007)等早已经研究发现消费者会对广告产生自发性怀疑,因为广告具有明显的商业性动机,其主要目的是向潜在的受众推销产品或服务,自利动机、损失厌恶动机或预期后悔最小化动机等会让消费者产生防御心理,因此消费者会自发地怀疑广告的真实性,甚至可能会采用说服知识应对广告的说服企图。

相比较于大学生样本,社会公众样本被访谈对象对广告的怀疑程度更强,例如一位房地产公司的男销售代表就表示,"我对绝大多数广告都持怀疑的态度,或许是因为我也是做销售的缘故,相对较多地熟悉内情和具有较强的防骗能力,因此我不大相信广告。你想想你买到的东西会有广告吹得那么好吗?绝大多数广告不是有提示吗,'广告创意需要,请以实物为准',因此绝大多数广告都是夸张的,房子就更是如此了。你所说的产品稀缺广告我认为更值得怀疑,既然供不应求还需要花大成本广告宣传吗",一位公立医院的男临床医生也反映说"我们见过太多的夸大其词、名不副实的广告了,尤其是保健品、药品等广告。就我自身而言,也被骗过很多次,因此完全相信广告那绝对是脑子出了问题。因此我对广告是持绝对怀疑的态度"。当然,也并非所有的被访谈对象认为广告完全不可信,例如一位公司男中层管理者就认为,"广告吧,一分为二地看待。有些广告内容是真的,而有些广告内容是假的,关键看你的分辨能力。例如产品上市的时间、产品的特征、产品的功能等有可能是真的,可以为你的购买决策信息提供有效的帮助。当然产品的功能有可能存在有用的功能被夸大,而有害的功能被缩小,甚至被掩盖,这倒确实存在。因此,这就看你的辨识能力了。不过现在广告越来越规范,不像以往那种完全不可信";一位大学男老师也认为"不能说所有的广告都是假的,有些广告还是真的,如果广告是告诉你它是干什么的可能就是真的,但如果非常强的推销意味绝大多数都是假的。总之,广告信息可以作为重要的参考,但不可全信。因此我对广告是持不可不信,但不可全信的态度,半信半疑吧!"。相对而言,大学生样本对广告的怀疑程度更低,例如一位农林经济管理专业的大学生就反映,"应该说现在绝大多数的广告都还是真的,因为广告法要求所有的广告都必须进行审查才能播放,否则就违规了,会遭受严重的惩罚。并不是说我对所有广告完全信任,我也会怀疑,但我相信绝大多数广告还是真的";而一位物流管理专业的大学生则反映说,"这要看什么样的广告,大公司的绝大多数广告我相信是真的,至少我的怀疑程度很低;而那些中小企业尤其是私营企业的绝大多数广告是假的,太不可信了,我更加怀疑它们的可信性"。由此可见,广告确实会唤醒消费者的怀疑动机,但不同的群体对广告的怀疑程度有别。当被进一步问及是否也会对广告稀缺诉求产生怀疑时,无论是社会公众样本还是大学生样本都认为"广告稀缺诉求更让人怀疑"。例如一位私营企业老板就认为"说稀缺都是假的,稀缺了还用得着广告吗?我们都是做企业的,我还不知道吗?广告费其实是很贵的,如果真是稀缺的根本没有必要打广告",一位大学女教师也认为"绝大多数稀缺诉求广告我认为都是假的,骗人的,如果真是稀缺就没有必要广告,除非是价格定得太高了";而一位工商管理专业的女大学生也认为"虽然不能说所有的产品稀缺诉求广告都是假的,但我认为绝大多数都是假的,都是营销策略,因此一般我不太相信。但我们老师也讲过,有时候广告产品稀缺并不一定真稀缺,而是让别人知道这个产品稀缺,以此来显示自己的身份和地位。什么意思呢?举例说我也不相信广告的产品是稀缺的,但我买了以后其他人可能认为我的这个产品是稀缺的,因为广告是这么说的"。最后,我们都会让被访谈对象比较一下"供应性产品稀缺诉求与需求性产品稀缺诉求哪个会更让您觉得更不可信或更让您怀疑",绝大多数被访谈对象均认为"需求性产品稀缺诉求更让我觉得不可信或更让我怀疑",就像一位男教师所陈述的理由一样,"你说供应有限我还觉得有可能是真的,例如手表、汽车等经常弄个什么限量版,但你说需求的人太多导致产品稀缺就只能骗人了,既然那么多人买还用打广告吗";当然也有被访谈对象认为,"两种类型的广告哪个更让我怀疑?我觉得应该取决于具体的产品或情境。有的时候我觉得两种广告都让人怀疑,不可信,例如一些香皂、毛巾等日用品;有的时候我觉得两种广告都可信,因为我们中国人确实喜欢跟风,容易出现你所说的需求性稀缺,例如SUV车就是最好的例子,卖得就是火。因此,具体问题要具体分析,不能一概而论"。也有的被访谈对象认为"没法说""不太清楚"或"不了解"等。

而对于"如果您感觉到广告是因为被操纵您会有什么样的感知或反应?"问题,绝大多数被访谈对象表现出消极情绪或认知反应。例如一位基层公务员就表示"谁也不希望被愚弄,肯定很生气。你想想,就像自己的智商被侮辱一样,谁不生气?我肯定会投诉,而且会告诉所有人不要被骗",而一位农林经济管理专业的大学生也反映说"如果真是有确凿的证据表明广告被操纵,让我上当受骗了,我肯定不服,肯定会讨说法"。但也有人说"这个不太好判断,你说它是假的,它还说是真的了,因此不太好采集证据。例如中央电视台广告说的'极草',就是那个说冬虫夏草含着吃更好,最后国家有关部门不是说是假的吗?还有中央电视台广告不断广告的'8848'钛合金手机,说是用的很贵的'钛合金',中国消费者协会辟谣说'钛合金'其实不属于贵金属。这都是典型的被操纵广告,甚至是虚假广告。你又能把它怎么样呢?谁也不想被别人操纵,好像被愚弄似的,但有的时候没办法。生气归生气,绝大多数时候都自认倒霉吧。但我相信绝大多数消费者如果真是感觉到被操纵,肯定会不再相信公司的广告或品牌了,也不会再购买该公司的产品"。综合而言,无论是社会公众样本还是大学生样本都反映,觉察到广告被操纵肯定会产生消极情绪和消极认知,例如信任和满意都会急剧下降,甚至还会产生消极行为反应,例如消极口碑、报复、投诉、维权等。但相对而言,或许是因为文化的差异或社会法制的原因,绝大多数被访谈对象均表示,广告被操纵很难被确证,而且即使感觉被操纵最后也是不了了之。

由两个问题的深度访谈可知,产品稀缺诉求广告会唤起消费者的怀疑动机,从而产生感知欺骗性,并且需求性产品稀缺诉求较之于供应性产品稀缺诉求更容易让消费者产生更强的怀疑动机和感知欺骗性,最终会产生消极情绪和消极认知。这与 H_6 的假设内容是一致的,因此从定性或深度访谈研究来看,该研究假设得到了有效支持。

七、感知欺骗性对心理所有权的影响

假设 H_7 认为,感知欺骗性会对消费者心理所有权产生消极影响。针对这一假设,深度访谈清单里仅有一个问题,即"感觉到被欺骗后您还会认为它对您很重要吗?",但在执行深度访谈过程中,为了获得更全面和更深刻的信息,补充了很多其他的问题加以佐证,例如"感觉到被欺骗后您还会觉得广告的产品'心之所向'吗?为什么"、"感觉到被欺骗后您会感觉很恶心吗"、"您感觉到被欺骗后会自认倒霉吗"等等。无论是社会公众样本还是大学生样本,也无论是采用直接询问还是间接询问,绝大多数的被访谈对象均表示"如果感知到被欺骗,肯定会降低对稀缺产品的重要性感知,不是心之所向,而是心生厌恶"。例如一位公立医院的药剂师就反映说"我最讨厌那些欺骗性的做法,人与人之间靠真诚,企业与消费者之间靠诚信,如果真是让我感觉到企业采用欺骗性的手段诱骗我,我永远也不会再购买该企业的产品,即使产品再好我也不会买",而一位公司中层女行政主管也表示"欺骗做法不可饶恕,企业经营、诚信为本,如果采用欺骗手段,肯定是自毁前程。如果我在买东西时感觉到厂商有欺骗我的嫌疑,我肯定不会买。即使东西再好,我也觉得有种欺骗感";一位金融专业的大三男生也表示"如果我感觉到有被操纵、被欺骗的感觉,我会对企业很失望,对产品很恶心。你想想,如果产品真是好,为什么要操纵广告诱骗消费者呢?肯定是质量名不副实呗。这样的产品别说走进我的心理,我看见就觉得有被骗的感觉";而一位新闻传媒专业的大三女生则表示"适当地夸张或幽默可以,但如果你让我感觉到被操纵、被欺骗,我肯定会很生气的,人格不可屈、尊严不可辱,绝对不可接受,不管什么样的产品我永远都不会买"。由此可见,当消费者感知欺骗性时,确实会产生消极反应,这与 Darke 与 Ritchie(2007)、Chaouchi et al.(2012)、Riquelme 与 Roman(2014)等的研究结论一致,感知欺骗性会让消费者丧失信任感,并由此而对目标产品或企业心生厌恶。

为了更进一步地探寻和明确产品稀缺诉求被感知操作意图而引起的感知欺骗性对消费者心理所有权的影响,我们对有的被访谈对象直接询问了"如果您感觉到产品稀缺诉求存在操作嫌疑,您是否会存在厌恶感"。无论是社会公众样本还是大学生样本均表示,"如果我感觉到产品稀缺诉求存在操纵嫌疑,我肯定会产生感知欺骗性,并因此而产生厌恶感,因为它破坏了信任基础"。例如,一位大学男老师就直接表示"除非我没有感觉到,如果我真的感觉到稀缺是由于厂家故意设定的,我肯定不会买";而一位旅游管理专业的大四女生也表示,"如果我感觉到产品稀缺存在被操纵,我会很生气,当然也不可能买了"。因此,由产品稀缺诉求引起的感知欺骗性也会让消费者产生消极影响。

综合而言，无论是广告被操纵还是产品稀缺诉求被操纵，一旦消费者感知到被操纵的嫌疑，并因此引起消费者怀疑和感知欺骗性，消费者就不会对稀缺产品产生心理所有权。并且从深度访谈结果来看，被访谈对象对产品稀缺诉求怀疑和感知欺骗性越显性或越严重，他们对稀缺产品的厌恶感就会越强，心理所有权就会越低。由此可见，感知欺骗性会对消费者心理所有权产生消极影响。这与 H_7 的假设内容是一致的，因此从访谈结果来看该假设是成立的。

八、感知欺骗性对心理抗拒感的影响

假设 H_8 认为，感知欺骗性会对消费者心理抗拒感产生积极影响。针对这一假设，深度访谈清单里提出了两个问题，即"感觉到被操纵或诱导后您会感觉到自由受到了限制或被威胁吗？为什么？"和"感觉到被操纵或诱导后您会产生心理抗拒感吗？为什么？"，其中前一问题是间接询问被访谈对象的"自由唤醒"，而后一问题是直接询问被访谈对象的"心理抗拒感"。

对于"感觉到被操纵或诱导后您会感觉到自由受到了限制或被威胁吗？为什么？"问题，无论是社会公众样本还是大学生样本均反映，被操纵肯定会对自己的消费选择产生诱导效应，在一定程度上会损害自己的选择自由权，尤其是大学生样本反应更为强烈。例如一位公司的女行政主管就反映说"我本来可以有很多选择，但因为被操纵误导了我，让我错失更好选择的机会，因此肯定损害了我的利益"；而一位公司的男中层管理者也表示"在消费选择过程中由于被诱导我可能感觉不到自己的选择自由受侵犯，但事实上确实给我造成了选择自由的损害。如果我感觉到自己的选择被操纵了，我可能就会在主观上感觉到自己的选择自由被侵犯了，选择自由的重要性就会凸显。因此，如果从客观上来讲，只要被操纵，选择自由都会被影响；而从主观上讲，只有感觉到被操纵，选择自由才会被意识到。"；而一位物流管理专业的大学生则反映说"对于我们 90 后而言，自由是个很重要的概念，在一定程度上关乎自尊。我们不太喜欢太多的束缚，因此不管是否意识到被操纵，我们都很可能不由自主地关注自己的选择自由。例如有时候，产品本身很具有价值，但就是因为别人的推荐，尤其是销售人员的推销，会使我们很反感，最后拒绝购买。在我们的消费经历中，这样的事情比比皆是，数不胜数"；另一位旅游管理专业的大四女生也存在这样的反映，"干嘛受他人的引导，我们每个人都有自己的主见和个性，自由随心，我最讨厌别人自以为是地指导我，有时候越是这样我越对着干"。为了进一步明确由产品稀缺诉求引发的感知欺骗性唤醒的"自由意识"，我们在绝大多数情况下会补充询问一个问题，"例如产品稀缺诉求会让你感觉到选择自由受侵犯吗？"。深度访谈对象的反应则出现了分化，例如一位农民工就反映说"我并没有感觉到自由受伤害，当然如果你提醒了，我也觉得是，不过这都不重要"，另一位建筑工也反映说"没有感觉到自由被侵犯，别人广告又没有逼着

你买,都是你自己的选择。广告你愿意听就听,不愿意听就算了。你如果说广告侵犯我的自由,那世界上所有的广告都侵犯了,如果要赔偿的话,我可发了。我们都是老实人,凡事都得讲道理,不能胡搅蛮缠"。但一位大学女教师则反映说"我最讨厌产品稀缺广告了,这也稀缺那也稀缺,实质上根本不稀缺。稀缺信息肯定对我的选择会产生影响,过多地关注稀缺信息会让我失去很多更好的选择。我给你举了例子吧,原来装修房子的时候,我本来看中A品牌木地板的,结果因为看到B品牌地板搞限量促销活动的广告,结果买了B品牌地板,现在B品牌地板脱皮得很厉害,后悔死了。现在我再也不相信什么稀缺广告,纯属骗子";而一位金融学专业的大三男生则说"产品稀缺诉求肯定会造成我的选择自由受到损害,我这个人对自主性很重视,凡是影响我选择的因素我都认为侵犯了我的选择自由。"从被访谈对象的具体反映来看,不同的社会群体对产品稀缺诉求唤起的自由意识存在显著差异,大学生群体相对而言更容易被唤起自由意识,而社会群体则存在分化,管理者等白领群体更容易被唤起,而农民工或建筑工等蓝领群体更不容易被唤起。综合而言,产品稀缺诉求由于被消费者怀疑存在操纵嫌疑,容易产生感知欺骗性,进而会唤起消费者的自由被侵犯的意识,但唤起程度会存在社会群体差异。

对于"感觉到被操纵或诱导后您会产生心理抗拒感吗? 为什么?"问题,被深度访谈群体均表示,"如果真是感觉到被操纵或诱导,我们肯定会产生心理抗拒感,因为谁也不喜欢心甘情愿地被欺负"。前已所述,Dillard与Shen(2005)、Quick与Stephenson(2007)、Rains and Turner(2007)、Kim与Levine(2008)、Rains(2013)、Kim et al.(2013)等研究均表明,心理抗拒感会让消费者产生愤怒情绪和消极认知,并且二者是相互交织而非相互分离的。因此,从消费者的情绪与认知反应应该能够判断消费者是否会产生心理抗拒感。通过对社会公众样本和大学生样本深度访谈发现,即使是没有产生"自由唤醒"意识的被访谈对象也表现出明显的心理抗拒感反应。就像前述问题被访谈的农民工所反映的那样,"你所说的什么自由我不太清楚,我也没觉得有多重要。但是你不能欺负人,你如果故意害我,让我上当受骗,我肯定是要讨说法的。就像有一次,外地人在我们村里搞什么限时抢购高压锅,说是只搞一天,结果搞了几天,而且越卖越便宜,明显骗人,我买的最后都退了,欺负人不行",另一位建筑工也反映说,"不能骗人,骗人我肯定受不了,你越骗人我越不会买,我不仅自己不会买,而且还给工友说,让你骗不成"。而一位公司女行政主管更是反映说"现在绝大多数东西都能够买到,网络这么方便,又不是非买不可。因此如果我真是感觉到你骗我,采用所谓的稀缺策略来让我上当受骗,我肯定会有所反应。当然,最先肯定会很生气,骗人有意思吗? 同时,我再也不会相信你,以后卖啥我也不会相信,你就是个骗子。还有我肯定不会买了,而且还会给你差评,给其他人说不要上当受骗,让你不再祸害其他人"。有一位公司男中层管理者则更为理性地进行了分析,"采用稀缺广告或策略诱导消费者购买是非常普遍的营销策略,但应该说某些做法是不合法的,严格意义上构成了消费欺诈,是要遭惩罚的。只不过绝大多数人没有这个消费法律意识,最后也就算了。就我来说,我不太容易受稀缺信息的影响,我购买任何东西都有自己的分析和判断。但是如果我真的感觉到你在骗我,我肯定会维护自己的合法权益,而不会选择忍气吞声。例如选择新闻媒体曝光,或者向消费者协会或工商管理部门投诉,甚至也有可能向法院起诉。所以,现在很多商家其实也害怕消费者认真,真的认真他们就怂了,又是道歉又是赔礼的"。与管理者被访谈对象的理性相比,大学生样本被访谈对象则要更加激进一些,例如一位农林经济管理专业的大三男生就反映说"如果真是被操纵或被诱导,肯定很生气,你这不是骗人吗? 如果没买,我肯定不买了;如果买了,我肯定会退货,而且会给差评,让你卖不出去。如果是在实体店,我天天去找你,让你做不了生意"。当然也有的被访谈对象表现出无可奈何,例如一位服装设计专业的女大学生就反映说"肯定很生气,但有时候也就算了,买的东西价格太低,跟他们闹影响心情,烦得很,而且也没有损失多少。只要注意以后不买了就行,就当'吃一堑长一智'吧"。因此,尽管被访谈对象都反映感觉被操纵后会产生心理抗拒感,包括情绪反应和认知反应,但大家的反应方式和应对方式会存在一定程度的区别,白领相对而言更加偏理性(认知),而蓝领或大学生更加偏感性(情绪)。

综合以上两个问题的回答,产品稀缺诉求引发的怀疑或感知欺骗性确实会引起消费者的自由唤醒和心理抗拒感反应,心理抗拒感的反应既包括情绪反应也包括认知反应,例如生气、愤怒、缺乏诚信、放弃购买、退货、给差评等。但深度访谈结果也发现,自由意识唤醒和心理抗拒感反应存在群体差异,例如蓝领群体更难以感知到自由唤醒,而白领群体或大学生群体更敏感于自由唤醒;感知自由被侵犯后,白领群体更加偏重理性表达,而蓝领群体或大学生群体更加偏重感性表达。但从总体而言,整个深度访谈结果与 H_8 的假设内容是一致的,因此在一定程度上验证了假设 H_8。

九、心理抗拒感对消费者购买意愿的影响

假设 H_9 认为,心理抗拒感会对消费者的购买意愿产生消极影响。针对这一假设,深度访谈问题清单也提出了两个问题进行调查和检验,即"您产生心理抗拒感后会继续购买该产品吗?"和"您产生心理抗拒感后会向其他人传播吗?"。其中,前一问题主要涉及到消费者的角色内行为,即消费者作为消费者角色应该具有的行为表现,例如购买行为、支付行为等;而后一问题主要涉及到消费者的角色外行为,即消费者表现出的非任务导向的、自发的和有益于企业的角色扮演行为(Groth,2001),例如口碑推荐、关系展示、参与企业慈善活动、灵活性、服务改进建议、顾客意见或影响其他顾客等(Bove et al.,2008)。消费者心理抗拒感角色内外行

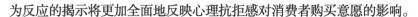

为反应的揭示将更加全面地反映心理抗拒感对消费者购买意愿的影响。

对于"您产生心理抗拒感后会继续购买该产品吗?"问题,无论是社会公众样本还是大学生样本的反映都趋于一致,即"心理抗拒感肯定会让我不买了"。例如一位公立医院的男临床医生就反映说"都产生了心理抗拒感了,那还买啥呢",一位大学男老师也表示"既然都产生心理抗拒感了,肯定不买了";即使是蓝领群体也存在相同的反应,例如一位建筑工就反映说"心理抗拒感就是反感了,谁还会买?";而且大学生样本也反映,"如果真是感到心理抗拒感,肯定不买了"。可见,由于操作意图而引起的心理抗拒感对消费者购买意愿具有肯定的消极影响。

而对于"您产生心理抗拒感后会向其他人传播吗?"问题,被深度访谈对象的反应则出现了分化,虽然都反映说不可能产生积极口碑推荐,但有的被访谈对象表现出积极的消极口碑推荐反应,而有的被访谈对象则没有。无论是社会公众样本还是大学生样本均表示,"我不可能给别人积极推荐,那不是害人吗? 害人的事情我干不出"。例如一位私营企业男老板就反映说"自己都不买,推荐别人买,明显是害人嘛。害人的事情我做不出,以后还怎么打交道";一位基层公务员也说"做人诚信为本,产生心理抗拒感了怎么还可能给别人积极推荐了,这样的人人品有问题,反正我是做不到"。但对于是否会进行消极口碑传播,不同的被访谈对象则反应不一。有的被访谈对象认为如果被欺骗应该积极向他人进行消极口碑推荐,一方面避免其他人上当受骗,另一方面也是对操纵厂商的惩戒,例如一位公司的女白领就表示"我肯定会给其他人说这个公司的恶心做法,尤其是给亲朋好友说,避免他们也上当受骗,同时也是对骗子公司的惩罚。我这个人爱憎分明,我网购的话如果产品确实好,我会给他们好评,积极向其他人推荐;但如果产品不好,我也会给差评,避免其他人上当受骗也是为自己积德修福",而一位工商管理专业的大三女生也表示,"如果真是感觉到被欺骗了,我当然会向同学说,避免让他们也上当受骗;如果是网购的话,我也会给差评,避免卖家骗其他人。同时,我就是要告诉其他人,让卖家再也骗不了人,心中才解气,不然心理难受得很"。但有的被访谈对象则表现不同,不太愿意向其他人进行消极口碑传播,例如一位大学女教师就反映说"我本身就不是一个喜欢说是谈非的人,即使真的被欺骗了,就当积累经验了。没有必要向别人说,有可能是别人的无心之过,再说了,你向别人说了又能解决问题吗,反而会影响你在别人心目中的形象。何苦呢?";一位公立医院的女药剂师也反映说"如果是因为怀疑别人操纵广告而使自己上当受骗,我不会向其他人说的,因为一是没有确凿的证据,仅仅是自己的感觉而已,你怎么证明别人是操纵了呢? 二是你说了反而别人会觉得你傻,容易上当受骗。如果真是被骗了,以后自己注意就行"。由此可见,相对于购买意愿而言,消费者的消极口碑传播反应并不完全一致,这既可能与被访谈对象的个人特质相关,也可能与购买意愿与口碑传播不同的作用动机有关,因为已有研究表明,消费者自己的购买意愿会有更高的风险偏好,而口碑传播则会有更高的风险厌恶。

综合而言,虽然消费者产生心理抗拒感后并不必然会产生消极口碑传播,但对购买意愿的消极影响却是一致的,这与H_9的假设内容完全一致,即心理抗拒感会对消费者的购买意愿产生消极影响。因此,就深度访谈的结果而言,假设H_9得到了有效支持。

十、自我建构对产品稀缺诉求影响感知稀缺性和感知欺骗性的调节作用

假设H_{10}认为,自我建构会对产品稀缺诉求影响消费者感知稀缺性产生调节作用,即独立型自我建构遇到供应性产品稀缺诉求或依存型自我建构遇到需求性产品稀缺诉求时更容易感知稀缺性;反之则反。以及假设H_{11}认为,自我建构会对产品稀缺诉求影响消费者感知欺骗性产生调节作用,即独立型自我建构遇到需求性产品稀缺诉求或依存型自我建构遇到供应性产品稀缺诉求时更容易感知欺骗性;反之则反。针对这两个假设,深度访谈清单里面列出了两个问题,即"您能简单地谈谈您的性格和习惯吗?"和"您是如何看待家人或朋友的?"Triandis(1989)、Markus与Kitayama(1991)和Singelis(1994)等在研究文化差异时发现,美国、西欧等国家的个体更倾向于强调民主与自由的独立型自我建构,而中国、日本等国家的个体更倾向于强调权威与一致的依存型自我建构。深度访谈的结果也发现,无论是社会公众样本还是大学生样本均表现出对家庭的热爱和对朋友的关心,即依存型自我建构倾向。但后来Singelis(1994,1995)等研究也发现,自我建构存在个体差异,例如Baumeister与Sommer(1997)、Cross与Madson(1997)、Gabriel与Gardner(1999)等研究就发现美国男性更多地表现为独立型自我建构倾向,而女性更多地表现为依存型自我建构倾向。我们的深度访谈结果也发现自我建构存在个体差异,例如蓝领群体表现出更强的依存型自我建构,而白领和大学生群体表现出更强的独立型自我建构;男性被访谈对象表现出较强的独立型自我建构,而女性被访谈对象表现出较强的依存型自我建构。Brewer与Gardner(1996)、Aaker与Lee(2001)等进一步地研究发现,自我建构还存在情境差异,即自我建构存在可塑性,具体的自我建构取决于激活的情境。我们的深度访谈结果也印证了这一点,即独立型自我建构较强的男性被访谈对象谈到家庭或朋友时也表现出较为明显的依存型自我建构特征,而依存型自我建构较强的女性被访谈对象在谈到自主或维权时也表现出较为明显的独立型自我建构特征。因此,自我建构确实不仅仅存在文化差异和个体差异,而且还存在情境差异。

"您能简单地谈谈您的性格和习惯吗?"问题,很显然,这个问题是具有一定独立型自我建构导向的问题。深度访谈的结果表明,男性被访谈对象表现出较强的自主性,而女性被访谈对象表现出较弱的自主性;同时,白领群体和大学生群体表现出较强的自主性,而蓝领

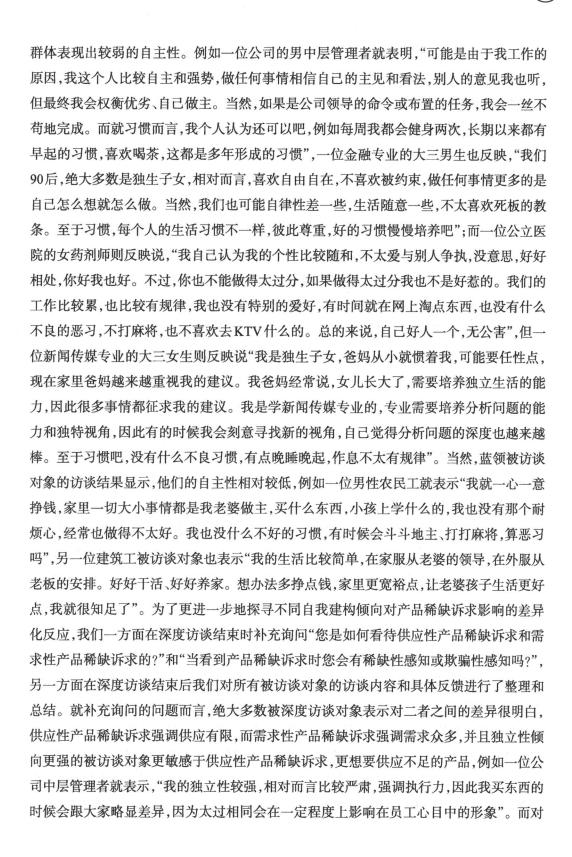

群体表现出较弱的自主性。例如一位公司的男中层管理者就表明，"可能是由于我工作的原因，我这个人比较自主和强势，做任何事情相信自己的主见和看法，别人的意见我也听，但最终我会权衡优劣、自己做主。当然，如果是公司领导的命令或布置的任务，我会一丝不苟地完成。而就习惯而言，我个人认为还可以吧，例如每周我都会健身两次，长期以来都有早起的习惯，喜欢喝茶，这都是多年形成的习惯"，一位金融专业的大三男生也反映，"我们90后，绝大多数是独生子女，相对而言，喜欢自由自在，不喜欢被约束，做任何事情更多的是自己怎么想就怎么做。当然，我们也可能自律性差一些，生活随意一些，不太喜欢死板的教条。至于习惯，每个人的生活习惯不一样，彼此尊重，好的习惯慢慢培养吧"；而一位公立医院的女药剂师则反映说，"我自己认为我的个性比较随和，不太爱与别人争执，没意思，好好相处，你好我也好。不过，你也不能做得太过分，如果做得太过分我也不是好惹的。我们的工作比较累，也比较有规律，我也没有特别的爱好，有时间就在网上淘点东西，也没有什么不良的恶习，不打麻将，也不喜欢去KTV什么的。总的来说，自己好人一个，无公害"，但一位新闻传媒专业的大三女生则反映说"我是独生子女，爸妈从小就惯着我，可能要任性点，现在家里爸妈越来越重视我的建议。我爸妈经常说，女儿长大了，需要培养独立生活的能力，因此很多事情都征求我的建议。我是学新闻传媒专业的，专业需要培养分析问题的能力和独特视角，因此有的时候我会刻意寻找新的视角，自己觉得分析问题的深度也越来越棒。至于习惯吧，没有什么不良习惯，有点晚睡晚起，作息不太有规律"。当然，蓝领被访谈对象的访谈结果显示，他们的自主性相对较低，例如一位男性农民工就表示"我就一心一意挣钱，家里一切大小事情都是我老婆做主，买什么东西，小孩上学什么的，我也没有那个耐烦心，经常也做得不太好。我也没什么不好的习惯，有时候会斗斗地主、打打麻将，算恶习吗"，另一位建筑工被访谈对象也表示"我的生活比较简单，在家服从老婆的领导，在外服从老板的安排。好好干活、好好养家。想办法多挣点钱，家里更宽裕点，让老婆孩子生活更好点，我就很知足了"。为了更进一步地探寻不同自我建构倾向对产品稀缺诉求影响的差异化反应，我们一方面在深度访谈结束时补充询问"您是如何看待供应性产品稀缺诉求和需求性产品稀缺诉求的？"和"当看到产品稀缺诉求时您会有稀缺性感知或欺骗性感知吗？"，另一方面在深度访谈结束后我们对所有被访谈对象的访谈内容和具体反馈进行了整理和总结。就补充询问的问题而言，绝大多数被深度访谈对象表示对二者之间的差异很明白，供应性产品稀缺诉求强调供应有限，而需求性产品稀缺诉求强调需求众多，并且独立性倾向更强的被访谈对象更敏感于供应性产品稀缺诉求，更想要供应不足的产品，例如一位公司中层管理者就表示，"我的独立性较强，相对而言比较严肃，强调执行力，因此我买东西的时候会跟大家略显差异，因为太过相同会在一定程度上影响在员工心目中的形象"。而对于被访谈对象在产品稀缺诉求对感知稀缺性或欺骗性的影响,独立性倾向的被访谈对象也更加强调"稀缺性"或"独特性"期望,而不太愿意追求"从众性"或"流行性"。就所有被访谈对象的访谈内容和具体反馈而言,具有更强独立性倾向的被访谈对象更敏感于供应性产品稀缺诉求的特征更为明显,例如与一位私营企业老板进行了2个小时左右深度访谈,被访谈对象较为健谈,呈现较为明显的独立型自我建构特征,强调自主、独立和较强的风险偏好,同时思路清晰、分析问题透彻,正如其直言"我肯定有与众不同的地方,办企业不易啊,尤其是这两年,没有两下子根本没法生存",而对于其消费需求,"我买东西不求多,但求质量较好,例如衣服,穿衣反映一个人的个性和品位,因为经常需要跟官员或其他老板交往,穿差了根本没有人瞧得起你,有些事情也根本办不成,我对穿衣还是比较重视的"。根据整个深度访谈的内容和具体表现来看,其更加偏好供应性稀缺产品,即对供应性产品稀缺诉求表现出较高的感知可信性和较低的感知欺骗性,这与H_{10}的假设内容是相一致的,因此从某种程度上说,假设H_{10}得到了有效支持。

而对于"您是如何看待家人或朋友的?"问题,与之相反,这个问题是具有一定依存型自我建构导向的问题。深度访谈结果表明,女性被访谈对象表现出较强的依赖性和归属感,而男性被访谈对象表现出较弱的依赖性和归属感;同时,蓝领群体表现出较强的依赖性和归属感,而白领群体或大学生群体表现出较弱的依赖性和归属感。例如一位公立医院的女临床医生就反映说"我其实是一个比较顾家的人,为了我的老公和孩子我可以什么都不要,因为他们就是我的一切。每当回家看到老公在家或孩子喊妈妈,无论工作多么辛苦,都感觉到特别幸福。我感觉到非常亏欠的是我的父母,他们含辛茹苦地把我拉扯大,但由于工作的关系不能经常回去看他们。看着他们一天天的老去,我心理的亏欠感就越来越强。自己也是做父母的,真是可怜天下父母心。至于说朋友吧,由于工作的关系,我的朋友不是太多,知心的也就那么几个。我觉得对待朋友最重要的是真诚,不要太虚伪,朋友有难自己有能力就帮助一下,平时多打打电话聊聊天,联络联络感情",另一位公司女中层行政主管也表示,"家就是我的一切,你工作再好,挣得再多,没有一个温馨的家我都觉得不幸福、不完整。尽管我在公司表现很严肃,要求很严格,但我在家绝对是贤妻良母。平时最喜欢的就是在家陪陪家人聊聊天,有时候节假日也会出去走走。我的朋友也不错,不是有一句话吗?'什么样的人交什么样的朋友',所谓的臭味相投吧,哈哈。她们发现有什么好吃的经常给我推荐。不过我们也不像20多岁的小姑娘,经常讲吃讲穿,谈这谈那,我们经常更多的是谈谈孩子的培养和教育问题。真是什么阶段聊什么样的天。不过我还是觉得朋友之间真诚最重要,诚心相待,将心比心";相比较而言,大学生样本被访谈对象更多的是谈朋友,例如一位金融管理专业的大三男生就反映说"我其实非常感谢父母生育和养育了我,给我创造这么好的条件,让我上大学、学知识。也许是由于我们正处于进入社会的准社会化阶段,或许也是我们处于叛逆阶段,在学校的时候想家,但是真的回家后我们又想回学校,因为在家的时候跟父母可聊的东西并不多,而且还被父母唠叨和嫌弃,总觉得你这也不对那也不对。而在学校跟同学之间有更多共同的语言,聊专业、开玩笑,啥都可以,没有在家那么多的压力。要说朋友吧,高中以前的朋友联系都不多了,现在一般都是大学同学联系比较多一些。大学同学之间也是讲性格相投吧,性格差不多的就走得近一些,性格不同的就可能合不来",一位新闻传媒专业的大学女生也反映说,"对于家人而言,尤其是对我父母,我非常感激他们,只要我想要的他们都会答应我,我估计我再也找不到像我父母那样对我好的父母了。但现在我也不知道做什么能够报答他们,好好地读书吧,将来努力找个好工作,好好报答他们。当然,现在回家后,我妈也经常唠叨我,找对象没有,没找就早点找,不然以后不好找。而我爸总是嫌弃我吃得少,其实我在减肥,总是说'减啥子肥嘛?我闺女本身就不胖'。我有几个很要好的闺蜜,经常在一起讨论哪里发现好吃的,穿什么衣服好看,当然我们也经常八卦,哈哈。志趣相投,无话不谈。有什么重要的事情我们都会寻求她们的建议,不然就要挨批,反正遇到她们也是我的缘分。我不太喜欢跟有心计的交往,我喜欢有什么事情就说出来的人,放在心理容易产生误会"。由此可见,无论是社会公众样本还是大学生样本都强调"家人很重要"或"朋友要真诚",呈现典型的依存型自我建构特征,但社会公众样本被访谈对象明显更加注重"家庭",而大学生样本被访谈对象明显更加强调"朋友",而且后者更加强调"自主性",因此还是存在一定的社会群体差异。为了进一步洞察不同社会群体对产品稀缺诉求的影响,尤其是对感知稀缺性与感知欺骗性的影响,我们也进行了如前一问题的补充询问。

对于"您是如何看待供应性产品稀缺诉求和需求性产品稀缺诉求的?",几乎所有被深度访谈对象均表示"很清楚两者之间的差异",例如一位农民工就说"供应性产品稀缺诉求就是广告说,数量不够,大家赶快来抢;需求性产品稀缺诉求就是广告说,大家都在抢,你也赶快来抢,不然没有呢";而对于"如何看待"的问题,蓝领被访谈对象要么语焉不详,要么是"大家都不买的我也不买,大家都买的我也会买",而其他社会群体的被访谈对象则反映出二者之间的意义差异,例如一位大学男教师就反映说"好像二者的意义不一样,供应性产品稀缺诉求意味着数量较少,产品较为独特,也可能更贵,当然风险也可能更大,买后可能感觉与大家不一样;而需求性产品稀缺诉求意味着买的人较多,产品都一样,风险也小一些,因为大家都一样,而且需求性产品稀缺诉求可能还意味着以后还可能买得到,是不是这个意思?不知道我理解错了没有?",一位旅游管理专业的大四女生也反映说"我感觉两种诉求有差异,我们经济学老师讲过,供求失衡无非就两种情况,供应太少和需求太多,你所说的广告稀缺诉求好像就是这个意思。但我感觉到供应太少好一些,因为供应比较少，拥有的人就比较少，更容易表达我的个性，避免大家都一样。我们的消费者行为学老师讲过，在绝大多数情况下多样性而非同一性才是消费常态，因为只有多样性才能表达不同的个性和偏好。我个人也觉得，只要不太过分，跟大家不一样才是我的真实表达，太过一样就没有意思了"。当然也有被访谈对象反映平时并未注意二者的差异，但消费表现确实存在差异，例如一位公立医院的男临床医生就反映说"以前都没有刻意关注，你这一访谈我发现还真有这么回事。就我个人而言，除非医院要求一致，绝大多数还是会选择与大家不一致，尤其是我老婆比较注重这一点，动不动就说'不要搞得跟大家一模一样，还是穿出点特色，有点个性嘛，一模一样就没啥意思嘛'。有时候一想也是，慢慢就开始注意自己与别人之间还是要有差异，尤其是像我们白大褂穿习惯了，对差异性就更为敏感"。综合访谈的结果表明，绝大多数的被访谈对象存在一定的独特性需求，想要通过一定的差异性表达自己的与众不同，而有的被访谈对象是有意识的，而有的被访谈对象是无意识的。正因为如此，除少数被访谈对象对两种产品稀缺诉求没有更深刻的理解外，绝大多数被访谈对象还是能够在一定程度上理解两种产品稀缺诉求所反映的意义区别。

而对于"当看到产品稀缺诉求时您会有稀缺性感知或欺骗性感知吗？"，绝大多数被访谈对象均表示存在一定程度的怀疑，例如"肯定是假的""有一些是假的，但应该不会全是假的"、"绝大多数都是假的，我从来都不相信"等。例如，一个房地产公司的男销售代表就反映说"我肯定不相信啦，因为我们经常采用这种策略去销售房子，我可以打包票地说，百分之九十的都是假的，骗人的"，而一位公司的男中层管理者认为"肯定会有假的，而且假的还不少，但我也相信有时候会有真的。你问我说两种产品稀缺诉求哪种更让我怀疑是假的，我更愿意相信需求性产品稀缺诉求更有可能是假的，一是这种广告假的太多了，二是产品真的那么好卖，还用打广告吗，三是我认为厂家或商家不一定真的了解消费者"。当然，也并非所有的被访谈对象都认为需求性产品稀缺诉求更假，例如一位公司女中层行政主管就认为"要说哪个更让我引起怀疑，这要取决于什么样的产品和我需要什么。例如像电视或报纸广告里面宣传限量版纪念币的，应该属于供应性产品稀缺诉求吧，我敢断定百分之百是假的。而需求性产品稀缺诉求有时候也可能是真的，例如有些度假酒店到旺季的时候人客爆满，像冬天的三亚、广西的长寿村等，不可不信，不可全信，还是取决于自己的见识和经验吧。但如果不是我需要的，我就不太关注，管它是供应性的还是需求性的"，而一位农林经济管理的大三男生也反映说"这个还是取决于自己的判断吧，仅仅依靠广告肯定是不够的。而且有时候即使明知道是假的，你也可能会购买；而有时候即使你明明知道是真的，你也可能不会购买，取决于需要吧。我经常有这样的经历，不知道你们有没有？当我非常喜欢一个产品时，我更有可能相信它的广告是真的；而我不太喜欢一个产品时，我更有可能相信它的广告是假的。所以，要说哪种广告更假，我认为取决于我对这个产品的需求程度和自己的判断水平"。同时,也有的被访谈对象表示,"供应性产品稀缺诉求更让我怀疑是假的",例如一位大学女教师就反映说"我不太相信供应性产品稀缺诉求,可能跟我的性格和消费经历有关。我是一个愿意与大家保持一致的人,跟大家都一样,我买的有问题那你的也会有问题,与大家不一样的话老是心理犯嘀咕,会不会只是我的有问题,如果有问题,我一个人去找厂家或商家是不是会势单力薄,经常会睡不着觉,容易神经衰弱。而且我有一次上当的经历,那是2010年吧,我看到某个楼盘说'限量供应,肯定升值',结果还加价几万元钱买了一套,结果发现根本就没有卖完,别人买房都升值,我买的房都贬值。都不想提起了,反正从那以后我就不太相信限量供应的鬼话了,骗人不打草稿"。从被访谈对象对这两个问题的回答来看,对家人或朋友有更多认同感和依赖感的被访谈对象往往表现出较低的自主性,具有更低的风险偏好,更容易认为供应性产品稀缺诉求值得怀疑,而需求性产品稀缺诉求更值得可信。

为了更进一步地检验该结果的稳健性,我们对所有被访谈对象的访谈内容和具体表现进行了整理和总结,以便于更全面和更深刻地反映不同自我建构被访谈对象对两种产品稀缺诉求的感知稀缺性和感知欺骗性的真实反应。例如,一位从事政治经济学教学的女大学教师就具有代表性,与她进行了近3个小时的深度访谈,整个访谈期间她较为全面地介绍了自己的成长经历、消费价值观和对两种产品稀缺诉求的不同反映,而且在访谈过程中经常会进行例证,以证明自己的想法或观点。她出生于重庆市某区县的农村,从小学到博士求学都比较顺利,结婚后家庭条件较好,每年都会有一两次出国旅游的机会,也有较多的奢侈品,例如手提包等,但她认为"虽然我工作很努力,但我最看重的还是家庭,我老公工作比较繁忙,我出国都会带着我的父母或他的父母。我最喜欢的是我的孩子,我们都努力给他创造最好的条件,看着他健康成长我真地很开心,也很知足。至于其他的,我都认为是身外之物,有没有都无所谓"。在介绍对两种产品稀缺诉求的感知时,她就认为"我是一个'家心'比较重的人,对物质的东西看得比较淡。我更愿意与大家一样,这样没有距离感,我还是有点反感那些有点显摆(炫耀)的人,虽然都是个性使然无可厚非,例如除非有正式场合需要,我的穿着都随大流,开心就好。家里绝大多数的事情都是我爱人做主,例如买房子等,但会参考和尊重我的意见。我说不想要的东西他绝对不会强求。你要说我对两种产品稀缺诉求有什么看法,我更相信需求性产品稀缺诉求是真的,因为我们中国人还是比较随大流,对太过稀缺或独特的东西还是有些接受不了,我假期去旅游或周末去周边度假山庄玩的时候,那真是人多,真的可以说是人流如织,因此有些广告并非是假的。记得去年我们去打广告的'吴小平葡萄基地'采摘葡萄,真是如广告里面说,人多得很,进去采摘个葡萄还要排队,不过也挺有意思的,今年大家有时间可以一起去,人多好玩些"。不仅如此,其他更为注重家庭或朋友的依存型自我建构都表现出相似的内容和特征,这与H_{11}所假设的内容具有高度的一致性,即"自我建构会对产品稀缺诉求影响消费者感知欺骗性产生调节作用,即独立型自我建构遇到需求性产品稀缺诉求或依存型自我建构遇到供应性产品稀缺诉求时更容易感知欺骗性;反之则反",因此,仅从深度访谈来看,该研究假设得到了有效支持。

第三节　研究框架的定性修正

通过对各15位社会公众样本和大学生样本的深度访谈,结果发现,绝大多数研究假设都能够得到有效支持,但也有研究假设并未得到有效支持,例如H_4假设"感知稀缺性会对消费者的心理抗拒感产生积极影响",而访谈结果表明感知稀缺性很难让被访谈对象产生更积极购买行为的心理抗拒感;同时H_7假设"感知欺骗性会对消费者的心理所有权产生消极影响",尽管许多被访谈对象表明感知欺骗性不可能让自己产生对稀缺产品的心理所有权,但也并没有明确表明"感知欺骗性越强,心理所有权越低",因此严格意义上讲该研究假设只得到了部分有效支持。综合整个深度访谈结果,本研究对整个研究概念框架进行适度的修正,以便更契合产品稀缺诉求对消费者购买意愿的真实影响。整个研究概念框架修正模型如图5.1所示。

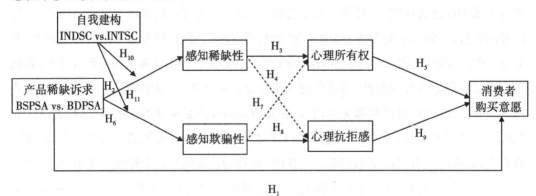

注:——▶表示有效的影响;　……▶表示无效或部分有效的影响

图5.1 整个研究概念的框架模型

第六章　产品稀缺诉求影响消费者购买意愿的实证检验

定量研究是指研究者事先建立假设并确定具有因果关系的各种变量,然后使用某些经过检测的工具对这些变量进行测量和分析,从而验证研究者预定的假设。它的本质是用统计模型测试自变量与因变量之间的相关性,从而验证理论假设是否正确、推论事物间的因果关系的过程(Zhang and Hozer,2011)。与定性研究基于种类或质的差别而不是程度的差别的研究相反,定量研究是基于程度差别而不是种类或质的差别的研究(Caporoso,1995)。相比较于定性研究具有的探索性、诊断性和预测性等特点而言,定量研究更具有验证性、精确性和概括性等特点或优点。Duncan(2005)等认为,定量研究是社会学研究最直接、最有效的验证方法,因此定量研究正越来越成为社会学实证研究的重要手段(陈云松、吴晓刚,2012),甚至有成为主导范式的趋势。定量研究方法包括调查法、相关法和实验法等具体方法,其中实验法由于能够通过创设或控制实验条件或实验变量而探寻和验证变量之间的因果关系而备受推崇,已经成为心理学、教育学、消费者行为学等社会科学研究的重要方法(舒华,张亚旭,2008)。产品稀缺诉求是重要的促销手段或营销策略,会对消费者的消费决策和购买行为产生重要甚至决定性的影响,通过实验方法可控性地探索和检验它对消费者购买意愿的影响是最为有效的理想方法。本章将通过1个预实验和3个主实验检验产品稀缺诉求对消费者购买意愿的直接效应、中介效应和调节效应。具体而言,预实验主要确定实验商品、实验情境和实验信息的有效性,实验1主要检验产品稀缺诉求对消费者购买意愿的直接效应,实验2主要检验产品稀缺诉求影响消费者购买意愿的并列多重中介效应,实验3主要检验自我建构对多重中介效应的调节效应。

第一节　产品稀缺诉求影响消费者购买意愿的预实验检验

预实验是指在主实验之前对实验条件、实验方法和实验设计等进行初步操作和检测的前置实验,其目的是为了保证主实验的预期效果和实验效率。Martin(1996)认为,有效的预实验是保证心理学主实验达到预期实验目的必不可少的步骤,它的缺失不仅会让你的主实验混乱不堪,而且实验结果也会让人怀疑。而有效的心理学预实验必须符合科学性、严谨性、经济性和灵活性等原则。只有严格遵从这些原则和科学的实验程序才能达到预实验的目的。作为被广泛使用的营销策略,产品稀缺诉求会对消费者的心理和行为产生重要影响,但它的影响也会受到干扰变量的混淆影响,要想得到干净的处理效应,必须选择合适的实验商品、创造理想的实验情境和设计精巧的实验信息,才能得出纯粹的影响效应,实现预期的实验目的。

一、实验商品选择

使用产品稀缺诉求影响消费者购买意愿的商品种类繁多,几乎无所不包,但并非都可以用于营销实验。以往用于检验"稀缺效应"的实验商品包括手表、手机、笔记本电脑、运动鞋、滑雪板、葡萄酒、啤酒、优惠券、服装、菜谱书等,例如 Verhallen(1982)等使用了菜谱书、Aggarwal et al.(2011)使用了手表、Kristofferson et al.(2017)使用了手机和笔记本电脑等分别作为实验商品。综合以往实验所采用的商品,它们都具有消费广泛性、稀缺策略典型性、实验可控性、成本经济性和实验被试适配性等特点。为了防止实验者预定实验商品给实验检测造成的可能影响,我们采用了 Wu et al.(2012)、Soni 与 Koshy(2016)等研究的做法,让被试选择实验商品,最大限度地排除实验商品的干扰影响。

我们在西南某综合性高校招募了20名被试(男12名,女8名),首先让他们尽可能多地回忆经常采用稀缺营销策略的商品,然后甄选选择次数相对较多的商品进行评价,最后结合实验目标、商品特征和实验条件等确定最终实验商品。20名被试最多的填写了15项商品,而最少的填写了5项商品,填写的商品包括房子、汽车、手表、运动鞋、服装、游戏、手机、化妆品、药品、笔记本电脑、书籍、应用软件、名画、零食、优惠券等。其中选择次数超过10次的包括房子、汽车、手机、手表、笔记本电脑和服装,将被纳入到评价范围。综合大部分所招募被试和实验者的意见,手表、手机、笔记本电脑与大学生的生活息息相关,同时关注度也比较高,而房子、汽车和服装虽然稀缺营销策略应用广泛,同时大学生们也比较关注,但不太适合以大学生为被试的实验操作,因为房子和汽车存在价格昂贵、差异性较大和大学生参与决策程度较低等不足,实验信度或效度可能会存在问题;而服装正如 Soni 与 Koshy(2016)等所言,产品类型较多、偏好差异较大和情境影响较强,不太适合实验操作。综合实验目标、被试意见和实验条件，我们将在3个主实验中分别以手表、手机和笔记本电脑作为实验商品。其中，实验商品手表并非Aggarwal et al.(2011)等实验操作所使用的传统手表，而是集时间显示、普通通话、日常记录、健康管理、运动追踪、情绪检测、机能检测等多种功能于一身的智能手表，因为传统手表无论是机械手表还是电子手表由于款式传统、功能单一、容易丢失等缺点已然不受当代大学生的欢迎，而智能手表由于款式新颖、功能多样、智能多联等优点而倍受追捧。

二、实验情境创设

实验情境是引导被试融入决策问题的背景信息，恰当的实验情境是进行实验操纵并取得预期研究结果的重要保证。心理学实验表明，无论是意象导入还是心理投射，都要求尽可能地将被试融入实验情境，具有最大的仿真性，才能有效探寻被试的真实反应，并得到真实的实验结果。因此，实验情境的设置与质量对于实验结果具有重要影响，甚至具有决定意义。根据本研究的研究目标和研究内容，结合心理学实验情境的标准和条件，我们对本研究的实验情境进行了严格的创设。

为了得到理想的实验情境材料，我们遵循了严格的程序和方法，即首先进行文献梳理和调查访谈获取真实的实验情境素材，然后对这些素材进行整理和编辑加工形成实验情境材料，并重新在潜在的目标被试中进行复验，最后根据复验反馈对实验情境材料进行修改完善。在进行文献梳理时发现，以往有关产品稀缺诉求研究的实验材料介绍都较为简洁，而在调查访谈研究时发现，无论是社会公众消费者还是大学生消费者对于价格较高消费品的消费决策都较为复杂，涉及到产品属性、个性偏好、消费情境等各种因素，综合两种资料来源的内容和特点，我们进行了严格的内容甄选和信息编辑，力求最大限度地让被试产生融入感，真实地反映消费者面对产品稀缺诉求的心理反应和行为表现。同时，在复验时，我们不仅让潜在目标被试进行了文本复验检测，而且还让实验者去百货商场等经常采用稀缺营销策略的经营场所真实观察消费者的稀缺反应，并进行记录和检核，目的也是为了最大限度地完善实验情境，增强实验情境的真实性和有效性。经过对实验产品和实验情境进行一系列地采集和完善后，我们形成了如下的实验情境：

"通过刻苦学习，我在上一年取得了全班第二的好成绩，并因此而获得了5000元的奖学金，非常开心。由于考试、面谈、乘坐飞机等经常需要掌握时间的准确性，通过手机看时间极为不方便，因此我打算买一块价格预算为3000元的机械手表，并正在斯沃琪、天梭、飞亚达等品牌中犹豫不决。有一天我去某百货商场，在去手表专区的过程中，我不经意间看见某国际知名品牌生产的某新型智能手表大幅海报，海报正面一对俊男靓女代言人佩戴着时尚靓丽、熠熠生辉的智能手表，表情扩张地喊着"真的无所不能！"

供应性产品稀缺诉求的省略之语为"同时,在海报的右上方非常清晰地呈现'无所不能,全球限量'几个白色大字,让我兴趣盎然,我打算去看看";需求性产品稀缺诉求的省略之语为"同时,在海报的右上方非常清晰地呈现'无所不能,全球追捧'几个白色大字,让我兴趣盎然,我打算去看看";而控制组的省略之语为"同时,在海报的右上方非常清晰地呈现'无所不能,全球共享'几个白色大字,让我兴趣盎然,我打算去看看"。为了控制字数可能会造成被试的干扰影响,我们省略之语的字数都严格控制在48个字。

最后,为了增强实验的真实性,我们还聘请专业人员对海报进行了真实设计,形成一个真实的广告彩页,以便进一步增强被试的真实感。

三、实验信息检测

我们在西南某综合性高校招募了42名(男19名,女23名)被试对预实验的实验商品和实验情境等实验材料进行了检测,他们的年龄为$M_{年龄}$=21.333岁(SD=1.141)。实验采取单因素组间设计,即将被试随机地分为供应组、需求组和控制组。具体实验过程为被试进入实验室在座位上坐定后,首先将听实验者的简单介绍,内容主要是实验设计伪装("广告设计")和实验操作;然后被试打开实验桌上的大信封,里面装有实验情境、广告彩页、调查问卷和致谢语等各一份;最后要求被试静坐三分钟后进行实验操作,并要求完善个人统计信息。其中,调查问卷包括三项产品熟悉性检测(例如"我对该产品非常熟悉")、一项广告关注信息检测(例如"我看到了海报上的")、两项产品供求信息检测(例如"我认为该产品存在供应不足?"或"我认为该产品存在需求较大")和一项品牌承诺检测(例如"我非常喜欢该品牌的产品")。除了"广告关注信息"检测外,其他所有问项都是采用7点Likert量表,即1代表非常不赞同,7代表非常赞同,数值越高赞同度越高。实验结束后,所有被试将被再次口头致谢和领取10元钱的实验参与奖励。

预实验结束之后,我们对实验结果进行了统计分析。通过验证性因子分析发现,三项产品熟悉性检测负载在单一因子上,因此均值化处理后形成产品熟悉性确认指数,而其他各项检测本身均为单一问项检测,无需进行该处理。就产品熟悉性而言,三组被试对智能手表的产品熟悉程度均处于中等偏低水平,且三组之间并无显著差异($M_{供应组}$=2.714,$M_{控制组}$=2.833,t(26)=−0.891,p=0.381>0.05;$M_{需求组}$=2.881,$M_{控制组}$=2.833,t(26)=0.318,p=0.753>0.05;$M_{供应组}$=2.714,$M_{需求组}$=2.881,t(26)=−0.985,p=0.334>0.05),因此产品熟悉性并没有产生处理效应;就广告关注信息而言,各组被试首先关注的信息选项是"智能手表、'真的无所不能'、供求信息",并且各组之间也无显著组别差异;就品牌承诺而言,各组被试之间品牌承诺如同产品熟悉性一样,均处于中等偏低水平($M_{品牌承诺}$=2.976,SD=0.643),而且也无显著差异($M_{供应组}$=2.857,$M_{控制组}$=3.000,t(26)=−0.618,p=0.542>0.05;$M_{需求组}$=

3.071，$M_{控制组}=3.000$，$t(26)=0.291$，$p=0.773>0.05$；$M_{供应组}=2.857$，$M_{需求组}=3.071$，$t(26)=-0.813$，$p=0.424>0.05$。但就产品供求信息而言，无论是供应组还是需求组均与控制组在供应性稀缺上存在显著差异（供应性稀缺诉求：$M_{供应组}=5.000$，$M_{控制组}=1.786$，$t(26)=15.000$，$p<0.05$；需求性稀缺诉求：$M_{需求组}=2.214$，$M_{控制组}=1.786$，$t(26)=1.959$，$p<0.05$），并且供应组较之于需求组表现出更高的供应性稀缺（$M_{供应组}=5.000$，$M_{需求组}=2.214$，$t(26)=13.000$，$p<0.05$）；同时，无论是供应组还是需求组均与控制组在需求性稀缺上也存在显著差异（需求性稀缺诉求：$M_{需求组}=5.929$，$M_{控制组}=1.714$，$t(26)=23.636$，$p<0.05$；供应性稀缺诉求：$M_{供应组}=2.071$，$M_{控制组}=1.714$，$t(26)=2.003$，$p<0.05$），并且需求组较之于供应组表现出更高的需求性稀缺（$M_{需求组}=5.929$，$M_{供应组}=2.071$，$t(26)=21.501$，$p<0.05$）。综合而言，在产品熟悉性、广告关注信息和品牌承诺无显著差异的情况下，供应组、需求组和控制组等三组被试之间在产品供求程度的感知方面存在显著差异，因此产品实验信息操作是成功的。基于此，我们将把实验商品、实验情境和实验信息用于主实验1中。同时，为了统计的方便，我们将供应组、需求组和控制组分别编码为BSPSA、BDPSA和CPSA。

第二节 产品稀缺诉求影响消费者购买意愿的直接效应检验

实验1主要是检验产品稀缺诉求对消费者购买意愿的直接效应，即假设H_1。假设H_1认为，产品稀缺诉求会对消费者购买意愿产生影响，但影响的结果存在不确定性，如果消费者面对产品稀缺诉求信息时感知稀缺性占优于感知欺骗性时，会增强消费者的购买意愿（H_{1a}）；而如果消费者面对产品稀缺诉求信息时感知欺骗性占优于感知稀缺性时，会减弱消费者的购买意愿（H_{1b}）。实验1将包括三个子实验，分别为实验1A、实验1B和实验1C。其中实验1A主要检验产品稀缺诉求较之于非产品稀缺诉求会对消费者购买意愿产生重要影响，实验1B主要检验感知稀缺性与感知欺骗性在产品稀缺诉求影响消费者购买意愿的双路径中介影响，实验1C主要检验不同产品稀缺诉求的双路径中介影响的差异。

一、实验1A：产品稀缺诉求对消费者购买意愿的影响

实验1A的实验目的是检验产品稀缺诉求较之于非产品稀缺诉求会对消费者购买意愿产生重要影响。实验设计采用单因素组间设计，即实验组和控制组。实验商品和实验情境与预实验1一样，差别仅在于产品实验信息。实验组中的实验信息为"无所不能，全球限量"（稀缺组），而控制组中的实验信息为"无所不能，全球共享"。我们在西南某综合性高校招募了69名被试者，将其随机地分为大致同质的两组。实验开始后，所有被试首

先将阅读实验材料和浏览广告彩页,然后填写购买意愿及其相关想法,最后将完善个人统计信息,并被致谢和领取实验参与奖励。其中,消费者购买意愿测量采用的是 Wu 等(2012)所采用的4项7点制 Likert 量表(例如"我购买这个智能手表的可能性很高");相关想法即是想法罗列技术(Thought-listing techology),主要检测被试的真实想法,此方法已经在消费者认知加工或消费选择中被广泛应用(Simonson,1992;Suri et al.,2007)。实验结束后,经仔细检测,发现有7名被试因填写不完整或真实性较差(答案全是1或7)而被剔除,最终有效被试为62名(男35名,女27名),他们的平均年龄为 $M_{年龄}$=21.919岁(SD=0.836)。

验证性因子分析结果显示,四项消费者购买意愿测量负载在单一因子上,因此形成消费者购买意愿指数。独立样本T实验结果显示,存在产品稀缺诉求的实验组较之于不存在产品稀缺诉求的控制组具有显著更高的购买意愿($M_{稀缺组}$=5.292,$M_{控制组}$=4.477,$t(60)$=7.269,p<0.05),表明产品稀缺诉求确实较之于非产品稀缺诉求会对消费者购买意愿产生重要影响。同时,我们聘请盲于实验目的的两位学者对想法罗列进行了编码,即与稀缺有关的想法编码为1,其他的想法编码为0,二人编码一致者高达92.548%,而不一致者通过协商解决。统计结果显示,稀缺组较之于控制组的被试有明显更高的稀缺想法($M_{稀缺组}$=3.233,$M_{控制组}$=1.906,$t(60)$=6.554,p<0.05),例如"稀缺说明少""稀缺的产品更有价值""稀缺的产品更酷"等。

通过实验1A的定量分析和想法罗列有效地表明产品稀缺诉求确实会对消费者购买意愿产生影响,产品稀缺诉求较之于非产品稀缺诉求会增强消费者的购买意愿,并且会产生更多与稀缺相关的认知加工或想法。那么,产品稀缺诉求影响消费者购买意愿的内在机制是什么呢? 根据研究假设,我们将通过实验1B检测产品稀缺诉求影响消费者购买意愿的双中介路径。

二、实验1B:产品稀缺诉求影响消费者购买意愿的双中介路径

实验1B的主要目的是检验感知稀缺性与感知欺骗性对产品稀缺诉求影响消费者购买意愿的双中介效应。实验设计也采用的是单因素组间设计。除了被试需要评定感知稀缺性与感知欺骗性等量表和罗列相关想法外,实验商品、实验情境、实验信息和实验过程与实验1A一样。其中,感知稀缺性量表采用的是 Lynn 和 Bogert(1996)、Swami 和 Khairnar(2003)等所使用5问项7点制 Likert 量表;感知欺骗性量表采用的是 Chaouachi 与 Rached(2012)所开发的8问项7点制 Likert"感知欺骗性测量量表"。我们在西南某高校招募了83名被试同时参与实验。实验结束后,基于与实验1A相同的原因剔除掉了12名被试,最终有效被试为71名(男41名,女30名),他们的平均年龄为 $M_{年龄}$=21.873岁(SD=0.925)。

验证性因子分析发现,感知稀缺性和消费者购买意愿各自负载在单一因子上,因此形成各自的确认指数;而感知欺骗性负载在两个因子上,由于本实验采用的是方差分析而非结构方程,因此也将其均值化后形成"感知欺骗性确认指数"。同时,信度检验结果显示,感知稀缺性、感知欺骗性和消费者购买意愿的Cronbach's α信度分别为0.842、0.919和0.943,均大于可接受的标准0.70(Churchill,1979),表明具有良好的内部一致性和可靠性。此外,为了统计的方便,我们将实验组和控制组分别编码为1和0。

SPSS20.0多因素方差分析(MANOVA)结果显示,稀缺组的被试较之于控制组的被试具有显著更高的购买意愿($M_{稀缺组}=4.958$, $M_{控制组}=3.431$, $t(69)=21.783$, $p<0.05$),同时,稀缺组被试也比控制组被试有更高的感知稀缺性($M_{稀缺组}=5.432$, $M_{控制组}=4.012$, $t(69)=15.618$, $p<0.05$)和感知欺骗性($M_{稀缺组}=3.851$, $M_{控制组}=2.077$, $t(69)=19.591$, $p<0.05$),因此产品稀缺诉求会同时唤起消费者的感知稀缺性和感知欺骗性。

由于Baron与Kenny(1986)的传统中介效应检验方法备受诟病(Muller et al.,2005),因此本书采用了Boostrap中介检验分析程序。根据该程序的要求对各变量进行标准化处理后,按照Zhao等(2010)提出的中介效应分析程序,参照Preacher(2008)和Hayes(2013)提出的Bootstrap方法进行中介效应检验,选择模型4,样本量选择为5000,取样方法为选择偏差校正的非参数百分位法。中介效应检验结果显示(表6.1),感知稀缺性与感知欺骗性在产品稀缺诉求影响消费者购买意愿中均起到了中介作用,并且中介效应大小分别为0.609(LLCI=0.535,ULCI=0.684,不包含0)和0.326(LLCI=0.294,ULCI=0.358,不包含0)。而且,在控制了中介变量后,产品稀缺诉求影响消费者购买意愿的直接效应已经不再显著(LLCI=−0.033,ULCI=0.079,包含0)。

表6.1 稀缺组与控制组感知稀缺性与感知欺骗性的共同中介效应

效应类型	中介变量	效应值	标准误SE	t值	p值	95% 置信区间 CI	
						LLCI	ULCI
直接效应	—	0.023	0.006	1.370	0.112	−0.033	0.079
中介效应	感知稀缺性	0.609	0.038	—	—	0.535	0.684
	感知欺骗性	0.326	0.016	—	—	0.294	0.358

注:感知稀缺性、感知欺骗性、购买意愿等各变量数据为标准化数据。

与此同时,我们还对所有被试的罗列进行了编码处理,即由双盲于实验目的的两名评定者分别将有关稀缺性和欺骗性想法分别评定为1和−1,而将其他想法评定为0,双方一致性为86.472%,评价不一致的通过讨论协商评定。统计结果显示,稀缺组既会表现出更多的稀缺性想法($M_{稀缺组}=4.378$, $M_{控制组}=3.000$, $t(69)=9.697$, $p<0.05$),也会表现出更多的欺骗性想法($M_{稀缺组}=2.757$, $M_{控制组}=1.824$, $t(69)=6.996$, $p<0.05$)。因此,想法罗列结果也证

实,消费者在面对产品稀缺诉求较之于没有面对产品稀缺诉求时有更多的稀缺性感知与欺骗性感知,即产品稀缺诉求会对消费者购买意愿产生双路径中介影响。

通过实验1B有效证实产品稀缺诉求会通过感知稀缺性与感知欺骗性的双中介路径影响消费者的购买意愿,而且产品稀缺诉求较之于非产品稀缺诉求会让被试产生更多的感知稀缺性与感知欺骗性想法。但不同产品产品稀缺诉求(供应性 vs.需求性产品稀缺诉求)是否会存在双中介路径以及中介效应差异呢? 接下来,我们将通过实验1C进行有效检验。

三、实验1C:不同产品稀缺诉求影响消费者购买意愿的双路径差异

实验1C的主要目的是检验不同产品稀缺诉求影响消费者购买意愿的双路径差异,即供应性产品稀缺诉求与需求性产品稀缺诉求的双中介路径影响差异。实验设计同样采用的是单因素组间设计。除了给两组分别呈现的产品实验信息不一样外,其他方面均与实验1B一样。两组被试中一组被试将被呈现"无所不能,全球限量",而另一组被试将被呈现"无所不能,全球追捧"。我们在西南某高校招募了95名被试同时参与实验。实验结束后,基于与实验1A相同的原因剔除掉了10名被试,最终有效被试为85名(男41名,女44名),他们的平均年龄为$M_{年龄}$=21.506岁(SD=0.750)。

采用与实验1A和实验1B相同的验证性因子分析方法发现,感知稀缺性、感知欺骗性和消费者购买意愿的因子结构如实验1B一样,遂形成相同的确认指数。同时,信度检验结果也显示,感知稀缺性、感知欺骗性和消费者购买意愿的Cronbach's α信度分别为0.869、0.827和0.913,均大于可接受的标准0.70(Churchill,1979),同样具有良好的内部一致性和可靠性。此外,为了统计的方便,我们分别将供应性产品稀缺诉求组(BSPSA)和需求性产品稀缺诉求组(BDPSA)分别编码为1和0。

SPSS20.0多因素分析(MANOVA)结果显示,供应性产品稀缺诉求较之于需求性产品稀缺诉求更容易唤起被试的购买意愿(M_{BSPSA}=5.599,M_{BDPSA}=4.788,$t(83)$=18.832,$p<0.05$),同时供应性产品稀缺诉求较之于需求性产品稀缺诉求更容易唤起被试的感知稀缺性(M_{BSPSA}=5.445,M_{BDPSA}=4.166,$t(83)$=13.748,$p<0.05$),但需求性产品稀缺诉求较之于供应性产品稀缺诉求更容易唤起被试的感知欺骗性(M_{BSPSA}=2.974,M_{BDPSA}=3.796,$t(83)$=−16.762,$p<0.05$),因此无论是供应性产品稀缺诉求还是需求性产品稀缺诉求都会唤起消费者的感知稀缺性和感知欺骗性,并且所唤起的感知稀缺性和感知欺骗性还存在显著差异。

同时采用与实验1B相同的中介效应检验方法。中介效应检验结果显示(表6.2),感知稀缺性与感知欺骗性在不同产品稀缺诉求影响消费者购买意愿中也都起了中介作用,并且中介效应大小分别为0.575(LLCI=0.491,ULCI=0.668,不包含0)和0.294(LLCI=

0.240,ULCI=0.352,不包含0)。而且,在控制了中介变量后,不同产品稀缺诉求影响消费者购买意愿的直接效应也已经不再显著(LLCI=−0.053,ULCI=0.116,包含0)。

表6.2 不同产品稀缺诉求感知稀缺性与感知欺骗性的共同中介效应

效应类型	中介变量	效应值	标准误SE	t值	p值	95%置信区间CI	
						LLCI	ULCI
直接效应	—	0.031(ns)	0.043	0.738	0.463	−0.053	0.116
中介效应	感知稀缺性	0.575	0.045	—	—	0.491	0.668
	感知欺骗性	0.294	0.028	—	—	0.240	0.352

注:感知稀缺性、感知欺骗性、购买意愿等各变量数据为标准化数据。

同样采用与实验1B相同的罗列想法处理。统计分析结果显示,虽然供应性产品稀缺诉求与需求性产品稀缺诉求均会让被试产生感知稀缺性和感知欺骗性想法,但前者更容易让被试产生更多的感知稀缺性想法(M_{BSPSA}=4.068,M_{BDPSA}=2.902,$t(83)$=7.895,$p<0.05$),例如"我相信确实如此",从而让被试产生更高的购买意愿;而后者更容易让被试产生更多的感知欺骗性想法(M_{BSPSA}=1.795,M_{BDPSA}=2.854,$t(83)$=−7.586,$p<0.05$),例如"我认为是骗我的",从而让被试产生更低的购买意愿,因此不同产品稀缺诉求也会通过感知稀缺性与感知欺骗性双中介路径影响消费者的购买意愿,而且存在中介效应差异。

通过实验1C有效证实不同产品稀缺稀缺诉求对消费者购买意愿的影响也存在双中介路径,而且存在中介效应差异。所有实验1的三个实验结果表明,产品稀缺稀缺诉求会影响消费者的购买意愿,并且存在感知稀缺性与感知欺骗性双中介路径,而且当感知稀缺性中介路径占优时消费者的购买意愿会更强,而当感知欺骗性中介路径占优时消费者的购买意愿会降低,因此假设H₁得到有效支持。但实验1仅仅检验了不同产品稀缺诉求会存在双中介路径,但双中介路径是否会存在多重中介的影响仍然不得而知,接下来将通过实验2进行检验。

第三节　产品稀缺诉求影响消费者购买意愿的中介效应检验

实验2主要是检验产品稀缺诉求影响消费者购买意愿的并列多重中介路径,即假设H₁~H₉。为了增强研究的一般性,实验2采用的新实验商品为智能手机。其主要理由有:一是目前绝大多数消费者都拥有智能手机,并且智能手机集通讯、娱乐和支付等多种功能于一身;二是智能手机创新速度快,各厂商不断推陈出新产品,各品牌竞相采用产品稀缺诉求策略进行促销;三是智能手机兼具实用品与享乐品特性,能有效消除产品属性的干扰影响;四是智能手机使用兼具公开性和私密性,增强消费情境的普适性。正因为如此,许多稀缺或脱销研究实验都将智能手机作为理想的实验商品(Kramer and Carroll,2009;Ku et al.,2014)。实验2的实验情境和实验信息与预实验和实验1存在某些相似之处,但也存在一定的差异。

一、实验设计

实验2的实验情境为"通过刻苦学习,我在上一年取得了全班第二的好成绩,并因此而获得了5000元的奖学金,非常开心。前不久,我使用了3年的手机频繁死机,已经严重影响到我与家人、朋友和老师之间的联系,因此我打算买一部价格预算在4000元的新手机。我一直在苹果、三星和华为等品牌手机之间犹豫不决。由于担心网购不安全,我决定去家电连锁实体店看看。当我走到华为连锁店时,看到巨幅的华为新品广告,白底背景上两部华为手机新品耀世而立……"而在两部华为手机的下面,呈现两行分布的八个红字。供应性产品稀缺诉求的省略之语为"'无所不能,全球限量',让我兴趣盎然,我打算去看看";需求性产品稀缺诉求的省略之语为"'无所不能,全球追捧'让我兴趣盎然,我打算去看看";而控制组的省略之语为"'无所不能,全球共享',让我兴趣盎然,我打算去看看"。由于在预实验中已对相关广告语进行了差异检测,本实验将不再对广告语的有效性进行重复检测。

实验设计采取单因素组间设计,具体实验过程为首先将所招募的被试随机分为大致同质的三组并将其带入实验室,被试在听完实验者的实验介绍和实验要求后打开各自课桌上的实验信封袋,内装有实验情境、广告彩页、调查量表和个人统计信息等;然后所有被试被要求凝神静气三分钟后开始仔细阅读实验材料、浏览广告彩页和填写相关量表及个人统计信息;最后被试将被询问实验目的、被致谢和领取10元钱的实验参与奖励。其中,感知稀缺性、感知欺骗性和消费者购买意愿等量表与实验1一样,而"心理所有权测量量表"改编自VanDye和Piece(2004)、Yeung(2012)等使用的6项7点制Likert量表(例如"我感觉到这部手机就是我想要的"),"心理抗拒感测量量表"采用的是Hong和Faedda(1996)开发的11问项7点制Likert"心理抗拒测量量表"(例如"当我不能做出自由而独立的决策时会感到很沮丧")。此外,为了有效排除品牌承诺(例如"我对华为品牌有很高的承诺")、消费者创新性(例如"我就喜欢买新产品")和消费者民族中心主义(例如"我就喜欢买国货")等心理可能存在的干扰影响,我们还对相关构念采用单一问项进行了检测,因为Bergkvist和Rossiter(2007)研究发现单一问项有时比多维问项有更高的预测效度。我们在西南某综合性高校招募了236名被试分三个批次参与实验,实验结果显示实验批次并没有对实验结果产生干扰影响。实验结束后,基于与实验1A相同的原因剔除掉了25名被试,最终有效被试为221名(男123名,女98名),他们的平均年龄为$M_{年龄}$=21.587岁(SD=1.028)。

二、实验结果

(一)信度检验与变量处理

SPSS20.0统计结果显示,感知稀缺性、感知欺骗性、心理所有权、心理抗拒感和购买

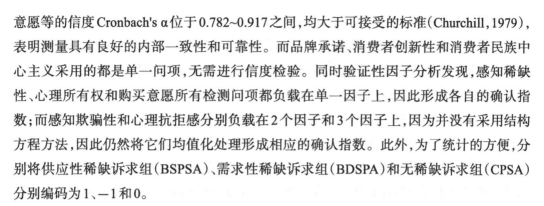

意愿等的信度 Cronbach's α 位于 0.782~0.917 之间,均大于可接受的标准(Churchill,1979),表明测量具有良好的内部一致性和可靠性。而品牌承诺、消费者创新性和消费者民族中心主义采用的都是单一问项,无需进行信度检验。同时验证性因子分析发现,感知稀缺性、心理所有权和购买意愿所有检测问项都负载在单一因子上,因此形成各自的确认指数;而感知欺骗性和心理抗拒感分别负载在 2 个因子和 3 个因子上,因为并没有采用结构方程方法,因此仍然将它们均值化处理形成相应的确认指数。此外,为了统计的方便,分别将供应性稀缺诉求组(BSPSA)、需求性稀缺诉求组(BDSPA)和无稀缺诉求组(CPSA)分别编码为 1、-1 和 0。

（二）直接效应检验

实验首先分别对产品稀缺诉求影响消费者感知稀缺性和感知欺骗性进行了直接效应检测。MANOVA 结果显示,就感知稀缺性而言,供应性产品稀缺诉求和需求性产品稀缺诉求均较无稀缺诉求有更高的感知稀缺性(M_{BSPSA}=5.281,M_{CPSA}=2.215,t(144)=37.58,p<0.05;M_{BDSPA}=4.507,M_{CPSA}=2.215,t(138)=27.645,p<0.05),并且供应性产品稀缺诉求较之于需求性产品稀缺诉求有更高的感知稀缺性(M_{BSPSA}=5.281,M_{BDPSA}=4.507,t(154)=14.299,p<0.05),因此假设 H_2 得到有效支持;就感知欺骗性而言,供应性产品稀缺诉求和需求性产品稀缺诉求也均较无稀缺诉求有更高的感知欺骗性(M_{BSPSA}=2.397,M_{CPSA}=1.862,t(144)=6.816,p<0.05;M_{BDSPA}=3.405,M_{CPSA}=1.862,t(138)=18.521,p<0.05),并且需求性产品稀缺诉求较之于供应性产品稀缺诉求有更高的感知欺骗性(M_{BDPSA}=3.405,M_{BSPSA}=2.397,t(154)=18.476,p<0.05),因此假设 H_6 得到有效支持。

（三）路径分析检验

路径分析(Path Analysis)是 Wright(1921)最早提出来用于分析变量之间因果关系的统计分析方法,它有效地克服了多元回归要求自变量之间不存在相关性的不足,统计原理类似于结构方程模型。路径分析的计算要求具备五个前提条件,即模型中各变量的函数关系为线性可加、模型中各变量均为等间距测度、各变量均为可观察变量且其测量不存在误差、各变量间的多重共线性程度不能太高和需要有足够的样本量,最好 10 倍于被估计参数个数(Kline,1998)。路径分析方法的基本步骤是首先进行相关变量的处理和检验,然后将所有自变量一起对因变量进行回归,最后对每一项前置变量对后置变量进行回归。通过逐项检验发现,除了"各变量之间的多重共线性不能太高"尚未检验外,其他各项均符合进行路径分析的前提条件。多重共线性是指线性回归模型中的解释变量之间由于存在精确相关关系或高度相关关系而使模型估计失真或难以估计准确。通过对产品稀缺诉求、感知稀缺性、感知欺骗性、心理所有权和心理抗拒感等变量进行多重贡献性诊断发现,无论是特征值、条件索引还是方差比例判断标准均显示,这些变量之间的多重共线性并不严重,完全满足路径分析的基本要求。

按照路径分析的基本步骤,首先,对相关变量进行处理,例如所有变量进行标准化处理。然后,将所有自变量或解释变量一起对因变量进行回归。结果如图6.1所示。产品稀缺诉求对消费者购买意愿($\beta=0.019,t(156)=0.521,p=0.603>0.05$)、感知稀缺性对消费者购买意愿($\beta=0.083,t(156)=1.002,p=0.318>0.05$)和感知欺骗性对消费者购买意愿($\beta=-0.108,t(156)=-1.337,p=0.183>0.05$)的影响均不显著,而心理所有权对消费者购买意愿($\beta=0.629,t(156)=4.961,p<0.05$)和心理抗拒感对消费者购买意愿($\beta=-0.242,t(156)=-6.330,p<0.05$)的影响均显著。最后,对每一项前置变量对后置变量进行回归分析。①产品稀缺诉求对感知稀缺性的正向影响显著($\beta=0.755,t(154)=14.299,p<0.05$),因此假设$H_1$再次得到稳健支持;②产品稀缺诉求对感知欺骗性的负向影响显著($\beta=-0.830,t(154)=-18.476,p<0.05$),因此假设$H_6$也得到有效支持;③感知稀缺性对心理所有权的正向影响显著($\beta=0.625,t(154)=38.208,p<0.05$),因此假设$H_3$得到有效支持;④感知稀缺性对心理抗拒感的正向影响不显著($\beta=0.047,t(154)=0.871,p=0.358>0.05$),因此假设$H_4$并未得到有效支持;⑤心理所有权对消费者购买意愿的正向影响显著($\beta=0.629,t(154)=4.961,p<0.05$),因此假设$H_5$得到有效支持;⑥感知欺骗性对心理所有权的负向影响显著($\beta=-0.506,t(154)=-26.311,p<0.05$),因此假设$H_7$得到有效支持;⑦感知欺骗性对心理抗拒感的正向影响显著($\beta=0.910,t(154)=14.315,p<0.05$),因此假设$H_8$得到有效支持;⑧心理抗拒感对消费者购买意愿的负向影响显著($\beta=-0.230,t(154)=-5.592,p<0.05$),因此假设$H_9$得到有效支持。综合而言,除了假设$H_4$即感知稀缺性会对心理抗拒感产生负向影响并未得到有效支持外,其他研究假设都得到了有效支持,这与定性研究的结果一致,即感知稀缺性并不会引起消费者的心理抗拒感导致更强的购买意愿。

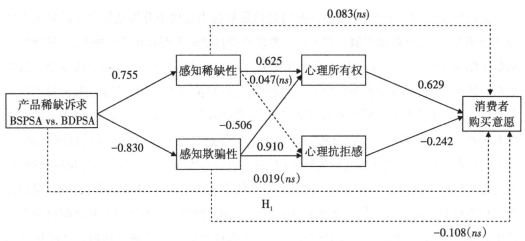

注:——▶表示有效的影响; ┈┈▶表示无效的影响; *ns* 表示不显著。

图6.1 整个研究概念的框架模型

（四）Bootstrap检验

由于Baron与Kenny(1986)的传统中介效应检验备受诟病(Muller et al.,2005)，同时无法进行多列多重中介检验，因此本书采用Boostrap方法做进一步的中介检验。根据该方法的要求对各变量进行标准化处理后，按照Zhao等(2010)提出的中介效应分析程序，参照Preacher(2008)和Hayes(2013)提出的Bootstrap方法进行中介效应检验，选择模型6，样本量选择为5000，取样方法为选择偏差校正的非参数百分位法。Bootstrap中介检验结果显示(表6.3)：①产品稀缺诉求→感知稀缺性→心理所有权→消费者购买意愿中介路径显著，中介效应大小为0.297(LLCI=0.143,ULCI=0.430,不包含0)；②产品稀缺诉求→感知稀缺性→心理抗拒感→消费者购买意愿中介路径不显著(LLCI=−0.050,ULCI=0.081,包含0)；③产品稀缺诉求→感知欺骗性→心理所有权→消费者购买意愿中介路径显著，中介效应大小为0.282(LLCI=0.133,ULCI=0.410,不包含0)；④产品稀缺诉求→感知欺骗性→心理抗拒感→消费者购买意愿中介路径显著，中介效应大小为0.220(LLCI=0.141,ULCI=0.317,不包含0)。同时，在控制了各中介路径后，产品稀缺诉求→消费者购买意愿的直接效应不再显著(LLCI=−0.092,ULCI=0.154,不包含0)。进一步研究发现，产品稀缺诉求→感知稀缺性→心理抗拒感→消费者购买意愿中介路径不显著(LLCI=−0.050,ULCI=0.081,包含0)的主要原因是"感知稀缺性→心理抗拒感"之间的中介效应不显著，导致该条整个中介路径不显著。该研究结论不仅与定性研究结果一致，与路径分析的研究结果也一致，因此产品稀缺诉求引起的消费者感知稀缺性并不一定会导致心理抗拒感的产生，即假设H_4并未获得有效支持。

（五）干扰影响检验

为了避免品牌承诺、消费者创新性和消费者民族中心主义可能存在的干扰影响，我们也对三个变量进行了检测。检测结果显示：①就品牌承诺而言，三组被试对华为品牌均具有中等偏低的品牌承诺，但相互之间并无显著差异(M_{BSPSA}=4.086,M_{CPSA}=4.092,$t(144)$=−0.052,p=0.959>0.05；M_{BDPSA}=4.240,M_{CPSA}=4.092,$t(138)$=0.794,p=0.214>0.05；M_{BSPSA}=4.086,M_{BDPSA}=4.240,$t(154)$=−1.441,p=0.151>0.05)，而且它们对感知稀缺性(β=0.013,$t(219)$=0.189,p=0.850>0.05)、心理所有权(β=−0.056,$t(219)$=−0.691,p=0.491>0.05)、感知欺骗性(β=0.062,$t(219)$=0.915,p=0.361>0.05)、心理抗拒感(β=−0.041,$t(219)$=−0.512,p=0.609>0.05)和消费者购买意愿(β=0.029,$t(219)$=0.361,p=0.719>0.05)均无显著影响，因此有效排除了品牌承诺的干扰影响；②就消费者创新性而言，三组被试对新产品均具有中等偏高的消费者创新性，但相互之间也并无显著差异(M_{BSPSA}=4.012,M_{CPSA}=4.169,$t(144)$=−1.390,p=167>0.05；M_{BDPSA}=4.107,M_{CPSA}=4.169,$t(138)$=−0.550,p=0.584>0.05；M_{BSPSA}=4.012,M_{BDPSA}=4.107,$t(154)$=−0.848,p=0.398>0.05；)，而且它们也对感知稀缺性(β=

$-0.054, t(219) = -0.054, p = 0.423 > 0.05$)、心理所有权($\beta = -0.033, t(219) = -0.407, p = 0.684 > 0.05$)、感知欺骗性($\beta = -0.031, t(219) = 0.452, p = 0.652 > 0.05$)、心理抗拒感($\beta = 0.045, t(219) = 0.562, p = 0.575 > 0.05$)和消费者购买意愿($\beta = 0.062, t(219) = 0.775, p = 0.439 > 0.05$)均无显著影响,因此有效排除了消费者创新性的干扰影响;③就消费者民族中心主义而言,三组被试对国货也具有中等偏高的民族中心主义,但同样相互之间也并无显著差异($M_{BSPSA} = 5.000$,$M_{CPSA} = 4.969, t(144) = 0.277, p = 0.782 > 0.05$;$M_{BDPSA} = 5.053, M_{CPSA} = 4.969, t(138) = 0.742, p = 0.459 > 0.05$;$M_{BSPSA} = 5.000, M_{BDPSA} = 5.053, t(154) = -0.494, p = 0.622 > 0.05$),而且它们也同样对感知稀缺性($\beta = 0.047, t(219) = 0.702, p = 0.483 > 0.05$)、心理所有权($\beta = -0.033, t(219) = -0.412, p = 0.681 > 0.05$)、感知欺骗性($\beta = 0.079, t(219) = 1.167, p = 0.244 > 0.05$)、心理抗拒感($\beta = 0.065, t(219) = 0.805, p = 0.442 > 0.05$)和消费者购买意愿($\beta = 0.041, t(219) = 0.508, p = 0.612 > 0.05$)均无显著影响,因此同样有效排除了消费者民族中心主义的干扰影响。综合而言,消费者的品牌承诺、消费者创新性和民族中心主义并没有对实验产生干扰影响。

表6.3 产品稀缺诉求影响消费者购买意愿的中介效应

效应类型	具体路径	效应值	标准误SE	t值	p值	95%置信区间CI	
						LLCI	ULCI
直接效应	PSA→PI	0.019	0.037	0.521	0.603	−0.092	0.154
中介效应	PSA→PS→PI	0.063(ns)	0.078*	—	—	−0.063	0.243
	PSA→PS→PD→PI	−0.006(ns)	0.009*	—	—	−0.039	0.003
	PSA→PS→PO→PI	0.297	0.073*	—	—	0.143	0.430
	PSA→PS→PR→PI	0.017(ns)	0.033*	—	—	−0.050	0.081
	PSA→PS→PD→PO→PI	−0.018(ns)	0.018*	—	—	−0.057	0.014
	PSA→PS→PD→PR→PI	−0.014(ns)	0.014*	—	—	−0.044	0.011
	PSA→PS→PO→PR→PI	−0.025(ns)	0.032*	—	—	−0.088	0.037
	PSA→PS→PD→PO→PR→PI	0.002(ns)	0.003*	—	—	−0.002	0.012
	PSA→PD→PI	0.096(ns)	0.075*	—	—	−0.029	0.273
	PSA→PD→PO→PI	0.282	0.070*	—	—	0.133	0.410
	PSA→PD→PR→PI	0.220	0.045*	—	—	0.141	0.317
	PSA→PD→PO→PR→PI	−0.024(ns)	0.030*	—	—	−0.085	0.037
	PSA→PO→PI	−0.014(ns)	0.015*	—	—	−0.045	0.014
	PSA→PO→PR→PI	0.001(ns)	0.002*	—	—	−0.002	0.010
	PSA→PR→PI	0.004(ns)	0.017*	—	—	−0.030	0.037

注:产品稀缺诉求(PSA)、感知稀缺性(PS)、感知欺骗性(PD)、心理所有权(PO)、心理抗拒感(PR)和购买意愿(PI)等各变量数据为标准化数据,括号内为各构念代码;*为"Boot SE";ns代表不显著。

三、实验结论

通过实验2有效检测了产品稀缺诉求影响消费者购买意愿的并列多重中介效应,即假设H_1~H_9,除假设H_4并未获得有效支持外,其他所有研究假设均获得了有效支持。无论是路径分析还是Bootstrap中介检验均表明,产品稀缺诉求会通过感知稀缺性与感知欺骗性的并列中介并且会再通过心理所有权与心理抗拒感的多重中介影响消费者的购买意愿。假设H_4并未获得有效支持的原因可能在于产品稀缺诉求所引起的感知稀缺性并未唤起消费者的自由意识,并进而产生心理抗拒感,这与Parker(2011)货架货品数量不会引起消费者的心理抗拒感的研究结论是一致的,因为缺少产品品类可能会引起消费者的心理抗拒感,而尽管偏少但能够可得的货品数量并不一定引起消费者的心理抗拒感,甚至感知幸运更会较之于心理抗拒感产生占优效应。同时在控制了各中介效应后,产品稀缺诉求影响消费者购买意愿的直接效应不再显著,供应性产品稀缺诉求并没有较之于需求性产品稀缺诉求更容易让消费者产生购买意愿。此外,尽管消费者的品牌承诺、消费者创新性和消费者民族中心主义均具有中等或以上水平,但它们不仅相互之间并没有产生组别差异,而且对消费者感知稀缺性、心理所有权、感知欺骗性和心理抗拒感和购买意愿并没有产生显著影响,因此三者并没有对实验产生干扰影响。但该实验检验的所有研究结果是就整体而言,是否会对不同自我建构的消费者或消费情境产生相同的影响仍然不得而知,接下来将通过实验3检验自我建构对产品稀缺诉求影响消费者购买意愿并列多重中介效应的调节作用。

第四节　产品稀缺诉求影响消费者购买意愿的调节效应检验

实验3主要检验自我建构对产品稀缺诉求影响消费者购买意愿并列多重中介效应的调节作用,即检验假设H_{10}和H_{11}。同样为了增强研究的一般性,实验3采用的新实验商品为笔记本电脑。其主要理由有:一是目前绝大多数职场白领和大学生都拥有笔记本电脑,它仍然是他们的主要工作工具;二是笔记本电脑更新换代速度较快,产品稀缺营销策略应用较为广泛;三是笔记本电脑价格较贵,相对而言消费者的卷入程度较高;四是笔记本电脑同时具有功能性与享乐性,能够有效消除产品属性的干扰影响;五是笔记本电脑使用既具有公开性,也具有私密性,能够有效消除使用方式的干扰影响。正因为笔记本电脑具有这些优点,它也经常被稀缺或脱销研究作为理想的实验商品(Gierl and Huetl,2010;Soni,2013;Soni and Koshy,2016;Kristofferson et al.,2017)。实验3的实验情境和实验信息与预实验、实验1和实验2同样存在某些相似之处，但也存在一定的差异。

一、实验设计

实验3的实验情境为"通过刻苦学习，我在上一年取得了全班第二的好成绩，并因此而获得了5000元的奖学金，非常开心。使用了三年的笔记本电脑屡屡自动关机，我已经忍无可忍，换台新的笔记本电脑已经势在必行，甚至刻不容缓了。至于价格预算，加点钱也无所谓，一定要买到自己喜欢的笔记本电脑。我在购物网站已经简单地浏览了一下各品牌，例如联想、惠普、戴尔、苹果等主流笔记本电脑品牌，但由于缺乏专业知识，了解不深。最后，我还是决定到电子卖场实体店购买。当我某一天走到某电子卖场时，琳琅满目的各式笔记本应接不暇。突然，我看见某一笔记本电脑品牌的巨幅广告海报，白底背景上一台银灰色笔记本绽放而立，笔记本电脑的下方印着红色双行八字……"供应性产品稀缺诉求的省略之语为"'一身才华，全球限量'，让我兴趣盎然，我打算去看看"；需求性产品稀缺诉求的省略之语为"'一身才华，全球追捧'让我兴趣盎然，我打算去看看"；而控制组的省略之语为"'一身才华，全球共享'，让我兴趣盎然，我打算去看看"。由于核心广告语略有变动，我们采用与预实验相同的方法和过程进行了有效性检测。我们在西南某综合性高校招募58名被试参与单因子组间设计检测，其中男性28名，女性30名，被试平均年龄为$M_{年龄}$=21.55岁（SD=0.705）。T检验结果显示，在产品熟悉性和品牌承诺无显著差异的情况下（产品熟悉性：$M_{供应组}$=3.158，$M_{控制组}$=3.367，$t(37)$=—1.416，p=0.165>0.50；$M_{需求组}$=3.246，$M_{控制组}$=3.367，$t(37)$=—0.943，p=0.352>0.50；$M_{供应组}$=3.158，$M_{需求组}$=3.246，$t(36)$=—0.672，p=0.506>0.50；品牌承诺：$M_{供应组}$=4.000，$M_{控制组}$=4.300，$t(37)$=—1.512，p=0.139>0.50；$M_{需求组}$=4.158，$M_{控制组}$=4.300，$t(37)$=—0.703，p=0.486>0.50；$M_{供应组}$=4.000，$M_{需求组}$=4.158，$t(36)$=—0.718，p=0.477>0.50），供应性产品稀缺诉求和需求性产品稀缺诉求均较之于无稀缺诉求有更高的感知稀缺性（$M_{供应组}$=5.789，$M_{控制组}$=2.000，$t(37)$=17.370，p<0.05；$M_{需求组}$=5.526，$M_{控制组}$=2.100，$t(37)$=12.629，p<0.05），并且供应组较之于需求组表现出更高的供应性稀缺（$M_{供应组}$=5.789，$M_{需求组}$=3.211，$t(36)$=11.807，p<0.05），而需求性稀缺组较之于供应性稀缺组表现出更高的需求性稀缺（$M_{需求组}$=5.526，$M_{供应组}$=3.217，$t(36)$=8.416，p<0.05），因此实验信息是操作成功的。采用与预实验相同的编码处理后，我们将实验商品、实验情境和实验信息应用到实验3中。

实验3将采用2（产品稀缺诉求：BSPSA vs. BDPSA）×2（自我建构：INDSC vs. IN-TSC）+控制组的组间因子设计。实验具体过程为将所招募被试随机地分为大致同质的五组，其中两组呈现供应性产品稀缺诉求实验情境，另外两组呈现需求性产品稀缺诉求实验情境，最后一组呈现无产品稀缺诉求实验情境；然后前四组被试在被启动不同的自我建构下进行操纵检测；再后所有被试填写相关检测量表和个人统计信息，其中所有检测量表均与实验2相同;最后被试将被询问实验目的、对其致谢和领取实验奖励。其中,自我建构的启动方法采用的是"城市之旅"情境启动法(Gardner et al.,1999;Hong and Chang,2015),即首先让被试各读一段仅有人称代词单复数差异(我、我的或我自己的 vs.我们、我们的或我们大家的)的相同短文,然后让被试圈出19个人称代词,最后被试填写Singelis(1994)的24问项7点制Likert量表。已有研究表明,该自我建构启动方法具有较好的启动效果(Cross et al.,2010),并被广泛使用。此外,为了检验消费者情绪是否会对产品稀缺诉求影响消费者购买意愿产生中介影响,我们还检测了所有被试的情绪状态,包括积极情绪和消极情绪,所使用的量表是Watson等(1988)的20问项的PANAS量表,尺度为5点制Likert量表(1=非常不赞同,5=非常赞同)。我们在西南某高校招募了407名被试参与实验,总共进行了五个批次,实验结果显示实验批次并没有产生干扰影响。实验结束后,基于与实验1A相同的原因剔除掉了35名被试,最终有效被试为372名(男166名,女206名),他们的平均年龄为$M_{年龄}$=21.495岁(SD=1.221)。

二、实验结果

(一)信度检验、操作检测与变量处理

SPSS 20.0信度结果检验显示,独立型自我建构、依存型自我建构、感知稀缺性、感知欺骗性、心理所有权、心理抗拒感和消费者购买意愿等的信度Cronbach's α位于0.798~0.963之间,均大于可接受的标准(Churchill,1979),表明测量具有良好的内部一致性和可靠性。同时,采用国内外相关研究的做法(李东进等,2016),将各被试的独立型自我建构得分与依存型自我建构得分平均化后相减,差值为正即为独立型自我建构,差值为负即为依存型自我建构。操纵检验结果显示,独立型自我建构和依存型自我建构的各自平均值为M_{INDSC}=1.055和M_{INTSC}=−2.115,二者之间的差异显著[$t(299)$=29.291,p<0.05],因此自我建构操作启动是有效的。此外,为了统计的方便,我们对产品稀缺诉求(BSPSA=1,N=145;SDPSA=−1,N=156;CPSA=0,N=71)和自我建构(INDSC=1,N=145;INTSC=−1,N=156)进行了有效编码。

(二)调节效应检测

由于产品稀缺诉求和自我建构都被编码为分类变量,因此它们对感知稀缺性和感知欺骗性的影响只需要进行多因素方差分析(MANOVA)。MANOVA结果显示,就感知稀缺性而言,产品稀缺诉求产品与自我建构的交互效应显著[$F(1,367)$=319.728,p<0.001],这表明独立型自我建构较之于依存型自我建构会对供应性产品稀缺诉求产生更高的感知稀缺性(M_{INDSC}=5.685,M_{INTSC}=4.611),而依存型自我建构较之于独立型自我建构会对需求性产品稀缺诉求产生更高的感知稀缺性(M_{INTSC}=4.949,M_{INDSC}=4.203)(图6.2),同时产品稀缺诉求[$F(1,367)$=126.320,p<0.001]与自我建构[$F(1,367)$=10.363,p<0.001]的主效应也都显著,因此假设H_{10}

得到有效支持;对于因变量感知欺骗性而言,产品稀缺诉求与自我建构的交互效应也显著[$F(1,367)=395.603,p<0.001$],这表明依存型自我建构较之于独立型自我建构会对供应性产品稀缺诉求产生更高的感知欺骗性($M_{INTSC}=3.524,M_{INDSC}=2.407$),而独立型自我建构较之于依存型自我建构会对需求性产品稀缺诉求产生更高的感知欺骗性($M_{INDSC}=4.106,M_{INTSC}=3.537$)(图6.3),同时产品稀缺诉求[$F(1,367)=407.832,p<0.001$]与自我建构[$F(1,367)=41.621,p<0.001$]的主效应也都显著,因此假设$H_{11}$得到有效支持。

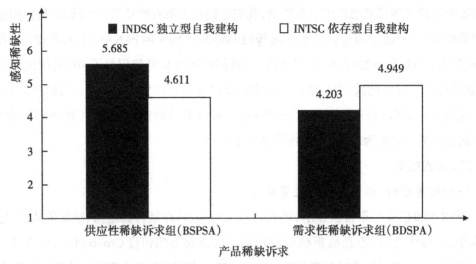

图6.2 自我建构对产品稀缺诉求影响感知稀缺性的调节作用

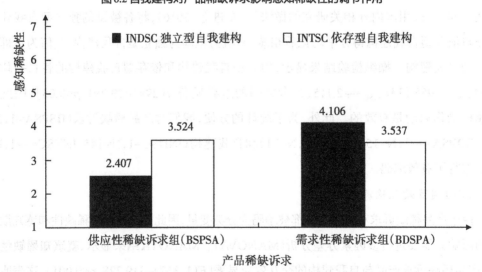

图6.3 自我建构对产品稀缺诉求影响感知稀缺性的调节作用

(三)路径分析检测

对前四组被试进行分组处理,被启动独立型自我建构的被试分为一组(简称"INDSC组"),而被启动依存型自我建构的被试分为另一组(简称"INTSC组")。然后对两组被试分别进行路径分析,并进行对比比较。对两组分别进行多重共线性检测,检测结果显示所有检测变量的多重共线性均不严重。严格按照实验2路径分析步骤进行统计分析(表6.4),对比结果显示:在独立型自我建构下,产品稀缺诉求→感知稀缺性(β=0.865)、产品稀缺诉求→感知欺骗性(β=0.884)、感知稀缺性→心理所有权(β=0.602)、心理所有权→购买意愿(β=0.656)和心理抗拒感→购买意愿(β=-0.349)等路径显著,而产品稀缺诉求→心理所有权(β=0.015)、产品稀缺诉求→心理抗拒感(β=-0.092)、感知稀缺性→心理抗拒感(β=0.085)、产品稀缺诉求→购买意愿(β=0.003)、感知稀缺性→购买意愿(β=0.014)和感知欺骗性→购买意愿(β=-0.010)等路径不显著;但在依存型自我建构下,产品稀缺诉求→感知稀缺性(β=-0.325)、产品稀缺诉求→感知欺骗性(β=-0.122)、感知稀缺性→心理所有权(β=0.936)、心理所有权→购买意愿(β=0.624)和心理抗拒感→购买意愿(β=-0.436)等路径显著,并且感知稀缺性→购买意愿(β=0.323)和感知欺骗性→购买意愿(β=-0.133)存在边缘显著,而产品稀缺诉求→心理所有权(β=0.014)、产品稀缺诉求→心理抗拒感(β=-0.056)、感知稀缺性→心理抗拒感(β=-0.093)和产品稀缺诉求→购买意愿(β=0.004)等路径不显著。由此可见,自我建构确实对产品稀缺诉求影响消费者购买意愿产生了调节作用。

(四)中介效应检测

采用与实验2相同的步骤,将各变量标准化处理后按照Zhao等(2010)提出的有调节的中介效应分析程序进行检验,选择模型7。中介效应检测结果显示(表6.5),在独立型自我建构下,产品稀缺诉求→感知稀缺性→心理所有权→消费者购买意愿、产品稀缺诉求→感知欺骗性→心理所有权→消费者购买意愿、产品稀缺诉求→感知欺骗性→心理抗拒感→消费者购买意愿等的中介路径效应显著,中介效应大小分别为0.342(LLCI=0.228,ULCI=0.440,不包含0)、0.221(LLCI=0.157,ULCI=0.316,不包含0)和0.251(LLCI=0.167,ULCI=0.366,不包含0);而其他中介路径效应不显著。但在依存型自我建构下,产品稀缺诉求→感知稀缺性→心理所有权→消费者购买意愿、产品稀缺诉求→感知欺骗性→心理所有权→消费者购买意愿、产品稀缺诉求→感知欺骗性→心理抗拒感→消费者购买意愿等的中介路径效应显著,中介效应大小分别为-0.312(LLCI=-0.625,ULCI=-0.140,不包含0)、0.169(LLCI=0.113,ULCI=0.217,不包含0)和0.147(LLCI=0.083,ULCI=0.209,不包含0);而其他中介路径效应不显著。由此可见,不同自我建构下中介效应的作用路径和效应大小存在显著差异,因此自我建构也会对整个并列多重中介产生调节作用。此外,在控制了各中介路径后,无论是在独立型自我建构还是依存型自我建构下产品稀缺诉求影响消费者购买意愿的直接效应不再显著(INDSC:LL-CI=-0.049,ULCI=0.054,包含0;INTSC:LLCI=-0.074,ULCI=0.081,包含0)。可见,自我建构不仅会分别对产品稀缺诉求影响感知稀缺性和感知欺骗性产生有中介的调节作用,而且会对产品稀缺诉求影响消费者购买意愿的整个并列多重中介效应产生调节作用。

表6.4 不同自我建构下产品稀缺诉求影响消费者购买意愿的路径分析

因变量	模型1:感知稀缺性		模型2:感知欺骗性		模型3:心理所有权		模型4:心理抗拒感		模型5:购买意愿	
自变量	β	t值	β	t值	β	t值	β	t值	β	t值
独立型自我建构(N=145)										
PSA	0.865*	20.661	−0.884*	−22.558	0.015	0.584	−0.092	−1.107	0.003	0.100
PS					0.602*	30.830	0.085	1.337	0.014	0.251
PD					−0.431*	−20.623	0.912*	13.338	−0.010	−0.204
PO									0.656*	7.654
PR									−0.349*	−13.323
R^2	0.749		0.781		0.987		0.858		0.986	
$\triangle R^2$	0.749		0.781		0.987		0.858		0.986	
$\triangle F$	426.877***		508.854***		3489.448***		283.95***		2014.904***	
依存型自我建构(N=156)										
PSA	−0.325*	−4.267	−0.122*	−2.272	0.014	0.854	−0.056	−0.808	0.004	0.097
PS					0.936*	56.488	−0.093	−1.343	0.323**	1.765
PD					−0.318*	−20.327	0.578*	8.782	−0.133**	−1.754
PO									0.624*	5.368
PR									−0.436*	−9.586
R^2	0.106		0.093		0.963		0.343		0.796	
$\triangle R^2$	0.106		0.093		0.963		0.343		0.796	
$\triangle F$	18.209***		12.174***		1308.229***		26.401***		117.336***	

注:产品稀缺诉求(PSA)、感知稀缺性(PS)、感知欺骗性(PD)、心理所有权(PO)、心理抗拒感(PR)和购买意愿(PI)等各变量数据为标准化数据,括号内为各构念代码;*表示<0.05,**表示<0.01,***表示<0.001。

(五)干扰中介检测

为了有效排除消费者的情绪状态对产品稀缺诉求影响消费者购买意愿的影响,我们将PANAS检测结果分为积极情绪状态(活跃的、警觉的、注意的、坚决的、热情的、兴奋的、有灵感的、有兴趣的、自豪的、坚强的)和消极情绪状态(害怕的、恐惧的、焦虑的、战战兢兢的、易怒的、不友善、内疚的、感到羞愧、苦恼的、痛苦的),并将每个被试的积极情绪和消极情绪进行均值化处理,形成各自相应的情绪指数。检测结果显示,无论是启动独立型自我建构还是启动依存型自我建构被试都表现出中等的积极情绪(M_{INDSC}=3.152,M_{INTSC}=3.064),但二者差异并不显著[$t(299)$=1.102,p=0.271>0.05],并且将积极情绪标准化后独立放入中介模型检验发现,积极情绪的中介效应也不显著(INDSC:LLCI=−0.003,ULCI=0.037,包含0;INTSC:LLCI=−0.004,ULCI=0.015,包含0),相反,直接效应还显著,效应大小0.545(LLCI=0.449,ULCI=0.640,不包含0)。同时,消极情绪均表现为很低(M_{INDSC}=2.290,M_{INTSC}=2.269),而且也不显著[$t(299)$=0.277,p=0.782>0.05],将其标准化后独立放入到中介模型中检验,中介效应也不显著(INDSC:LLCI=−0.003,ULCI=0.022,包含0;INTSC:LLCI=−0.025,ULCI=0.003,包含0),但直接效应显著,效应大小为0.549(LLCI=0.453,ULCI=0.643,不包含0)。由此可见,无论是积极情绪还是消极情绪都没有起到中介作用。

表6.5 不同自我建构下产品稀缺诉求影响消费者购买意愿中介效应路径比较分析

效应类型	具体路径	独立型自我建构(INDSC)						依存型自我建构(INTSC)					
		效应值	标准误SE	t值	p值	95%置信区间CI LLCI	ULCI	效应值	标准误SE	t值	p值	95%置信区间CI LLCI	ULCI
直接效应	—	0.003(ns)	0.026	0.100	0.921	-0.049	0.054	0.004(ns)	0.040	0.097	0.923	-0.074	0.081
中介效应	PSA→PS→PI	0.012(ns)	0.072*	—	—	-0.100	0.193	0.105(ns)	0.091*	—	—	-0.024	0.348
	PSA→PS→PD→PI	0.001(ns)	0.005*	—	—	-0.007	0.013	-0.001(ns)	0.004*	—	—	-0.009	0.008
	PSA→PS→PO→PI	0.342	0.053*	—	—	0.228	0.440	-0.312	0.117*	—	—	-0.625	-0.140
	PSA→PS→PR→PI	-0.023(ns)	0.051*	—	—	-0.140	0.067	-0.016(ns)	0.049*	—	—	-0.120	0.079
	PSA→PS→PD→PO→PI	0.028(ns)	0.017*	—	—	-0.003	0.066	0.003(ns)	0.009*	—	—	-0.018	0.017
	PSA→PS→PD→PR→PI	0.032(ns)	0.019*	—	—	-0.002	0.073	0.002(ns)	0.007*	—	—	-0.014	0.013
	PSA→PS→PO→PR→PI	-0.003(ns)	0.044*	—	—	-0.081	0.099	0.003(ns)	0.049*	—	—	-0.097	0.101
	PSA→PS→PD→PO→PR→PI	-0.001(ns)	0.004*	—	—	-0.009	0.009	0.001(ns)	0.001*	—	—	-0.003	0.003
	PSA→PD→PI	0.008(ns)	0.031*	—	—	-0.052	0.071	-0.003(ns)	0.013*	—	—	-0.041	0.018
	PSA→PD→PO→PI	0.221	0.040*	—	—	0.157	0.316	0.169	0.028*	—	—	0.113	0.217
	PSA→PD→PR→PI	0.251	0.050*	—	—	0.167	0.366	0.147	0.022*	—	—	0.083	0.209
	PSA→PD→PO→PR→PI	-0.002(ns)	0.030*	—	—	-0.054	0.069	-0.001(ns)	0.005*	—	—	-0.011	0.009
	PSA→PO→PI	0.010(ns)	0.026*	—	—	-0.031	0.073	0.015(ns)	0.017*	—	—	-0.014	0.052
	PSA→PO→PR→PI	-0.001(ns)	0.003*	—	—	-0.007	0.006	-0.001(ns)	0.003*	—	—	-0.009	0.006
	PSA→PR→PI	0.032(ns)	0.026*	—	—	-0.021	0.085	0.025(ns)	0.042*	—	—	-0.040	0.085

注：产品稀缺诉求（PSA）、感知稀缺性（PS）、感知欺骗性（PD）、心理所有权（PO）、心理抗拒感（PR）和购买意愿（PI）等各变量数据为标准化数据，括号内为各构念代码；*为"Boot SE"；ns代表不显著。

三、研究结论

通过实验3有效检验了自我建构对产品稀缺诉求影响消费者购买意愿的并列多重中介效应的调节作用，即假设 H_{10} 和 H_{11}，两个假设均得到有效支持。检验结果显示，自我建构不仅会分别对产品稀缺诉求影响感知稀缺性和感知欺骗性产生有中介的调节作用，即独立型自我建构者会对供应性产品稀缺诉求有更高的感知稀缺性和更低的感知欺骗性，而依存型自我建构会对需求性产品稀缺诉求有更高的感知稀缺性和更低的感知欺骗性；而且还会对整个并列多重中介路径产生调节作用，即在独立型自我建构下产品稀缺诉求→感知稀缺性→心理所有权→消费者购买意愿、产品稀缺诉求→感知欺骗性→心理所有权→消费者购买意愿、产品稀缺诉求→感知欺骗性→心理抗拒感→消费者购买意愿等三条中介路径效应显著和其他中介路径效应不显著，而在依存型自我建构下产品稀缺诉求→感知稀缺性→心理所有权→消费者购买意愿、产品稀缺诉求→感知欺骗性→心理所有权→消费者购买意愿、产品稀缺诉求→感知欺骗性→心理抗拒感→消费者购买意愿等三条中介路径效应也显著和其他中介路径效应也不显著。但路径分析和中介检验也发现，三条显著的中介路径不仅在独立型自我建构与依存型自我建构下存在强度差异，而且在依存型自我建构下感知稀缺性→购买意愿和感知稀缺性→购买意愿两条路径边缘显著，但在独立型自我建构下完全不显著。因此，自我建构确实会调节产品稀缺诉求对消费者购买意愿的影响。此外，实验结果还进一步显示，无论是积极情绪还是消极情绪都没有产生中介效应。

第七章　产品稀缺诉求影响消费者购买意愿的研究结论

通过向目标消费者传播产品稀缺诉求影响消费者的购买意愿已经成为许多企业频繁采用的营销策略,营销实践表明产品稀缺诉求不仅能够增强消费者的购买急迫性,而且可以增强消费者满意度和提升品牌价值,甚至有时还会产生溢价效应。产品稀缺诉求传播的途径或渠道既包括报纸、杂志、电视、广播、互联网等大众传播媒体,也包括限量版、奢侈品、脱销信息、货架货品数量、口碑宣传等隐含传播方式。针对出现的稀缺效应,营销学者们也提出了一系列理论进行解释,例如商品理论、心理抗拒感理论、独特性需求理论、认定昂贵理论、挫折理论、认知加工理论、说服知识理论等,并且针对不同的产品稀缺诉求陆续提出了心理抗拒感(Brehm et al., 1966; Verhallen, 1982)、认定昂贵性(Lynn, 1989, 1992)、预期后悔(Swain et al., 2006; Gupta, 2013)、感知价值(Wu and Hsing, 2006; Wu et al., 2012)、感知付出(Wu et al., 2012)、感知独特性(Wu and Hsing, 2006; Wu et al., 2012)、感知竞争性(Nichols, 2010; Aggrawal et al., 2011)、心理饱厌感(Sevilla, 2013)、感知流行性(Parker, 1991; Castro et al., 2014)、嫉妒(Roy et al., 2015)等中介机制,以及消费者的独特性需求(Tian et al., 2001; Ruvio, 2001; Roy and Sharma, 2015)、认知需求(Iman et al., 1997)、产品熟悉性(Jung and Kellaris, 2004)、不确定性规避(Jung and Kellaris, 2004)、认知闭合需要(Jung and Kellaris, 2004)、特质竞争性(Nichols, 2011)、品牌概念(Aggrawal et al., 2011)、自恋程度(Lee and Seidle, 2012)、说服知识(Lee, 2012)、调节聚焦(Ku et al., 2012)、产品类型(Ku et al., 2013)、稀缺信息详尽性(Aguirre-Rodriguez, 2013)、自我监控(Ku et al., 2013)、呈现框架(Roy and Sharma, 2015)、认知资源(李东进等,2016)、情绪(Lee et al., 2016)、为自己或他人决策(Lee and Wu, 2016)、稀缺期望(Mukherjee and Lee, 2016)、折扣水平(Iman et al., 1997; Gabler and Reynolds, 2013)、消费公开性(Roux et al.,

2015)等调节机制。毫无疑问,这些研究对于深入探查和认识稀缺效应的内在机理,以及充分利用稀缺效应的营销功能都具有重要的作用和意义。但现有的研究也存在三个方面的不足:一是缺乏从物质占有的视角观察和理解消费者对稀缺产品的追求和占有行为,因为Furby(1978,1991)、Belk(1988)等研究认为"物质占有的权利主张是消费者购买的根本动力和核心要求"和"产品的核心功能不仅在于其物理功能,更在于建构自我概念和表征自我形象的象征功能",这一研究的缺失将会动摇稀缺效应的动机基础;二是缺乏从多重机制去研究消费者的稀缺心理及其行为反应,而事实上消费者面对产品稀缺诉求时既会产生促进动机,也会产生防御动机,双重动机的占优性将会影响甚至决定消费者的稀缺反应;三是缺乏对稀缺效应的整合性研究,以往单一中介机制的研究在一定程度上限制了所提出理论或模型的解释功效。正是基于产品稀缺诉求应用的广泛性和现有相关研究的不足,本书从感知稀缺与感知欺骗性双元视角基于并列多重中介机制探查了产品稀缺诉求对消费者购买意愿的系统性影响,以及探索了自我建构的调节作用,并通过定性研究和实验研究进行了有效的检验,且得出了一系列的重要研究结论。这些研究结论不仅具有重要的理论意义,也具有重要的实践意义。当然,本书的研究也存在研究局限,将是未来研究的重要方向。

第一节　主要结论

产品稀缺诉求会对消费者的认知、情绪、动机和行为产生重要影响,已有研究表明,它的具体影响包括感知稀缺、支付意愿、消费数量、感知质量、感知流行性、想法加工、想法效价、竞争性唤醒、冲动购买、交易态度、产品态度、交易意愿、感知价值、购买行为、购买意愿、感知专有性等(Oruc,2015),并在艺术品、汽车、收藏品、咖啡品、零食、玩具、菜谱书、流行服饰、运动鞋、手表、智能手机、滑雪板、笔记本电脑以及烈性酒和葡萄酒等各种产品得到了实证检验(李东进、刘建新,2016)。但不同产品稀缺诉求的具体影响会存在显著差异,例如限量与限时产品稀缺诉求、环境与人为产品稀缺诉求、显性与隐性产品稀缺诉求、供应性与需求性产品稀缺诉求等,其中供应性与需求性产品稀缺诉求是应用最为广泛的促销策略之一。这两种稀缺诉求由于存在不同的稀缺成因和信号表征,因此会产生完全不同的稀缺效应。基于以往对这两种产品稀缺策略的比较研究,以及它们的基本特点和应用功效,本书构建了基于并列多重中介的整合模型,并通过定性研究和实验研究进行了实证检验,得出了重要的研究结论。

一、产品稀缺诉求会对消费者购买意愿产生重要影响,供应性产品稀缺诉求与需求性产品稀缺诉求的影响存在显著差异

厂商传播产品稀缺诉求的主要目的是影响消费者的购买行为,尤其是增强消费者的购买意愿。该现象也得到了学者们的广泛关注和深入研究,Verhallen(1982)、Verhallen 与 Robben(1994)、Giel et al.(2008)、Aguirre-Rodriguez(2013)、Ku et al.(2012)、Gupta(2013)、Ku et al.(2014)、Oruc(2015)等均研究发现产品稀缺诉求对消费者价值判断或购买行为的重要影响。尽管随着社会经济的发展和消费者消费经验的增多,以及消费者信息搜寻的便利和说服知识的增强,产品稀缺诉求对消费者的决策影响正在减弱和出现分化,但影响权重依然较大。无论是以往的研究还是我们的定性研究和实证研究都显示,产品稀缺诉求对消费者购买意愿的具体影响已经毋庸置疑,但目前存在的争议是产品稀缺诉求影响消费者购买意愿的内在机制是怎样的。综合以往的研究结论,主要是四种理论解释:一是稀缺价值论,即认为稀缺的商品会被认为有更高的价值或更好的质量,包括商品理论、认定昂贵论等;二是独特性需求理论,即认为稀缺的商品更具独特性,而独特性更高的商品更有利于建构自我概念和表征自我形象,例如独特性需求理论、炫耀性消费理论、身份消费理论和社会认同理论等;三是心理抗拒感理论,即认为产品的稀缺性会侵犯消费者的消费自由和公平感知,从而会引起消费者的心理抗拒感,而具体的影响既有可能产生"回旋效应"也有可能产生"酸葡萄心理";四是信息加工理论,即认为产品稀缺诉求或信息会让消费者要么产生心理捷径式的启发式加工,要么产生深度加工式的系统式加工,从而增强消费者的购买意愿,甚至会产生极化反应。此外,购物动机和消费情绪也是产品"稀缺效应"的重要理论解释。这些理论解释为深入洞察消费者的稀缺心理和完善稀缺效应理论都具有重要的意义。我们的研究,无论是定性研究还是定量研究,也都证实产品稀缺诉求会对消费者购买意愿产生重要影响,并且都肯定了以上理论解释的正确性。例如定性研究被深度访谈对象就表明"稀缺的产品会更有价值"、"稀缺的产品会让我更与众不同,让我更自信"或"稀缺的产品会让其他人更羡慕我";同时实验定量研究也表明产品稀缺诉求较之于非产品稀缺诉求会增强消费者的购买意愿。即使是对产品稀缺诉求的信息加工反应也并非一元化的,既有认知捷径反映,也有认知加工反映,例如定性研究深度访谈时有被访谈对象就反映说"一看见稀缺就让我紧张"、"稀缺意味着其他人也想要,有时候都睡不着觉"、"稀缺会让我觉得更有价值"等,也有被访谈对象反映说"一般骗不了我,稀缺会让我更谨慎"、"我是比较理性的人,我会对稀缺信息仔细思考为什么会稀缺"、"所谓的稀缺都是骗人的,真正稀缺的话还用花大价钱打广告吗?"等;而实验定量研究的认知反应结果也复验了上述定性反映,既有稀缺捷径反应,也有稀缺加工反应。由此可见,产品稀缺诉求对消费者购买意愿的影响机制是多元化的,它很可能既取决于产品类型、产品熟悉性、产品属性、品牌个性等产品因素,也有可能取决于消费者的独特性需求、归属感需求、自我建构、解释水平、自我监控、自我控制、自恋程度等人格特质因素,还有可能取决于信息框架、价格折扣、同伴效应、传播方式等情境因素,是多种因素共同作用的结果。

同时,我们的研究也进一步证实发现供应性产品稀缺诉求与需求性产品稀缺诉求会对消费者购买意愿产生差异化的影响。尽管 Van Herpen 与 Zenlenberg(2007)、Gierl et al.(2008)、Ku et al.(2012)、Ku et al.(2014)等研究已经发现二者的影响差异,但以往的研究重定量研究轻定性研究,而本书采用定量研究与定性研究相结合的混合研究方法,更具有检验性和解释力。Van Herpen 与 Zenlenberg(2007)、Ku et al.(2012)、Steinhart et al.(2014)、Wu 与 Lee(2016)等研究发现,供应性产品稀缺诉求与需求性产品稀缺诉求不仅告知造成稀缺的原因存在差异,而且传递的稀缺信号也不一样,因此最后导致的影响也不一样。供应性产品稀缺诉求往往是由于原料短缺、产品限制、营销策略和政府管制等原因造成产品稀缺,传递的信号是稀缺产品存在"独特性",常常会导致"虚荣效应";而需求性产品稀缺诉求往往是由于需求众多、偶发因素、新功能发现等原因造成稀缺,传递的信号是稀缺产品存在"流行性",常常会导致"从众效应"(Schins,2014)。本书的实证研究,不管是定性研究还是定量研究,均证实供应性产品稀缺诉求较之于需求性产品稀缺诉求更容易唤起消费者的购买意愿,并且其内在原因正是因为不同产品稀缺诉求传递了不同的稀缺信号所致。例如定性研究被访谈对象就表示"我觉得大家都一样就没意思,我还是喜欢稍稍与别人不同点"、"当然喜欢稀缺或独特的东西,至少与大家不一样嘛"、"供应性稀缺更高,拥有的人少嘛"或"我还是喜欢跟大家一样,没有必要与众不同"、"大家都要的东西肯定好嘛,比方说质量、款式"、"与大家一样,风险要小一些,就是出问题大家都出问题,到时候找厂家或商家人多力量大"等,而定量研究也显示,尽管两种产品稀缺诉求都可能唤起消费者的感知欺骗性或说服知识,但相比较而言供应性产品稀缺诉求较之于需求性产品稀缺诉求更容易让消费者产生合理化(Shafir et al.,1993;Bettman et al.,1998),从而产生自我说服效应,并最终产生更强烈的购买意愿。当然,定性研究结论也显示,消费者并非"偏执狂",即任何东西都认为供应性产品稀缺诉求更容易激发消费者的购买意愿,而是"能动者",即会视不同的产品、为谁决策和消费情境等因素而定。例如,就产品而言,对于能够建构自我概念或表征自我身份的产品消费者更敏感于供应性产品稀缺诉求,而对于去身份化或更为实用的产品消费者更敏感于需求性稀缺诉求(Steinhart et al.,2014);就决策对象而言,当消费者为自己决策时更具有冒险性因而更敏感于供应性产品稀缺诉求,而当为他人决策时更具有稳健性因而更敏感于需求性产品稀缺诉求(Wu and Lee,2016);

而就消费情境而言,例如时间压力或价格折扣,当时间压力更低时消费者会更敏感于供应性产品稀缺诉求,而当时间压力更高时会更敏感于需求性产品稀缺诉求;等等。因此,尽管供应性产品稀缺诉求较之于需求性产品稀缺诉求更容易激发消费者的购买意愿,但取决于具体的消费情境。

二、产品稀缺诉求对消费者购买意愿的影响存在并列多重中介机制

以往有关产品稀缺诉求或信息的研究更多地关注消费者对稀缺信息或稀缺产品的感知吸引力,而忽略了消费者也会对稀缺信息或稀缺产品产生反论据的感知欺骗性信息加工(Lee,2012)。事实上,消费者在面对产品稀缺诉求时,既会产生精确性信息加工动机,例如感知稀缺性,也会产生防御性信息加工动机,例如感知欺骗性或说服知识。例如Chaiken et al.(1997)和Darke et al.(1998)等的信息加工理论发现,当消费者面对呈现的信息时,一方面会产生精确加工动机,努力找寻和加工真实信息;另一方面也会产生防御加工动机,避免自己受到虚假信息的欺骗。尤其是像产品稀缺诉求这样具有高度商业操作性的信息更容易引起消费者的怀疑(Obermiller and Spangenberg,1998)。而且已有研究发现,防御性信息加工动机较之于精确性信息加工动机对消费者的决策会产生更大的影响权重(Darke and Ritchie,2007)。但目前除了Lee et al.(2012,2014,2016)等为数不多的文献探索了消费者对产品稀缺信息的防御性加工外,真正研究消费者对产品稀缺信息产生感知欺骗性的内在机制的文献相当匮乏。本书的研究发现,面对产品稀缺诉求时消费者会产生感知稀缺性与感知欺骗性并列加工动机,它们会共同作用于消费者的购买意愿。

但本书的研究也发现,感知稀缺性与感知欺骗性对消费者购买意愿的影响会进一步受到消费者的心理所有权与心理抗拒感的再中介作用,并由此而形成并列多重中介机制。心理所有权是个体“感觉到目标物或目标物的一部分是自己的”心理感知,是一种“心理占有感”,由归属感、认同感和效能感等构成;而心理抗拒感是“当一个人的自由被剥夺或被威胁剥夺时所表现出的动机状态”,是一种“自由意识”,由自由、威胁、抗拒与重申自由等构成。它们具有不同的本质和属性,同时也分属于不同的概念范畴。由于供应性产品稀缺诉求较之于需求性产品稀缺诉求会让消费者产生更高的感知稀缺性,而更具稀缺性的产品更容易让消费者产生归属感、认同感和效能感,因此也更容易让消费者产生心理所有权,并最终增强消费者的购买意愿。本书的定性研究和定量研究均证实感知稀缺性会增强消费者的购买意愿,而心理所有权会在其中起着中介作用。但同时研究也发现,尽管心理抗拒感会降低消费者的购买意愿,但感知稀缺性并不能唤醒消费者的心理抗拒感,因此感知稀缺性并不会通过心理抗拒感的中介作用影响消费者的购买意愿,即H_4并未得到有效证实。其内在的原因可能在于如Parker(2011)等所言,感知幸运占优于自由唤醒对消费者购买意愿产生了增强效应。同时,由于需求性产品稀缺诉求较之于供应性产品稀缺诉求会让消费者因更难以合理化选择而产生更高的感知欺骗性,欺骗性感知一方面会破坏消费者的信任基础而难以让消费者产生心理所有权,甚至感知欺骗性越高消费者心理所有权越低即 H_7,因此感知欺骗性会通过心理所有权的负向中介作用影响消费者的购买意愿;另一方面因操作意图感知诱发的感知欺骗性会让消费者产生心理抗拒感,而心理抗拒感会降低消费者的购买意愿,因此感知欺骗性也会通过心理抗拒感的负向中介作用影响消费者的购买意愿。综合而言,产品稀缺诉求对消费者购买意愿的影响存在并列多重中介机制,本书的定性研究和实证检验均证实并列多重中介机制的存在。

三、产品稀缺诉求诱发的感知稀缺性会促发消费者对稀缺产品的心理所有权,并进而会增强消费者的购买意愿

产品稀缺诉求会诱发消费者对稀缺产品产生心理所有权是本书的重要发现和创新。心理所有权是区别于正式所有权或法律所有权的虚权,它并不以产品的实际占有为前提,尽管实际占有更有助于心理所有权的形成(Pierce et al.,2001;Jussila et al.,2015)。以往对心理所有权的研究更多地集中于员工对组织的心理依附和能力贡献,但即使是心理所有权概念的提出者 Pierce(2001,2003)也认为心理所有权是广泛存在的现象,并不局限于组织行为学,消费者可能会对其"心仪"的任何东西产生心理所有权。Sen 和 Johnson(1997)也研究发现,消费者可能会对没有实际占有的商品产生心理所有感,即没有占有的纯粹所有权效应。后来的研究也发现,个人或消费者会对自己使用的语言、住宿酒店、连锁品牌、延保产品、所玩游戏等都可能产生心理所有权。

感知稀缺性让消费者产生心理所有权的作用路径主要有三个方面,即归属感、认同感和效能感。Pierce et al.(2001,2003)所提出的"Have a home"本质上是一种归属感,是对目标物的心理依附,稀缺产品较之于非稀缺产品会让消费者产生怜爱感,并会激发消费者产生保护欲和责任感(Avey et al.,2009);同时,已有研究发现,稀缺产品更具独特性,而独特性的产品更容易让消费者建构自我概念和表征自我形象(Synder and Fromkin,1980;Belk,1988;Tian et al.,2001),因此稀缺产品容易让消费者产生认同感;此外,稀缺产品较之于非稀缺产品更难以获取,而具有一定难度的任务更容易激发消费者的自我效能,甚至获得稀缺产品被视为"聪明购物者"的象征,因此稀缺产品会让消费者产生更高的自我效能。正因为如此,感知稀缺性会更容易让消费者产生心理所有权。本书的定性研究也表明,当消费者感知到稀缺性时,会更容易被深度访谈者视为"心之所有",产生独占性或排他性,例如有被访谈对象就表明"这就是我想要的"、"它满足了我的心理期望"、"它反映了我的性格,我就要与别人不一样"等;同时,实验研究结果也表明,感知稀缺性与心理所有

权呈现正相关关系,即感知稀缺性越高消费者的心理所有权越高。综合定性与定量研究的结果表明,感知稀缺性确实会促发消费者对稀缺产品的心理所有权。这种心理所有权的产生并非源于产品熟悉性,而是源于偏好匹配,即归属感、认同感和效能感,是对产品本身的认同和肯定。当然,实验研究结果也表明,需求性产品稀缺诉求产生的感知稀缺性也会产生心理所有权,是基于归属和趋同而产生的心理所有权。只是整体相比较而言,供应性产品稀缺诉求较之于需求性产品稀缺诉求更容易让消费者产生更强的感知稀缺性,并因此而产生更高的心理所有权。

四、产品稀缺诉求的感知稀缺性难以引起消费者的心理抗拒感,因此也难以激发消费者更强的购买意愿

Brehm(1966,1972,1993)、Worchel 与 Brehm(1971)、Brehm J.W. 与 Brehm S.S.(1981)等研究发现,排除一个消费者已经选定的选项会让消费者对被排除选项有更强的感知吸引力,例如菜谱书,原因是被试产生了心理抗拒感。自心理抗拒感理论提出以后,它几乎成为与用于解释产品稀缺或脱销现象的商品理论和独特性需求理论呈现"鼎足之势",甚至已经严重威胁到商品理论的主导地位,使得商品理论的提出者 Brock 不得不对商品理论与心理抗拒感理论进行比较以证明商品理论解释的占优性。心理抗拒感理论的核心或贡献在于发现了消费者的"选择自由",而自由直接关乎到自尊和公平,而自尊和公平是西方价值观的核心构成。Brehm(1966)、Clee 与 Wicklund(1980)、Brehm J.W. 与 Brehm S.S.(1981)等研究发现,心理抗拒感会让消费者产生"回旋效应"、"相关性回旋效应"或"替代性回旋效应"。无论哪种回旋效应,其本质都是消费者为了捍卫自由而采取悖反于威胁者的心理或行为反应。稀缺意味着消费者的可选性有限,而受到限制的选择会唤醒消费者的自由意识,并因此而产生心理抗拒感。以往的研究文献和本书的假设也对此进行了相同的假设,并认为感知稀缺性会增强消费者的心理抗拒感。但无论是定性深度访谈还是定量实验研究的结果均显示,感知稀缺性并不能有效地唤起消费者的心理抗拒感,即假设H_4并未得到有效支持。

对于假设H_4并未得到有效支持的原因,本研究认为可能是因为以下原因造成的:(1)自由感知重要性存在差异。Brehm(1966)、Clee 与 Wicklund(1980)、Quick 与 Stephenson(2007)、Rains(2013)等均认为,只有消费者感知存在自由并且认为自由重要性非常高时消费者才会产生重申自由的心理抗拒感,而本书的研究被试都是强调团结和一致的集体主义文化背景的群体,自由感知和自由重要性并没有比强调民主与独立的个人主义文化背景下的被试更敏感(Markus and Kitayama,1991),而且已有研究表明,即使是个人主义文化背景下的消费者也只有中产阶级以上的消费者才会珍视选择自由(Markus and

Schwartz,2010),因此可能是由于文化差异导致所选被试并没有被唤起自由。(2)产品稀缺诉求促发的感知稀缺性难以引起消费者的心理抗拒感。Parker(2011)、Gupta(2013)等均认为产品稀缺诉求或信息难以唤醒消费者的心理抗拒感,因为要唤起消费者心理抗拒感首先必须让消费者感知可选性,除非被告知可选择的选项已经不可选才能激发消费者的选择自由被威胁,否则难以让消费者产生心理抗拒感。相比较而言,品类缺失要比选项缺失更容易唤起消费者的自由意识和心理抗拒感。在稀缺情况下,感知幸运较之于选择自由更容易占优。因此可能是因为产品稀缺诉求并没有唤起消费者的心理抗拒感。(3)在稀缺情况下,消费者对选择自由被侵犯有更低的敏感性或更高的容忍度。自由或选择自由本身是一个相对的概念(Markus and Schwartz,2010),并不存在绝对的自由,在某些情况下选择自由会被高度重视,而在某些情况下选择自由却会被忽视。例如在产品稀缺情况下,消费者可能会对选择有更低的敏感性或更高的容忍度,结果导致可得相对于自由更重要。正是因为存在这些可能原因或解释,才会导致产品稀缺诉求引起的感知稀缺性并没有唤醒消费者的心理抗拒感,从而增强消费者的购买意愿。

五、自我建构不仅会对产品稀缺诉求分别影响感知稀缺性和感知欺骗性产生有中介的调节作用,而且对整个并列多重中介模型都会产生调节作用

自我建构是反映自我与他人相独立还是相分离的内在信念与外在表征,会对个体的认知、情感、动机和行为产生重要影响。Markus与Kitayama(1991)依据文化背景差异将其划分为独立型自我建构与依存型自我建构,前者强调独立与自主,而后者强调团结与一致。已有研究表明,二者在认知风格(Krishna et al.,2008)、社会比较(Neumann et al.,2009)、人际交往行为(Lalwani and Shavitt,2009)、人际关系质量(Yeung et al.,2008)、个人自主(Gore et al.,2006,2009)、风险偏好(Mandel,2003)、相似性反应(Kuhnen et al.,2001)、时间距离(Lee and Spassova,2008)、空间判断(Krashna et al.,2008)和自我控制(Lee et al.,2000)等方面差异明显,而且在新产品选择(Ma et al.,2013)、品牌评价(Escalas and Bettman,2005;Swaminathan et al.,2007)、广告态度(Agrawal et al.,2005;Polyorat and Alden,2005)、信息处理和分类(Lee et al.,2000;Aaker and Lee.,2001;Jain,2007)、购买行为和决策(Kacen and Lee.,2002;Mandel,2003;Hamilton and Biehal,2005)、参照价格比较(Chen,2009)、冲动性消费(Zhang and Shrum,2009)、消费决策依赖(Hong and Chang,2015)等消费行为的各个环节上也存在显著差异。究其原因,Nisbett et al.(2001)等认为是由于思维方式差异所致,独立型自我建构更加强调去背景化的分析性思考,而依存型自我建构更加强调附背景化的整体性思考。但也有研究表明,独立型自我建构与依存型自我建构不只是存在文化差异,而且还存在个体差异(Singelis,1994),甚至存在可塑性,二者同存于心会因境而生。而本书的定性研究发现,自我建构确实存在文化差异和个人差异,就文化差异而言,我国消费者整体倾向于注重家庭和他人感受,呈现明显的依存型自我建构文化倾向;而就个体差异而言,男性或管理者更多呈现独立型自我建构特征,而女性和蓝领更多呈现依存型自我建构特征。同时,情境操作启动的实验研究也发现,改变自我建构会让消费者对产品稀缺诉求有不同的认知反应与消费选择。

就情境操作启动的自我建构对产品稀缺诉求的影响而言,它不仅直接分别调节产品稀缺诉求对消费者感知稀缺性与感知欺骗性的影响,从而形成有中介的调节作用,而且会间接调节整个并列多重中介模型,导致各中介路径作用强度大小有别。就直接调节而言,独立型自我建构者会对供应性产品稀缺诉求有更高的感知稀缺性和更低的感知欺骗性,但依存型自我建构会对需求性产品稀缺诉求有更高的感知稀缺性和更低的感知欺骗性;而就间接影响而言,独立型自我建构下产品稀缺诉求→感知稀缺性→心理所有权→消费者购买意愿,产品稀缺诉求→感知欺骗性→心理所有权→消费者购买意愿、产品稀缺诉求→感知欺骗性→心理抗拒感→消费者购买意愿等中介路径显著和其他中介路径不显著,但依存型自我建构下不仅产品稀缺诉求→感知稀缺性→心理所有权→消费者购买意愿,产品稀缺诉求→感知欺骗性→心理所有权→消费者购买意愿,产品稀缺诉求→感知欺骗性→心理抗拒感→消费者购买意愿等中介路径显著和其他中介路径不显著,但路径分析发现感知稀缺性→购买意愿和感知欺骗性→购买意愿的直接路径显著。并且干扰影响检测显示,无论是积极情绪还是消极情绪都没有产生中介影响或干扰影响。因此,假设H_{10}和H_{11}得到有效检验。产生这样的调节影响,主要原因可能在三个方面:(1)确实存在文化差异,定性研究的被试深度访谈反映就是最好的例证,整体而言我国更倾向于依存型自我建构,但被访谈对象也反映出一些变化,即年轻消费者例如在校大学生已经日益显现出独立型自我建构倾向,更加强调自己的独立性。(2)不同自我建构确实存在不同的思维方式,独立型自我建构更加强调自我分析和自我利益表达,而依存型自我建构更加强调情境分析和综合利益表达。(3)不同自我建构确实存在不同的心理投射机制,由此导致不同的稀缺诉求敏感性和产品偏好。独立型自我建构更倾向于由己度人的"外射型",更敏感于差异性和对比型社会比较,也更容易偏好独特性产品;而依存型自我建构更倾向于由人度己的"内射型",更敏感于相似性和同比性社会比较,更容易偏好流行性产品。

综合以上所有研究假设、假设检验和研究结论,本书的假设检验结果如表7.1所示。

第二节 理论贡献

"物以稀为贵",产品稀缺诉求长期以来被广泛应用,并成为许多厂商重要的营销策略,同时也得到了广泛的关注和研究,商品理论、心理抗拒感理论、独特性需求理论、认定昂贵理论、挫折理论、认知加工理论、说服知识理论等一系列理论进行了有效的解释,甚至得到了大量的实证研究支持。本书基于广泛的营销实践和大量的以往研究,针对供应性与需求性产品稀缺诉求,提出了基于并列多重中介机制和自我建构调节机制的解释模型,将对解释稀缺效应、深化和完善稀缺营销理论具有重要的理论贡献。

表7.1 所有研究假设与假设检验结果总结

假设内容	定性研究	定量研究	检验结果
H_1:产品稀缺诉求会对消费者购买意愿产生影响,但影响的结果存在不确定性。			
H_{1a}:如果消费者面对产品稀缺诉求信息时感知稀缺性占优于感知欺骗性时,会增强消费者的购买意愿。	支持	支持	成立
H_{1b}:如果消费者面对产品稀缺诉求信息时感知欺骗性占优于感知稀缺性时,会减弱消费者的购买意愿。			
H_2:产品稀缺诉求会促发消费者的感知稀缺性,并且供应性产品稀缺诉求较之于需求性产品稀缺诉求更容易触发消费者更大的感知稀缺性。	支持	支持	成立
H_3:感知稀缺性会对消费者心理所有权产生积极影响。	支持	支持	成立
H_4:感知稀缺性会对消费者心理抗拒感产生积极影响。	不支持	不支持	不成立
H_5:心理所有权会对消费者购买意愿产生积极影响。	支持	支持	成立
H_6:产品稀缺诉求会促发消费者的感知欺骗性,并且需求性产品稀缺诉求较之于供应性产品稀缺诉求更容易促发消费者更大的感知欺骗性。	支持	支持	成立
H_7:感知欺骗性会对消费者心理所有权产生消极影响。	支持	支持	成立
H_8:感知欺骗性会对消费者心理抗拒感产生积极影响。	支持	支持	成立
H_9:心理抗拒感会对消费者的购买意愿产生消极影响。	支持	支持	成立
H_{10}:自我建构会对产品稀缺诉求影响消费者感知稀缺性产生调节作用,即独立型自我建构遇到供应性产品稀缺诉求或依存型自我建构遇到需求性产品稀缺诉求时更容易感知稀缺性;反之则反。	支持	支持	成立
H_{11}:自我建构会对产品稀缺诉求影响消费者感知欺骗性产生调节作用,即独立型自我建构遇到需求性产品稀缺诉求或依存型自我建构遇到供应性产品稀缺诉求时更容易感知欺骗性;反之则反。	支持	支持	成立

第一,研究发现了产品稀缺诉求引起的感知稀缺性会导致消费者对稀缺产品产生心理所有权,首次从所有权的视角探索了消费者的稀缺偏好。

以往无论是所提出的商品理论、心理抗拒感理论和独特性需求理论等理论还是感知价值、感知付出、预期后悔等中介机制,都没有涉及到产品所有权问题,无论是法律所有权还是心理所有权,这在一定程度上缺失了稀缺效应产生的本源基础和根本动机。尽管物质占有随着物质经济的丰富、体验经济和共享经济的发展对人们幸福感的影响权重逐渐下降,但物质占有仍然是消费者购买绝大多数产品最根本的"权利主张和核心诉求"(Furby,1978,1991;Belk,1988)。物质占有理论认为,我们所拥有的物质不仅是保障我们的基本生活和满足心理安全感需要,而且还会建构我们的自我概念和表征我们的自我身份,正如Belk(1988)所言,"我们所有的一切都是我们的自我延伸"。Furby(1978)通过对五个年龄段、总计150人的"田野调查"发现,物质占有是人们获得安全感的重要来源,而占有的物质往往具有占有控制性和占有积极情感特征;Richins(1994)研究发现,物质占有往往反映了占有者的性格特征,而具体反映一般表现在两个方面,一是物质占有对占有者价值观的具体反映性,二是物质占有对占有者价值观向其他人的传播性;Kleine et al.(1995)进一步研究发现,物质占有的本质在于占有者与所占物质之间的情感联系——心理依附,并且占有经常嵌入了所有者的性格和身份;Mittal(2006)也研究发现物质占有往往被占有者表征自我身份和自我概念;Ferraro et al.(2010)还认为某些物质的占有反映了自我价值。正因为物质占有具有这样的特性,Richins(1994)、Weiss与Johar(2016)等研究发现公开占有往往较之于私有占有更具有自我表达性,消费者的重视程度也会更高;Jr. et al.(1999)研究发现在人际之间自我的物质占有往往较之于他人的物质占有更具有自我支持性,从而产生类似于"禀赋效应"的影响;Belk(2007)进一步研究发现,自我的物质占有往往不太愿意分享,因为分享意味着自我的裂解。可见,物质占有是消费者购买产品的原始动机,一方面源于物质占有的物理功能,另一方面源于物质占有的象征意义。但Beggan(1992)、Sen与Johnson(1997)等研究表明,物质占有并非一定要实际占有,心理占有也能产生类似的影响,有时心理占有甚至比实际占有会对消费者的选择或处置产生更大的影响。

稀缺产品往往会较之于普通产品更容易让消费者产生心理所有权。较之于普通产品而言,稀缺产品不仅仅价值更高,而且更具有独特性,更加有助于消费者建构自我概念和表征自我身份,更容易赢得消费者的信任和青睐。Sivadas与Venkatesh(1995)、Mittal(2006)、Ye与Gawronski(2016)等就研究发现,稀缺的产品更容易让消费者与其建立心理联系,也更容易被消费者视其为自我的有效延伸,而缺乏稀缺性的产品会对此产生稀释效应,甚至完全失去表征功能。本书的定性研究也发现,消费者对购买商品的选择不仅仅取决于其物理功能,而且更为看重其象征功能即对自我或社会身份的表征意义,例如有被访谈对象就反映"我只买自己喜欢的产品,其实每个人所买的东西往往反映了其性格或品味"等。而实验研究也表明,感知稀缺性与心理所有权成正相关关系,即更稀缺的产品更容易让消费者产生心理所有权。稀缺产品心理所有权机制的发现不仅为稀缺效应理论提供了新的研究视角,更为重要的是为稀缺效应的产生奠定了所有权基础,从根本上深化和完善了稀缺效应理论体系。

第二,研究发现了产品稀缺诉求引起的感知稀缺性并不会唤起消费者的心理抗拒感从而增强消费者的购买意愿,在一定程度上动摇了稀缺效应的心理抗拒感解释。

长期以来心理抗拒感理论被视为稀缺效应或吸引力效应的重要理论解释,认为稀缺会威胁消费者的选择自由从而会产生心理抗拒感,并进而产生各种"回旋效应"。例如Brehm(1966)等研究发现,被排除掉的菜谱书会让被试产生更大的吸引力;Mazis et al.(1973)研究发现含磷洗涤剂被禁售后会让消费者更加青睐;李东进等(2015)研究发现脱销产品不可得所导致的心理抗拒感会让消费者对相似品的购买意愿下降等。但我们无论是在定性研究还是实验研究均发现,感知稀缺性并不会唤起消费者自由意识,并产生心理抗拒感,最终导致稀缺的产品更具有吸引力而增强购买意愿。其可能的解释是集体主义文化背景的消费者对自由感知或重要性敏感度较低,或者是在稀缺情境下消费者对选择自由被威胁的容忍度较高从而导致感知幸运更为占优,当然也有可能是产品稀缺诉求引发的感知稀缺性根本不可能唤起消费者的心理抗拒感,这个Parker(2011)、Gupta(2013)等也有相同的解释。进一步可推测的是,如果要想感知稀缺性唤醒消费者的心理抗拒感,除非要么直接提醒或明示"大家注意自己的消费自由或消费公平"等显性信息,要么就是告知脱销或缺货等隐性信息,也有可能导致消费者的心理抗拒感被唤起。

虽然产品稀缺诉求引发的感知稀缺性并不一定唤醒消费者的心理抗拒感,但它引发的消费者感知欺骗性却会引起消费者的心理抗拒感。无论是定性研究还是定量研究均显示,感知欺骗性会导致心理抗拒感的唤起,并且呈现正相关关系。之所以感知欺骗性会引起消费者的心理抗拒感,原因在于消费者对产品稀缺诉求的传播动机产生了操作意图怀疑,即厂商故意通过传播产品稀缺诉求诱骗消费者,Quick(2008)等在研究心理抗拒感时也发现感知操作意图是消费者心理抗拒感产生的重要原因之一。由于操作意图带有欺骗性,破坏交易的承诺与信任以及公平性,有可能会导致消费者自尊或利益受损,因此消费者往往会产生生气、愤怒、抵触等心理抗拒感表现。但感知操作意图导致的心理抗拒感与感知稀缺性导致的心理抗拒感不仅成因不同,而且影响效应也不同,前者是因为怀疑厂商的操作动机而引发的心理抗拒感,会导致消费者购买意愿的降低;而后者是因为感知稀缺性造成选择自由受到威胁而引发的心理抗拒感,会导致消费者购买意愿的增强。因此,二者存在明显的区别,但无论怎样,心理抗拒感的本质都是因自由被威胁而悖反于威胁者的反应。

综上所言,产品稀缺诉求引发的感知稀缺性并不一定会让消费者产生心理抗拒感并进而增强消费者的购买意愿,这一研究结果与长期形成的研究结论刚好相反,其原因解释

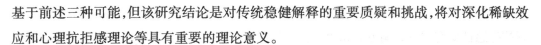

基于前述三种可能,但该研究结论是对传统稳健解释的重要质疑和挑战,将对深化稀缺效应和心理抗拒感理论等具有重要的理论意义。

第三,研究发现了消费者对产品稀缺诉求实质上存在并列多重中介机制反应,进一步地深化和完善了稀缺效应理论。

以往针对不同的产品稀缺诉求,相继提出了心理抗拒感、认定昂贵性、预期后悔、感知价值、感知付出、感知独特性、感知竞争性、心理饱厌感、感知流行性、嫉妒等一系列中介机制,这些中介机制的提出对于有效洞察产品稀缺诉求的消费者反应机理和完善稀缺效应理论具有重要的意义。但这些中介研究也存在三个方面的严重不足:一是这些中介研究绝大多数都局限于单一中介的独立中介作用,忽略了消费者对产品稀缺诉求可能同时存在多列中介机制的心理反应,尤其缺乏对感知稀缺性与感知欺骗性这样具有性质不同、作用相反的多列中介机制的有效研究;二是以往的中介机制的研究缺乏更具有解释力和有效性的多重中介机制的研究,因为任何单一中介的研究都只是对现象感知的简单探索,只有多重中介才是对现象本质的更深理解(Preacher and Hayers,2008),多重中介机制探索的缺乏已经严重影响了稀缺效应的理论发展和有效应用;三是以往的产品稀缺诉求研究更多的是基于实验研究方法的定量研究,定量研究重量而不重质的研究缺陷在一定程度上影响了产品稀缺诉求具体影响的真实揭示,只有将重质而不重量的定性研究与定量研究有效结合的混合研究方法才能更为全面地揭示产品稀缺诉求的真实影响或消费者的稀缺反应。正是基于以往研究的不足,本书针对供应性与需求性产品稀缺诉求,构建了基于感知稀缺性与感知欺骗性的并列多重中介机制,并通过深度访谈定性研究和实验法定量研究相结合的混合研究方法进行了有效检验,将是对稀缺效应或稀缺营销理论的重要深化和完善。

面对产品稀缺诉求,消费者不再是信息的被动接受者,也是信息的主动加工者,他或她一方面会进行感知稀缺性加工,属于初始性认知加工,具有自然反应性,加工目标是增强信息判断精确性;另一方面会进行感知欺骗性加工,属于元认知加工,具有深加工反应性,加工目标是增强信息证伪的防御性。正是因为存在这种信息加工的并列中介机制,消费者对稀缺反应才会出现感性与理性之别,也才出现稀缺信息加工的启发式与系统式或中心路线与边缘路线等加工方式之争。而且并列双重路线并非是并列分离前行,而是相互交织加工,正因为这种稀缺信息加工的并列性与交织性,才会导致消费者面对稀缺诉求的态度矛盾性与决策犹豫性。不仅如此,并列中介机制还存在多重中介机制,即心理所有权与心理抗拒感还会产生再中介作用,虽然无论是定性研究还是定量研究均发现感知稀缺性并不能唤起消费者的心理抗拒感,但感知稀缺性与感知欺骗性还是会对心理所有权与心理抗拒感产生交织型的影响,并进而最终影响消费者的购买意愿。心理所有权与心理抗拒感性质有别且影响方向相反,前者强调的是权利权属,会对消费者购买意愿产生增强作用;而后者强调的是选择自由,会对消费者购买意愿产生降低作用。虽然如此,它们既会同时存在,也会共同作用于消费者购买意愿。产品稀缺诉求并列多重中介机制的发现和检验将对揭示产品稀缺诉求现象、增强产品稀缺效应的认识和理解和完善产品稀缺效应理论具有重要的意义。

第四,研究发现了自我建构对产品稀缺诉求影响消费者购买意愿并列多重中介机制的调节作用,有效地拓展了稀缺效应的边界条件。

调节变量是影响自变量与因变量之间方向或强度的重要变量,它为现有的理论或模型划出了作用的限制条件或适用范围。如果说中介变量阐明了一个关系或过程的"如何"或"为何"产生,而调节变量则展示了一个关系"何时"或"为谁"而增强或减弱(Whetten,1989)。以往的研究也针对不同的产品稀缺诉求提出了一系列的调节变量,例如消费者的独特性需求、认知需求、产品熟悉性、不确定性规避、认知闭合需要、特质竞争性、品牌概念、自恋程度、说服知识、调节聚焦、产品类型、稀缺信息详尽性、自我监控、呈现框架、认知资源、情绪、为自己或他人决策、稀缺期望、折扣水平、消费公开性等,从而为理解和应用产品稀缺诉求提供了重要的参考价值,但以往的这些条件变量存在领域或关系特定性,在一定程度上限制了它们的普适性或一般性。为此,本书提出了自我建构对产品稀缺诉求(供应性 vs.需求性)的调节作用,并且通过定性研究和定量研究进行了有效的检验。本书所提出的自我建构调节作用具有两个特点:一方面自我建构既是文化差异变量,也是个体特质变量和情境启动变量,不仅具有普适性,而且具有操作性,在一定程度上增强了调节机制的广泛性和应用性;另一方面自我建构对产品稀缺诉求的调节作用既包括对产品稀缺诉求分别影响消费者感知稀缺性和感知欺骗性的中介调节作用,也包括对整个并列多重中介变量的调节作用,调节作用具有广泛性。正因为具有这样的特点,自我建构调节作用的发现将有效地拓展稀缺效应的边界条件。

具体而言,自我建构对产品稀缺诉求的调节作用不仅得到了定性研究的有效支持,而且也得到了定量研究的有效证实。深度访谈定性研究结果显示,偏重于独立型自我建构倾向的被访谈对象更敏感于供应性产品稀缺诉求和更偏爱独特性产品,不仅具有更高的感知稀缺性和更低的感知欺骗性,也更容易产生心理所有权和更不容易产生心理抗拒感;而偏重于依存型自我建构倾向的被访谈对象更敏感于需求性产品稀缺诉求和更偏爱流行性产品,不仅具有更高的感知稀缺性和更低的感知欺骗性,也更容易产生心理所有权和更不容易产生心理抗拒感。同时实验定量研究结果也显示,对产品稀缺诉求的直接调节作用而言,在独立型自我建构下供应性产品稀缺诉求较之于需求性产品诉求消费者有更高的感知稀缺性和更低的感知欺骗性,但在依存型自我建构下需求性产品稀缺诉求较之于供应性产品稀缺诉求有更高的感知稀缺性和更低的感知欺骗性;而对整个模型的间接调节作用而言,实验结果显示,在独立型自我建构下产品稀缺诉求→感知稀缺性→心理所有权→消费者购买意愿,产品稀缺诉求→感知欺骗性→心理所有权→消费者购买意愿,产品稀缺诉求→感知欺骗性→心理抗拒感→消费者购买意愿等中介效应显著和其他中介效应不显著,但在依存型自我建构下不仅产品稀缺诉求→感知稀缺性→心理所有权→消费者购买意愿,产品稀缺诉求→感知欺骗性→心理所有权→消费者购买意愿,产品稀缺诉求→感知欺骗性→心理抗拒感→消费者购买意愿等中介效应显著和其他中介效应不显著,而且路径分析发现感知稀缺性→购买意愿和感知欺骗性→购买意愿的直接效应显著。可见,自我建构确实起到了有效的调节作用,是对稀缺效应边界条件发现的重要贡献。

第三节　实践意义

随着社会经济的发展和市场竞争的加剧,尤其是电子商务的快速发展,各种形式的稀缺营销不断涌现,让消费者真假难辨,不知所措。其中,产品稀缺诉求仍然是稀缺营销的主要方式,包括限量与限时产品稀缺诉求、供应性与需求性产品稀缺诉求、环境与人为产品稀缺诉求等显性产品稀缺诉求和奢侈品、限量版、口碑传播、精品陈列或货架货量控制等隐性产品稀缺诉求,但这些产品稀缺诉求的营销效果却好坏不一、毁誉参半,甚至随着消费者卷入程度的增强和说服知识的增多,其营销效果有日益降低的趋势。同时,产品稀缺诉求的重要受众——消费者也越来越聪明,不再仅仅是产品稀缺诉求的被动接受者,而是积极主动地参与产品稀缺诉求的辨识和反应,避免上当受骗。当然,也有不良厂商故意制造虚假产品稀缺诉求诱骗消费者,不仅严重侵犯了消费者的消费权益,也严重扰乱了良性的市场竞争和健康的市场秩序,因此需要严加监管和规范。本书的研究结论将不仅对厂商的稀缺营销操作具有重要的指导意义,而且对消费者的稀缺产品理性消费和行业监管机构的稀缺营销管理具有重要的参考价值和借鉴意义。

一、对厂商稀缺营销的实践意义

厂商是稀缺营销的重要参与者,也是产品稀缺诉求的主要传播者。厂商既包括生产制造者即厂商,例如美国苹果公司、日本索尼公司和中国小米公司,也包括产品流通者即商家,例如中国的苏宁、淘宝和京东等,它们通过设计或传播产品稀缺诉求,增强消费者购买的紧迫性,甚至还产生溢出效应——提升品牌价值和索取产品溢价等。但就目前的稀缺营销实践来看,稀缺营销操作出现不少问题,营销效果日益不彰。具体而言,一是稀缺营销创新性严重不足,营销操作理念、操作方式和传播形式等严重趋同,消费者的不信任感日益上升。例如房地产公司的稀缺广告、实体商家或电子商务淘宝或京东的限时抢购或秒杀、汽车厂家或商家的团购等。二是目前的稀缺营销操作忽略对消费者稀缺反应的研究,整个营销操作仍然以诉求灌输式为主,而非以诉求说服式为主,其结果一方面导致有限的营销资源被浪费,稀缺营销效果却不显著;另一方面导致消费者盲从式消费,购后后悔感上升和消费满意度降低。三是目前的稀缺营销仍然是以个性特质差异为主要营销细分标准,而非以情境操作为主要市场细分标准,导致消费者心理饱厌感越来越强,稀缺营销渗透率越来越低。随着物质经济的丰富和体验经济的发展,消费者对物质功能日益饱厌,而对物质的象征功能和消费体验日益重视,但目前的稀缺营销严重忽略了这种趋势,导致稀缺营销效果不佳。四是某些稀缺营销手法缺乏商业伦理,甚至违法,例如雇佣"托儿"让消费者感知竞争性诱骗消费者,故意脱销低价产品让消费者购买高价产品,通过限时、限量或拍卖等稀缺营销手段刺激或诱骗消费者购买自己并不需要的产品等,不仅严重侵害了消费者的合法权益,也严重扰乱了市场秩序。正是针对目前稀缺营销的种种不足,本书的研究内容和结论将会对厂商的稀缺营销操作具有重要的指导借鉴意义。

第一,本书的研究发现供应性与需求性产品稀缺诉求对消费者购买意愿存在显著差异,因此厂商需要针对不同的产品和消费者设计和传播不同的产品稀缺诉求。

产品稀缺诉求形式多样,但其中应用范围或频率仅次于限量与限时产品稀缺诉求的就是供应性与需求性产品稀缺诉求(Gierl,2008)。已有的研究发现,供应性与需求性产品稀缺诉求会传递不同的信号(van Herpen et al.,2007;Ku et al.,2012),例如供应性产品稀缺诉求传递了"独特性"信号,而需求性产品稀缺诉求传递了"流行性"信号,这些信号差异会导致消费者不同的决策推理和消费选择。因此,厂商在设计和传播产品稀缺稀缺诉求时,一方面需要考虑产品类型,例如具有更多身份表征意义的产品应该采用供应性产品稀缺诉求,而具有更多实际功能意义的产品应该采用需求性产品稀缺诉求;另一方面需要考虑消费者的真实需求,对于更加重视象征功能、具有更高独特需求和风险偏好的消费者应该更多地采用供应性产品稀缺诉求,而对于更加重视实用功能、具有更高流行性需求和风险厌恶的消费者应该更多地采用需求性产品稀缺诉求。当然,也应该考虑产品类型或属性的动态性和消费者消费需求的变化性,例如美国苹果公司生产的苹果手机,刚刚问世时具有更多的象征功能,或许供应性产品稀缺诉求更为有效,而随着消费者购买数量的增多,现在更多地是强调实用功能例如更多的拍照功能,或许需求性产品稀缺诉求更为有效;同理,消费者的消费偏好也会随着时间或情境的变化而变化,20多岁的年轻消费者很可能更加注重象征功能,供应性产品稀缺诉求更为有效,而一旦进入中年、壮年和老年阶段很可能会越来越注重实用功能,需求性产品稀缺诉求更为有效。因此,厂商应该密切关注产品类型或属性以及消费者消费偏好的特征和变化,因地制宜或因人而异地设计和传播产品稀缺诉求,才能达到预期的稀缺营销效果。

第二,本书的研究发现产品稀缺诉求会唤起消费者的感知欺骗性并进而会影响消费者的购买意愿,因此厂商要努力抑制或改善消费者感知欺骗性的消极影响。

无论是信息加工理论还是说服知识理论都认为,消费者不是信息的被动接受者,而是信息的主动加工者。尤其是对于像产品稀缺诉求这样极具商业性的信息传播,消费者会对其产生更多的防御性信息加工,并且对其消费决策产生更大的影响权重。本书的研究也发现,消费者无论是对供应性产品稀缺诉求还是对需求性产品稀缺诉求都会产生感知欺骗性,并会对消费者的心理所有权和购买意愿产生消极影响。因此,厂商在设计或传播产品稀缺诉求时,应尽可能地抑制或降低消费者的感知欺骗性,增强消费者的感知可信性和感知诊断性。抑制或降低消费者感知欺骗性的途径主要有:一是改变产品稀缺诉求传播的内容,由直陈式向叙事式转变,因为已有研究表明叙事式较之于直陈式更容易赢得消费者的感知可信性,能够有效地降低消费者的感知欺骗性,其内在机理可能是由于情境融入或心理意象会让消费者产生更高的感知可信性,亦或是叙事式广告会耗费更高的认知资源导致需要消耗更多认知资源的感知欺骗性无认知资源加工而难以产生。二是改变产品稀缺诉求传播的形式,由片面强调产品稀缺性的"单面广告"改为适当强调稀缺性缺点的"双面广告",因为已有研究发现双面广告较之于单面广告更容易赢得消费者的信任,降低消费者的感知欺骗性(Sawyer,1973;Settle and Golden,1974;Smith and Hunt,1978;Swinyard 1981;Etgar and Goodwin,1982;Anderson and Golden,1984),其内在机制可能在于消费者普遍存在"凡事有两面"的辩证性思维,亦或是稀缺产品缺陷的提醒会让消费者感受到温暖,从而减弱消费者的心理抗拒感反应。三是改变产品稀缺诉求传播的方式,由广告、电视和网络等显性产品稀缺诉求传播改为限量版、脱销、口碑宣传、产品陈列或货架摆放等隐性产品稀缺诉求传播,同样有研究发现隐性产品稀缺诉求传播更容易赢得消费者的信任,降低消费者的欺骗性感知。同时,由于感知欺骗性属于消费者主观感知,即使并不存在欺骗性的广告诉求也有可能引起消费者的感知欺骗性,因此厂商应该客观看待和妥善处理消费者的感知欺骗性。例如感知欺骗性是由怀疑引起的,因此消费者经常采用说服知识应对说服诉求和怀疑感知,并且已有研究发现消费者的说服知识越丰富越容易怀疑广告诉求的真实性,也越容易产生感知欺骗性(Bobinski et al.,1996;Boush et al.,

1994；Forehand and Grier，2003；Schindler et al.，2005；Thakor and Goneau-Lessard，2009）。但 Isaac 和 Grayson（2017）研究也发现，说服知识并非为怀疑或感知欺骗性而生，只要厂商采用合适的传播内容消费者的说服知识就有可能转变为高可信性，例如利用更具可信性的线索为广告诉求背书等。因此，厂商可以采用各种途径或办法降低产品稀缺诉求引发的消费者感知欺骗性。

第三，本书的研究发现产品稀缺诉求会让消费者对稀缺产品产生心理所有权，因此厂商设计和传播的产品稀缺诉求应努力让产品"走进消费者的心理"。

当消费者的物质需求得到了满足后，消费者的心理需求就会变得越来越重要（Mano and Oliver，1993），正如买卖双方交易的关系一样，物质短缺时消费者重视的是产品本身，而当物质丰裕时消费者重视的买卖之间的关系（Dwyer et al.，1987）。目前我国绝大多数产品都供过于求，消费者的可选择性较强，能否映入消费者眼帘并走进他们的心理成为了能否赢得消费者青睐至关重要的因素，直接决定着交易的成败。"映入消费者的眼帘"需要厂商积极开展"眼球营销"，增强销售产品的曝光率和吸引力，例如改善产品设计、优化产品陈列、增强产品传播等；而"走进消费者心理"需要厂商积极调查和了解消费者的消费偏好或消费习惯，及时满足消费者的体验需求。心理所有权理论认为，让消费者对目标产品产生心理所有权是赢得消费者青睐和满意的关键因素，不仅会增强消费者的购买意愿，甚至有可能增强消费者的溢价意愿。而要让消费者对目标产品产生心理所有权，必须要不断地增强控制、增进了解和增加投入才能有效地让目标产品被消费者产生归属感、认同感和效能感（Pierce et al.，2002，2003；Jussila et al.，2015），才能真正"走进消费者的心理"。就目前相关的研究发现，能够"走进消费者心理"的两条具体路径一是增强消费者的熟悉，例如产品触摸或怀旧，Peck 与 Shu（2009）等研究就发现让消费者真实触摸甚至想象触摸都能够促发消费者的心理所有权，从而增强消费者的购买意愿，而其他的学者研究也发现让人怀旧的产品也会让消费者产生心理所有权；另一条路径是增强偏好匹配，即产品的基本属性和体验过程能够有效满足消费者的基本或即时需要，从而能够让消费者产生唤醒和愉悦，例如 Holbrook 与 Hirschman（1982）、Hamilton 与 Thompson（2007）等研究发现增强消费者的体验能够有效增强消费者的心理所有权，因为享乐属性较之于实用属性更容易赢得消费者的好感和记忆，Carter 与 Gilovich（2012）也研究发现经历较之于占有更容易让消费者产生心理所有感，例如旅游、价值共创等。但需要强调的是，并非所有消费者都认为享乐或体验更容易让消费者产生偏好匹配，从而促发心理所有权，只有追求享乐或体验的消费者才能如此，而追求实用功能或物质主义的消费者更有可能对物质占有产生偏好匹配，并因此而产生心理所有权。因此，厂商需要真正了解消费者的即时需求才能做到有效响应,从而让产品"走进消费者的心理"。

本书的研究发现,产品稀缺诉求引发的感知稀缺性会促发消费者对稀缺产品的心理所有权。该心理所有权的产生是基于偏好匹配而非产品熟悉性。例如供应性产品稀缺诉求因为其"独特性"信号而让更高独特性需求的消费者对其产生心理所有权,而需求性产品稀缺诉求因为其"流行性"信号而让更高流行性需求的消费者对其产生心理所有权。该研究不仅得到了深度访谈定性研究的有效支持,也得到了实验定量研究的有效证实。因此,厂商应该针对不同的产品类型或消费者偏好设计或传播与之相应的产品稀缺诉求,从而唤起消费者相应的感知稀缺性,并因此而产生心理所有权,最终增强消费者的购买意愿。与此同时,厂商应该尽量抑制或降低消费者对产品稀缺诉求引发的感知欺骗性,因为本书研究发现消费者的感知欺骗性越强所形成的心理所有权越低,并进而会降低消费者的购买意愿。因此,厂商在设计或传播稀缺诉求促发消费者的心理所有权时,一方面要积极增强消费者的感知稀缺性,另一方面要有效抑制消费者的感知欺骗性,只有这样才能真正才能让稀缺产品真正"走进消费者的心理"。

第四,本书的研究发现产品稀缺诉求唤起的感知稀缺性难以让消费者产生心理抗拒感,因此厂商应该减少通过唤起感知稀缺性促发增强消费者购买意愿的心理抗拒感营销策略。

心理抗拒感是非常普遍的消费者情绪反应,强推式的广告、促销目的明显的销售人员推荐、某些产品的限制性消费等都可能会导致消费者产生心理抗拒感。心理抗拒感的产生既可能导致"禁果分外甜"效应,也可能导致"酸葡萄"效应,主要取决于消费者对限制或威胁自由者的主要动机的感知或判断。但不同于以往相关文献的研究结论,本书的研究发现产品稀缺诉求唤起的感知稀缺性并不会诱发消费者的心理抗拒感,并进而增强消费者的购买意愿。其可能的解释包括文化差异、感知幸运占优等,当然也有可能感知稀缺性根本就没有唤醒消费者的自由意识并进而产生心理抗拒感。同时,该研究也发现,产品稀缺诉求会唤起消费者对操作意图的感知,而操作意图的感知会让消费者产生感知欺骗性并进而增强心理抗拒感,但最终却是降低消费者的购买意愿。因此,如果想要增强消费者的购买意愿,必须抑制或降低消费者对产品稀缺诉求的感知欺骗性。此外,Dillar 与 Shen(2005)、Quick(2008)等研究也发现,心理抗拒感会导致消极认知与消极情绪,即使因心理抗拒感增强了消费者的购买意愿,其结果也会导致消费者购后后悔和满意度的降低,这与顾客满意管理和客户关系管理的理念与策略也是背道而驰的,不利于客观关系的培养和竞争优势的发展。

就本书的研究结论而言,在营销实践中,厂商一方面不要寄希望通过产品稀缺诉求引发消费者的感知稀缺性诱发消费者的心理抗拒感,从而增强消费者的购买意愿,即使要通过产品稀缺诉求诱发消费者的心理抗拒感,也需要通过脱销、口碑、社会比较等附加策略或隐性稀缺信息才能唤起消费者的心理抗拒感并进而增强消费者的购买意愿;另一方面厂商要采取优化产品稀缺诉求设计、改善稀缺诉求传播和提高稀缺营销操作等措施阻碍或降低消费者对产品稀缺诉求操作意图的感知,因此它会导致消费者产生感知稀缺性并引发消费者的心理抗拒感,最终会降低消费者的购买意愿。当然,通过心理抗拒感增强消费者购买意愿属于"短视营销",不利于顾客满意的提升和客户关系的发展,因此必须转变观念,创造价值、提升满意才是营销的根本之法和长远之道。

第五,本书的研究发现自我建构会对产品稀缺诉求影响消费者购买意愿产生调节作用,因此应该积极通过操作自我建构增强产品稀缺诉求传播的有效性。

存在于社会环境中的任何个体都不可避免地会受社会环境的影响,任何消费行为都是社会环境和消费文化的综合反映。自我建构不仅是反映文化差异的重要变量,也是反映人格特质和消费情境差异的重要指标。本书的深度访谈定性研究和实验定量研究结果均显示,自我建构会对产品稀缺诉求影响消费者购买意愿产生重要影响。如前所示,自我建构一方面会影响产品稀缺诉求对消费者感知稀缺性和感知欺骗性的影响,产生有中介的调节作用;另一方面会影响整个并列多重中介影响,造成某些中介路径显著或效应更强和某些中介路径不显著或效应更弱。针对自我建构的主要特点和影响作用,厂商在设计和传播产品稀缺诉求时应该充分考虑自我建构的影响,更应该充分利用自我建构的调节作用提升产品稀缺诉求的有效性。

具体而言,自我建构的调节影响利用可以通过三条途径实施。一是针对我国属于具有明显依存型自我建构倾向的集体主义国家,产品稀缺诉求应该更多地采用需求性产品稀缺诉求,更多地强调流行性和低风险性,避免强调高独特性和高风险性,才能促进消费者的购买意愿。当然,本书的研究结果也显示,年轻消费者越来越呈现独立型自我建构倾向,因此针对年轻消费者,尤其是创新性较高的独特性产品,应该更多地采用供应性产品稀缺诉求,才能增强这些消费者的购买意愿。二是针对不同的个体采取针对性的产品稀缺诉求营销策略。自我建构具有个体人格特质特征,例如本书的定性研究发现男性、白领或大学生具有明显的独立型自我建构倾向,而女性或蓝领具有更为明显的依存型自我建构倾向,因此针对前者就应该更多地采用供应性产品稀缺诉求,而针对后者应该更多地采用需求性产品稀缺诉求。三是自我建构也属于情境操作变量,能够通过情境启动改变消费者的自我建构倾向。因此,厂商在营销时,应该努力营造期望的自我建构情境,例如在传播供应性产品稀缺诉求时,更多地强调"王者之选""特立独行""与众不同""挑战自我"

等,以及更高风险、社会比较(上行比较)等;而在传播需求性产品稀缺诉求时,更多地强调"和美之家""人间有爱""大爱无疆""你我同在"等,以及更低风险、群体归属、社会规则等。当然,自我建构调节影响的利用一方面仍然要回归到价值创造、让消费者满意的根本,另一方面也要不违背商业伦理和法律法规。

二、对消费者稀缺消费的实践意义

消费者是产品稀缺诉求的目标受众,其价值判断和消费决策往往会受到产品稀缺诉求的重要影响。已有研究发现,产品稀缺诉求或信息会影响消费者的感知稀缺性、支付意愿、消费数量、感知质量、感知流行性、想法加工、想法效价、竞争性唤醒、冲动购买、交易态度、产品态度、交易意愿、感知价值、购买行为、购买意愿、感知专有性等(Oruc,2015)。本书的定性研究和定量研究均发现,产品稀缺诉求会影响消费者的购买意愿,具体而言直接影响包括感知稀缺性和感知欺骗性,间接影响包括心理所有权和心理抗拒感。这些影响的背后存在着消费者复杂的信息加工机制和消费决策机制。基于本书的研究和结合其他人的研究综合而言,产品稀缺诉求对于消费者的影响既可能产生积极影响,也可能产生消极影响。其中,积极影响包括增强消费者购买的紧迫性、消费体验的即时满足、自我效能感和自信心的提升等,而消极影响包括容易陷入"稀缺陷阱"、冲动性消费、盲目消费、容易产生气愤或后悔等消极情绪等。因此,消费者要理性看待产品稀缺诉求,仔细辨别产品稀缺诉求的真伪,认真审视自己的消费偏好和消费能力,真正做到按需消费、理性消费和健康消费。本书的研究结论将对消费者有效辨别产品稀缺诉求、理性消费稀缺产品具有重要的指导借鉴意义。

第一,仔细辨别产品稀缺诉求的真伪,防止被虚假产品稀缺诉求所欺骗。

随着生产效率的提高和市场竞争的加剧,技术和产品同质化趋势日益严重,各厂商纷纷采用产品稀缺诉求等稀缺营销策略,以此来诱导消费者的价值判断和购买决策。其中,有些厂商诚实地陈述自己产品供求状况,给消费者的消费决策提供有益的信息参考;但也有不少厂家虚假地设计或传播产品稀缺诉求,误导和诱捕消费者,严重损害了消费者的消费权益。例如本不稀缺的产品伪装成稀缺产品,甚至质量低劣或毫无价值的产品也进行稀缺营销,价格较低或销售不畅的产品通过制造社会舆论造成"从众效应",所谓的新产品进行身份营销等。花样繁多,不胜枚举。面对真假难辨的产品稀缺诉求信息,消费者有时手足无措,甚至有时抱着"宁可信其有,不可信其无"的消费态度进行盲目消费,结果上当受骗。因此,消费者需要仔细辨别产品稀缺诉求的真伪,防止被虚位产品稀缺诉求所欺骗。

辨别产品稀缺诉求的真伪,可以采用的策略主要有:一是判断产品本身的价值与供求是识别产品稀缺诉求真伪的根本之策。无论厂商传播怎样的产品稀缺诉求,产品本身的属性、功能和特点是其价值所在,只有准确判断产品的价值才能形成判断产品稀缺诉求真伪的前提;同时,绝大多数是符合经济规律的——供不应求会到导致价格上涨,而价格上涨会导致供给增加,亦或是供过于求会导致价格下跌,而价格下跌会导致供给减少。而绝大多数产品会先供不应求,后供过于求。因此,掌握一定的产品供求规律对判断产品稀缺诉求大有裨益。二是判断产品稀缺诉求本身的内容。产品稀缺诉求传播内容是影响消费者感知稀缺性和感知欺骗性的中心线索,因此要加强对产品稀缺诉求内容的诊断,例如说服论据、论据结构和论据强度等,同时也要加强对产品稀缺诉求传播内容边缘线索的侦测,例如信息来源、产品代言、呈现方式等,因为有时边缘线索对判断产品稀缺诉求更具有针对性。三是判断产品稀缺诉求的传播方式。前已所述,电视、报纸、网络等显性产品稀缺诉求或直陈式传播方式往往更具有虚假性,而限量版、口碑、货架等隐性产品稀缺诉求或叙事式传播方式往往更具有可信性。四是消费者要强化说服知识的培育,增强辨别产品稀缺诉求的经验或技能。具有一定的说服知识不仅是消费成熟的重要表现,也是判断产品稀缺诉求真伪的重要手段。例如面对产品稀缺诉求时,列举说服论据、增强信息搜寻、增加货品比较、适度延迟购买、强化自我控制等。

第二,理性看待稀缺产品,量力而行稀缺消费,防止稀缺成瘾和攀比消费。

即使面对真实的产品稀缺诉求,消费者也要客观理性地看待稀缺产品,做到按需消费,量力而行。由于受物质占有和身份建构驱动,消费者往往对稀缺产品具有天然偏好性,面对稀缺产品诉求时容易产生冲动性消费。本书的定性研究和定量研究均发现,无论是供应性产品稀缺诉求还是需求性产品稀缺诉求都会增强消费者的购买意愿,甚至会降低消费者对产品质量或价格的敏感性和增强溢价支付意愿。与之相应的是,目前社会广泛流行以旧换新、分期支付等名目繁多非理性消费形态,不仅造成透支消费、攀比消费等不健康的消费理念,甚至造成因无力偿还而心生抑郁、跳楼自杀等社会悲剧。因此,消费者一定要理性看待稀缺产品,培育积极健康的消费理念,践行实用至上、量力而行的消费习惯和消费行为。

理性看待稀缺产品、量力而行稀缺消费的消费策略主要有:一是仔细审视自己的消费偏好,只买自己所需的。虽然产品种类繁多,而且不断推陈出新,但每个消费者都有自己的消费偏好,只有清楚地了解自己消费偏好的消费者才会较少地受产品稀缺诉求、临场促销等即时刺激信息的影响(Bettman et al.,1998),也才能减少冲动消费、纵情消费、过度消费等非理性消费行为。二是认真评估自己的消费能力。就消费者而言,消费能力主要是指消费者对所需消费品和劳务的货币支付能力,是消费需求的基础和前提,也是稀缺产品消费的重要保障。在面对产品稀缺诉求时,消费者需要认真评估自己或家庭的消费能力和消费水平,包括现实经济条件和预期未来收入等,做到量力消费,甚至延迟消费等。三是积极培养稀缺产品消费说服知识。"物以稀为贵",稀缺产品相对于普通产品而言价格更高,消费者应该增强质量、品牌、价格等消费说服知识的培养,不断积累稀缺产品消费经验和提高消费能力。具体而言,消费者不应成为高价格的被动接受者,而应该增强价格说服知识,例如成本分析、价格比较、预期收益等,甚至培养说服能力或谈判能力,加以积极应对,谋取自身价值最大化(Hardesty et al.,2007)。

三、对行业稀缺营销管理的政策意义

积极健康的市场秩序是发展市场经济的重要目标,也是成熟市场经济的重要标志。然而,经常会出现不良厂商出现逆向选择或败德行为,发布虚假产品稀缺诉求或进行虚假稀缺营销,不仅严重损害了消费者的权益,也严重扰乱了市场秩序,降低了市场效率。例如本不稀缺的产品伪装成稀缺产品、散布谣言促进过剩产品的销售、雇佣"托儿"制造爆销产品或"现身说法"、随意提价误导消费者等。作为市场秩序的重要监管者——政府相关部门和相关行业协会,应该积极发挥自己的监管职责,曝光或惩处不良厂商的不法行为,维护和促进市场秩序的健康发展。本书的定性研究和定量研究也发现,消费者越来越感知厂商所发布产品稀缺诉求的欺骗性,增强了对厂商或市场的不信任感,降低了市场的交易效率,例如被深度访谈对象就反映"绝大多数产品稀缺诉求或信息都是假的,骗人的"、"如果真是产品稀缺,还用花大价钱打广告吗"、"作为房地产行业的人员,我最清楚那些都是骗人的把戏,都是为了卖房子,骗人的"等;而实验研究也发现,感知欺骗性会增强消费者的心理抗拒感,并进而会降低消费者的购买意愿。因此,本书的研究结论也对行业监管机构打击虚假稀缺营销行为、维护良好市场秩序、促进市场经济健康发展具有重要的政策借鉴意义。

对于不良厂商虚假稀缺营销、扰乱市场秩序的有效监管可以从以下几个方面进行管理。首先建立动态监管体系,对厂商的经营行为进行动态管理。随着社会经济的发展和市场竞争的加剧,市场竞争纷繁复杂且瞬息万变,不法经营行为花样繁多且隐蔽性强,社会危害较大,因此传统的被动式静态监管体系已经严重滞后于市场的发展,唯有采用主动的动态监管体系才能实现有效治理。行业监管机构可以充分利用先进的管理体系和大数据管理方法,实施对市场主体的动态式监管,一方面进行前瞻性的预测管理,另一方面进行实时的应急管理,维护消费者合法权益和健康的市场秩序。其次是加强对不良商贩违法行为的诚信管理和惩处力度,加大不良商贩的违法成本,使其"不敢假、不能假"。目前某些不良厂商之所以采取投机主义进行虚假产品稀缺诉求传播,例如虚假宣传、散布谣

言、雇"托儿"购买、囤货涨价等,主要原因是违法成本过低,违法收益大于违法成本,能够产生较大的违法收益。不法行为不仅严重损害了消费者对厂商和市场的信心,也严重扰乱了市场秩序和阻碍了市场经济的发展。针对虚假产品稀缺诉求或虚假稀缺营销,行业监管机构需要建立厂商诚信经营体系和经营行为监管体系,例如对于虚假宣传的厂商进行曝光、降低其诚信等级、增加融资成本、增加罚没数额甚至直接退市,严重损害消费者权益和扰乱市场秩序的应该量刑入罪,从而增强行业监管的威慑性和惩处性。最后健康的市场秩序需要整个社会的齐抓共管,只有整个社会共同关心、共同监督和共同参与虚假产品稀缺诉求等虚假稀缺营销的治理,才能从根本上消除不良厂商的虚假违法行为,促进市场经济的健康发展。例如,新闻媒体要加强对虚假稀缺营销行为的曝光、消费者需要加强对虚假营销行为的举报和索偿、厂商之间要相互监督经营行为、政府相关监管机构和行业协会要加强教育、监督和惩罚等。当然,厂商自身也要加强自律管理,充分认识到虚假稀缺宣传的危害性和严重性,做到合法守规经营,才是健康发展之道。

第四节　主要局限与研究展望

产品稀缺诉求应用广泛,且影响因素众多,本书虽然对众多产品稀缺诉求类型中的供应性与需求性产品稀缺诉求进行了研究,包括深度访谈定性研究和实验定量研究,但仍然受制于研究视角、研究内容和研究方法等方面的限制,存在一些研究局限。这些研究局限将是未来需要进一步改善和研究的重要方向。

一、主要局限

(一)研究对象局限

本书的主要研究对象是供应性与需求性产品稀缺诉求,相比较于限量与限时产品稀缺诉求、环境与人为产品稀缺诉求、显性与隐性产品稀缺诉求等众多产品稀缺诉求类型而言,本书的研究对象较为局限。供应性与需求性产品稀缺诉求在营销实践和学术研究中均仅次于限量与限时产品稀缺诉求,由于其稀缺成因与传播信号差异,它们会对消费者的购买意愿产生系统性的差异影响,例如更高独特性需求的消费者会更敏感于供应性产品稀缺诉求和更偏好供应性稀缺产品,即"虚荣效应",而更高从众性需求的消费者会更敏感于需求性产品稀缺诉求和更偏好需求性稀缺产品,即"从众效应"。尽管 Gierlet al.(2008)和 Gupta(2013)等研究认为供应性产品稀缺诉求类似于限量产品稀缺诉求,而需求性产品稀缺诉求类似于限时产品稀缺诉求,但它们仍然与其他产品稀缺诉求存在显著差异,例如影响因素、作用机制和影响效应等。Nichols(2010)就研究发现,限量产品稀缺诉求相比较于供应性产品稀缺诉求更为显性,需要更少的消费者认知加工或稀缺推理,同时也往往会让消费者感知到更强的感知竞争性;而限时产品稀缺诉求与需求性产品稀缺诉求也有类似的差异。Schins(2014)和Oruc(2015)在对产品稀缺相关研究文献进行元分析后发现,不同的产品稀缺诉求会存在不同的影响因素和影响效应,例如脱销就会引起消费者的心理抗拒感进而增强消费者的购买意愿等,而本书的研究发现产品稀缺诉求引起的感知稀缺性却难以引起消费者的心理抗拒感。研究对象的局限虽然能够"管中窥豹,可见一斑",但仍然会在一定程度上限制理论贡献和应用实践。

(二)研究内容局限

本书基于营销实践和以往研究构建了基于并列多重中介模型,深入地探索产品稀缺诉求(供应性 vs. 需求性)对消费者购买意愿的系统性影响。具体而言,面对产品稀缺诉求消费者会同时产生感知稀缺性与感知欺骗性,并进而独立或交织产生对目标产品的心理所有权与心理抗拒感,最终会共同影响消费者的购买意愿。不仅如此,自我建构一方面会分别产生对产品稀缺诉求对消费者感知稀缺性和感知欺骗性的有中介的调节作用,而且会调节整个并列多重中介模型,导致某些中介路径效应更强或更弱,而某些中介路径效应完全消失。并且,通过深度访谈定性研究和实验定量研究进行了有效检验,除了感知稀缺性对心理抗拒感影响效应不显著外,其他研究假设均得到有效支持。尽管较之于以往的研究本书研究的变量更多、所建构的模型更为复杂和研究方法更为多样,并且提出了心理所有权的新机制和证伪了感知稀缺性对心理抗拒感的积极影响,但与产品稀缺诉求影响消费者购买意愿的复杂机理相比,仍然远远不够。例如以往的研究文献显示,感知竞争性、心理饱厌感、心理特权感、嫉妒等很可能会对产品稀缺稀缺诉求影响消费者购买意愿产生重要影响,而本书并没有进行检验;同时,虽然本书在实验定量研究时采用了想法罗列认知加工技术探测被试的真实想法,但并没有检测感知流畅性、概念流畅性等元认知加工。此外,本书的调节效应也仅仅检测了自我建构,而事实上产品、信息、人格和情境等中许多因素都可能产生调节影响,而本书并没有进行多元调节效应的检测。

(三)定性研究方法局限

定性研究方法已经被证明是研究质而非量最好的方法,对于建构关系和理论具有重要的作用。定性研究最重要的意义在于其探索性。本书为了探察和检验产品稀缺诉求对消费者购买意愿的系统性影响,也采用了深度访谈定性研究方法,对所提出的研究假设进行分步检验。检验结果显示,除了感知稀缺性影响心理抗拒感未得到有效支持外,其他研究假设都得到了有效验证。但本书的深度访谈定性研究也存在以下不足:一是本书采用的样本,既包括社会公众也包括大学生,但与消费者分布的多样性和所建模型的复杂性相比,样本规模和样本结构仍然有限,在一定程度上限制了定性研究结论的全面性和真实性;二是本书并没有采用严格的定性研究程序,例如并没有进行"开放性编码→主轴性编码→选择性编码",因为本书定性研究的主要目的是检验所提出的研究假设和概念框架,而非去探索性地建构变量之间的关系或一个完整的理论,因此选择了分步式检验方法,定性研究方法的非完整性是本书研究的重要不足;三是在深度访谈定性研究中,尽管努力采取各种措施消除各种期许效应,例如被访谈对象期许效应、实验者期许效应等,但客观上由于各种原因仍然可能存在期许效应产生的可能,例如在深度访谈时被访谈对象有时要求访谈者不断的重复问题或进行相关概念的解释等,由此导致定性研究的结论可能会存在信度或效度问题;四是本书选择的被访谈对象绝大多数在重庆生活很久,即使在校大学生也是大二以上的学生,被试选择地域范围的局限可能在一定程度上限制了研究结论的"生态效度"。

（四）定量研究方法局限

定量研究方法日益被社会科学所采用,并且成为目前社会科学研究占据主导地位的研究方法。虽然定量研究方法备受诟病,但它仍然是验证性研究最好的方法。本书采用了实验定量研究方法,因为实验方法已经被证明是操控变量、检验自变量与因变量之间因果关系最好的方法。虽然本书采用了多个实验商品、多个实验情境和较大的实验样本,但与产品稀缺诉求的广泛影响和所提出的复杂模型相比,可能还远远不够,并由此导致外部效度问题。具体而言,就实验商品而言,本书采用了智能手表、智能手机和笔记本电脑,但它们都属于消费类的电子产品,而住房、汽车、家具等产品也经常采用产品稀缺诉求,有可能会因为卷入程度更高而产生不一样的影响效应和影响路径;就实验情境而言,本书采用的是大学生获得了一笔奖学金,需要购买想要的产品,而事实上奖学金的金钱获取很可能会让被试产生"意外之财",从而产生纵情消费行为,同时"购买想要的产品"在一定程度上增加了被试的卷入,而产品稀缺诉求更加强调低卷入的即时影响,因此也有可能产生效度问题;同时就实验被试而言,所采用的被试都是西南某综合性高校的在校大学生,尽管存在学科和专业差异性,但同一所高校的被试难免会产生同源偏差,仍然有可能导致研究结论的效度存疑。此外,本书的实验研究采用的数据收集方法是自我报告方法,该种方法简单易行,但与内隐态度(IAT)、神经营销(FMRI)等相比,科学性仍然不够,也有可能影响研究结论的效度。

二、研究展望

鉴于产品稀缺诉求应用的广泛性、以往研究的不足之处和本书研究存在的局限,产品稀缺诉求影响的研究还存在广阔的空间。具体而言,产品稀缺诉求的未来研究方向可以在以下几个方面展开。

（一）研究对象的丰富化

本书虽然研究了供应性与需求性产品稀缺诉求,但限量与限性产品稀缺诉求、环境与人为产品稀缺诉求、显性与隐性产品稀缺诉求等各种类型的产品稀缺诉求还有待深化研究,尤其是随着消费者消费经验的丰富和说服知识的增强,显性产品稀缺诉求日益式微,例如脱销、限量版、口碑宣传、产品陈列或货架空置等隐性产品稀缺诉求甚嚣尘上,很显然,它们很可能存在显著区别于供应性与需求性产品稀缺诉求的影响机制和影响效应。随着电子商务的发展和新生代消费者的崛起,商业模式、消费理念和消费习惯等都在不断变化,例如传播口碑正在向电子口碑发展、支付方式正在从传统纸钞向电子钞票转变、消费者也在从被动接收向积极参与价值共创发展等等,产品稀缺诉求的影响也会发生改变,例如供应性产品稀缺诉求是否会比需求性产品稀缺诉求越来越更为有效、电子钞票支付方式是不是比传统纸钞支付方式降低消费者的心理所有权和对所购产品的珍惜程度、限量产品的购买是否会比限时产品的购买导致更大的购买后悔等,都还有待进一步的深入研究。

（二）研究内容的深入化

针对供应性与需求性产品稀缺诉求,本书构建了并列多重中介模型,以及自我建构的调节作用,但与供应性与需求性产品稀缺诉求对消费者的系统性影响相比,本书的研究仍然不够深入。未来的研究一方面需要不断深入地探寻新的研究视角和作用机制,例如心理饱厌感、心理特权感、嫉妒等内在机制的影响,尤其是消费情绪的影响大有潜力可挖;另一方面需要不断地研究产品稀缺诉求对消费者的多元影响,例如冲动性消费、多样化寻求、替代性消费、延迟购买等。只有这样,才能全面深入地认识和理解产品稀缺诉求的本质和结构,有效地深化和完善产品稀缺效应理论体系,同时也才能给予稀缺营销实践更大的实践借鉴意义,为企业和社会创造价值。

（三）研究方法的科学化

虽然本书采用了定性与定量相结合的混合方法,但由于研究方法的缺陷,未来的研究还需要改进方法,增强研究的信度和效度。研究方法的改进主要从以下几个方面:一是强化定性研究。已有产品稀缺诉求的定性研究严重不足,极大地限制了产品稀缺诉求影响的探索性,导致缺乏新的视角和新的机制,影响了产品稀缺效应理论建构和营销实践。因此未来的研究需要强化产品稀缺诉求影响的定性研究,例如扎根理论、焦点访谈、现象观察等,充分发挥各种定性研究方法的特点,全方位、深层次、动态化地探寻其影响机制,才能更好地认识其本质和促进其发展。二是强化先进方法和技术的应用。内隐态度测量和神经网络技术等先进方法和技术被越来越广泛的应用,实践已证明这些研究方法所得出的研究结论更具有科学性,因此以后产品稀缺诉求的研究也应该与时俱进,更多地采用内隐态度测量、神经营销、眼动跟踪、大数据挖掘等先进方法和技术,使研究结论更具有可信性和有效性。三是改进传统研究方法。目前产品稀缺诉求的研究仍然以传统的实验研究方法为主,但该方法也可以改进和提高,例如扩大实验产品范围、仿真真实消费情境、增强实验样本的广泛性和改进数据收集方法等,这些改进方法将会提高研究模型和研究结论的外部效度。

主要参考文献

［1］阿巴斯•塔莎克里,查尔斯•特德莱.混合方法论:定性方法和定量方法的结合[M].唐海华,译.重庆:重庆大学出版社,2010.

［2］李东进,刘建新.产品稀缺诉求影响消费者购买意愿的双中介模型[J].管理科学,2016,29(3):81-96.

［3］刘建新,李东进.产品稀缺诉求影响消费者购买意愿的并列多重中介机制[J].南开管理评论,2017,20(8):4-15.

［4］AAKER J L,LEE A Y."I" Seek Pleasures and "We" Avoid Pains:The Role of Self-regulatory Goals in Information[J].Journal of Consumer Research,2001,28(1):33-49.

［5］ABENDORTH L J,DIEHL K.Now or Never:Effects of Limited Purchase Opportunities on Patterns of Regret over Time[J].Journal of Consumer Research,2006,33(3):342-351.

［6］AHLUWALIA R,BURNKRANT R E.Answering Questions about Questions:A Persuasion Knowledge Perspective for Understanding the Effects of Rhetorical Questions[J].Journal of Consumer Research,2004,31(1):26-42.

［7］AHLUWALIA R.How Far Can a Brand Stretch? Understanding the Role of Self-construal[J].Journal of Marketing Research,2008,45(3):337-350.

［8］ARKE P R,RICHIE R J B.The Defensive Consumer:Advertising Deception,Defensive Processing,and Distrust[J].Journal of Marketing Research,2007,44(1):114-127.

［9］BALACHANDER S,FARQUHAR P H.Gaining More by Stocking Less:A Competitive Analysis of Product Availability[J].Marketing Science,1994,13(1):3-22.

［10］BELK R W. Possessions and the Extended Self［J］. Journal of Consumer Research,1988, 15（2）:139-168.

［11］BERGER J,HEATH C. Where Consumers Diverge from Others:Identity Signaling and Product Domains［J］. Journal of Consumer Research,2007,34（2）:121-134.

［12］BREHM J W,BREHM S S. Psychological Reactance:A Theory of Freedom and Control［M］. NewYork,NY:Academic Press,1981.

［13］BREHM J W. A Theory of Psychological Reactance［M］. New York,NY:Academic Press 1966.

［14］BROCK T C. Implications of Commodity Theory for Value Change［A］. Psychological Foundations of Attitudes. Academic Press,New York,1968:243-275.

［15］CAMPBELL M C,KIRMANI A. Consumers'Use of Persuasion Knowledge:The Effects of Accessibility and Cognitive Capacity on Perceptions of an Influence Agent［J］. Journal of Consumer Research,2000,27（1）:69-83.

［16］CARMON Z,DAN A. Focusing on the Forgone:How Value Can Appear So Different to Buyers and Sellers［J］. Journal of Consumer Research,2015,27（3）（27）:360-370.

［17］CASTRO I A,MORALES A C,NOWLIS S M. The Influence of Disorganized Shelf Displays and Limited Product Quantity on Consumer Purchase［J］. Journal of Marketing,2013,77（4）:118-133.

［18］CHAIKEN S,MAHESWARAN D. Heuristic Processing Can Bias Systematic Processing:Effects of Source Credibility,Argument Ambiguity,and Task Importance on Attitude Judgment［J］. Journal of Personality & Social Psychology,1994,66（3）:460-473.

［19］CLEE M A,and WICKLUND R A. Consumer Behavior and Psychological Reactance［J］. Journal of Consumer Research,1980,6（4）:389-405.

［20］DHAR R,NOWLIS S M. The Effect of Time Pressure on Consumer Choice Deferral［J］. Journal of Consumer Research,1999,25（4）:369-384.

［21］DOMMER S L,SWAMINATHAN V. Explaining the Endowment Effect through Ownership:The Role of Identity,Gender,and Self-threat［J］. Journal of Consumer Research,2013,39（5）:1034-1050.

［22］FITZSIMMONS G J. Consumer Response to Stockouts［J］. Journal of Consumer Research,2000,27（2）:249-66.

［23］FITZSIMONS G J,LEHMANN D R. Reactance to Recommendations:When Unsolicited Advice Yields Contrary Responses[M]. Marketing Science,2004,23(1):82-94.

[24] FRIESTAD M, WRIGHT P. Persuasion Knowledge: Lay People's and Researchers' Beliefs about the Psychology of Advertising[J]. Journal of Consumer Research,1995,22 (1):62-74.

[25] FRIESTAD M, WRIGHT P. The Persuasion Knowledge Model: How People Cope with Persuasion Attempts[J]. Journal of Consumer Research,1994,21(1):1-31.

[26] GAO L L, WHEELER C, SHIV B. The "Shaken Self": Product Choices as a Means of Restoring Self-view Confidence[J]. Journal of Consumer Research,2009,36(1): 29-38.

[27] HAMILTON R W. Why Do People Suggest What They Do Not Want? Using Context Effects to Influence Others' Choices[J]. Journal of Consumer Research, 2003, 29 (4):492-506.

[28] HONG J,CHANG H H."I" Follow My Heart and "We" Rely on Reasons: The Impact of Self-construal on Reliance on Feelings Versus Reasons in Decision Making[J]. Journal of Consumer Research,2015,41(6):1392-1411.

[29] INMAN J J,PETER A C,RAGHUBIR P. Framing the Deal: The Role of Restrictions in Accentuating Deal Value[J]. Journal of Consumer Research,1997,24(1):68 – 81.

[30] ISAAC M S, GRAYSON K. Beyond Skepticism: Can Accessing Persuasion Knowledge Bolster Credibility? [J]. Journal of Consumer Research,2017,43(1):895-911.

[31] JING X Q, LEWIS M. Stockouts in Online Retailing[J]. Journal of Marketing Research,2011,48(2):342-354.

[32] KIRMANI A, ZHU R. Vigilant against Manipulation: The Effect of Regulatory Focus on the Use of Persuasion Knowledge[J]. Journal of Marketing Research, 2007, 44 (4):688-701.

[33] KRISTOFFERSON K, MCFERRAN B, MORALES A C, DAHL D. The Dark Side of Scarcity Promotions: How Exposure to Limited-quantity Promotions Can Induce Aggression[J]. Journal of Consumer Research,2017,43(2):683-705.

[34] LALWANI A K, SHAVITT S. You Get What You Pay for? Self-construal Influences Price-Quality Judgments[J]. Journal of Consumer Research,2013,40(2):255-267.

[35] LEVAV J, ZHU R. Seeking Freedom through Variety[J]. Journal of Consumer Research, 2009,36(4):600-610.

［36］LYNN M. Scarcity's Enhancement of Desirability：The Role of Naive Economic Theories［J］. Basic & Applied Social Psychology,1992,13(1):67-78.

［37］MA Z,YANG Z,MOURALI M. Consumer Adoption of New Products：Independent versus Interdependent Self-perspectives［J］. Journal of Marketing,2014,78(2):101-117.

［38］MANDEL N. Shifting Selves and Decision Making：The Effects of Self-construal Priming on Consumer Risk-taking［J］. Journal of Consumer Research,2003,30(1):30-40.

［39］PECK J,SHU S B. The Effect of Mere Touch on Perceived Ownership［J］. Journal of Consumer Research,2009,36 (3):434-447.

［40］PIERCE J L,KOSTOVA T,DIRKS K T. The State of Psychological Ownership：Integrating and Extending a Century of Research［J］. Review of General Psychology,2003,7 (1):84-107.

［41］PIERCE J L,KOSTOVA T,DIRKS K T. Toward a Theory of Psychological Ownership in Organizations［J］. Academy of Management Review,2001,26(2):298-310.

［42］RAINS S A. The Nature of Psychological Reactance Revisited：A Meta-analytic Review［J］. Human Communication Research, 2013, 39(1):47-73.

［43］RICHINS M L. Special Possessions and the Expression of Material Values［J］. Journal of Consumer Research, 1994, 21(3):522-533.

［44］ROUX C,GOLDSMITH K,BONEZZI A. On the Psychology of Scarcity：When Reminders of Resource Scarcity Promote Selfish (and Generous) Behavior［J］. Journal of Consumer Research,2015,42(4):615-631.

［45］SEN S,JOHNSON E J. Mere-possession Effects without Possession in Consumer Choice［J］. Journal of Consumer Research,1997,24(1):105-117.

［46］SEVILLA J,REDDEN J P. Limited Availability Reduces the Rate of Satiation［J］. Journal of Marketing Research,2014,51(4):205-217.

［47］SHARMA E, ALTER A L. Financial Deprivation Prompts Consumers to Seek Scarce goods ［J］. Journal of Consumer Research,2012,39(3):545-560.

［48］SIMONSON I,NOWLIS S M. The Role of Explanations and Need for Uniqueness in Consumer Decision Making：Unconventional Choices Based on Reasons［J］. Journal of Consumer Research,2000,27(1):49-68.

［49］STOCK A,BALACHANDER S. The Making of a "Hot Product"：A Signaling Explanation of Marketers' Scarcity Strategy［J］. Management Science,2005,51(8):1181-1192.

［50］STRAHILEVITZ M A，LOEWENSTEIN G．The Effect of Ownership History on the Valuation of Objects［J］．Journal of Consumer Research，1998，25（3）：276-289．

［51］SWAMINATHAN V，PAGE K L，ZEYNEPGURHAN-CANLI．"My" Brand or "Our" Brand：The Effects of Brand Relationship Dimensions and Self-construal on Brand Evaluations［J］．Journal of Consumer Research，2007，34（2）：248-259．

［52］TIAN K，BEARDEN W O．Consumers'Need for Uniqueness：Scale Development and Validation［J］．Journal of Consumer Research，2001，28（1）：50-66．

［53］WAN E W，XU J，DING Y．To Be or Not to Be Unique？ The Effect of Social Exclusion on Consumer Choice［J］．Journal of Consumer Research，2014，40（6）：1109-1122．

［54］Watson D，Clark L A，Tellegen A．Development and Validation of Brief Measures of Positive and Negative Affect：The PANAS Scales ［J］．Journal of Personality and Social Psychology，1988，54（6）：1063-1070．

［55］WU W Y,LU H Y,WU Y Y,et al．The Effects of Product Scarcity and Consumers'Need for Uniqueness on Purchase Intentions［J］.International Journal of Consumer Studies，2012，36（3）：263-274．

［56］ZHU M，RATNER R K．Scarcity Polarizes Preferences：The Impact on Choice among Multiple Items in a Product Class［J］．Journal of Marketing Research，2015，72（1）：13-26．